"十四五"时期国家重点出版物出版专项规划项目

★ 转型时代的中国财经战略论丛 ◢

 福建省社科研究基地福建江夏学院金融风险管理研究中心资助

金融创新视角下福建货币文化及其当代价值研究

Research on Fujian Monetary Culture and Its Contemporary Value
from the Perspective of Financial Innovation

郑开焰　等著

中国财经出版传媒集团

 经济科学出版社
Economic Science Press

·北京·

图书在版编目（CIP）数据

金融创新视角下福建货币文化及其当代价值研究/
郑开焰等著． －－北京：经济科学出版社，2023.12
（转型时代的中国财经战略论丛）
ISBN 978 - 7 - 5218 - 5447 - 3

Ⅰ.①金…　Ⅱ.①郑…　Ⅲ.①货币史 - 文化史 - 研究
- 福建　Ⅳ.①F822.9

中国国家版本馆 CIP 数据核字（2023）第 252687 号

责任编辑：王红英
责任校对：易　超
责任印制：邱　天

金融创新视角下福建货币文化及其当代价值研究
郑开焰　等著

经济科学出版社出版、发行　新华书店经销
社址：北京市海淀区阜成路甲 28 号　邮编：100142
总编部电话：010 - 88191217　发行部电话：010 - 88191522
网址：www. esp. com. cn
电子邮箱：esp@ esp. com. cn
天猫网店：经济科学出版社旗舰店
网址：http：//jjkxcbs. tmall. com
固安华明印业有限公司印装
710 × 1000　16 开　28.5 印张　350000 字
2023 年 12 月第 1 版　2023 年 12 月第 1 次印刷
ISBN 978 - 7 - 5218 - 5447 - 3　定价：99.00 元
（图书出现印装问题，本社负责调换。电话：010 - 88191545）
（版权所有　侵权必究　打击盗版　举报热线：010 - 88191661
QQ：2242791300　营销中心电话：010 - 88191537
电子邮箱：dbts@ esp. com. cn）

本书著作者

郑开焰　陈　伟　宋建晓　兰筱琳

洪防璇　张传良　陈　茜　穆红梅

丁　杰　林华灵　邱格磊

总　序

转型时代的中国财经战略论丛

　　"转型时代的中国财经战略论丛"是山东财经大学与经济科学出版社在合作推出"十三五"系列学术著作基础上继续在"十四五"期间深化合作推出的系列学术著作，属于"'十四五'时期国家重点出版物出版专项规划项目"。自2016年起，山东财经大学就开始资助该系列学术著作的出版，至今已走过7个春秋，其间共资助出版了152部学术著作。这些著作的选题绝大部分隶属于经济学和管理学范畴，同时也涉及法学、艺术学、文学、教育学和理学等领域，有力地推动了我校经济学、管理学和其他学科门类的发展，促进了我校科学研究事业的进一步繁荣发展。

　　山东财经大学是财政部、教育部和山东省人民政府共同建设的高校，2011年由原山东经济学院和原山东财政学院合并筹建，2012年正式揭牌成立。学校现有专任教师1730人，其中教授378人、副教授692人，具有博士学位的有1034人。入选国家级人才项目（工程）16人，全国五一劳动奖章获得者1人，入选"泰山学者"工程等省级人才项目（工程）67人，入选教育部教学指导委员会委员8人，全国优秀教师16人，省级教学名师20人。近年来，学校紧紧围绕建设全国一流财经特色名校的战略目标，以稳规模、优结构、提质量、强特色为主线，不断深化改革创新，整体学科实力跻身全国财经高校前列，经管类学科竞争力居省属高校首位。学校现拥有一级学科博士点 4 个，一级学科硕士点 11 个，硕士专业学位类别 20 个，博士后科研流动站 1 个。应用经济学、工商管理和管理科学与工程 3 个学科入选山东省高水平学科建设名单，其中，应用经济学为"高峰学科"建设学科。应用经济学进入软科"中国最好学科"排名前 10%，工程学和计算机科学进入 ESI 全球排名前 1%。2022 年软科中国大学专业排名，A 以上专业数 18 个，位居省属高校第 2 位，全国财经类高校第 9 位，是山东省唯一一所有专业全部上榜的高校。2023 年软科世界大学学科排名，我校首次进入世界前 1000 名，位列 910 名，中国第 175 名，财经类高校第 4 名。

2016 年以来，学校聚焦内涵式发展，全面实施了科研强校战略，取得了可喜成绩。仅以最近三年为例，学校承担省部级以上科研课题 502 项，其中国家社会科学基金重大项目 3 项、年度项目 74 项；获国家级、省部级科研奖励 83 项，1 项成果入选《国家哲学社会科学成果文库》；被 CSSCI、SCI、SSCI 和 EI 等索引收录论文 1449 篇。同时，新增了山东省重点实验室、山东省重点新转智库、山东省社科理论重点研究基地、山东省协同创新中心、山东省工程技术研究中心、山东省两化融合促进中心等科研平台。学校的发展为教师从事科学研究提供了广阔的平台，创造了更加良好的学术生态。

"十四五"时期是我国由全面建成小康社会向基本实现社会主义现代化迈进的关键时期，也是我校合并建校以来第二个十年的跃升发展期。2022 年党的二十大的胜利召开为学校高质量发展指明了新的方向，建校 70 周年暨合并建校 10 周年校庆也为学校内涵式发展注入了新的活力。作为"十四五"时期国家重点出版物出版专项规划项目，"转型时代的中国财经战略论丛"将继续坚持以马克思列宁主义、毛泽东思想、邓小平理论、"三个代表"重要思想、科学发展观、习近平新时代中国特色社会主义思想为指导，结合《中共中央关于制定国民经济和社会发展第十四个五年规划和二〇三五年远景目标的建议》以及党的二十大精神，将国家"十四五"时期重大财经战略作为重点选题，积极开展基础研究和应用研究。

　　"十四五"时期的"转型时代的中国财经战略论丛"将进一步体现鲜明的时代特征、问题导向和创新意识，着力推出反映我校学术前沿水平、体现相关领域高水准的创新性成果，更好地服务我校一流学科和高水平大学建设，展现我校财经特色名校工程建设成效。我们也希望通过向广大教师提供进一步的出版资助，鼓励我校广大教师潜心治学，扎实研究，在基础研究上密切跟踪国内外学术发展和学科建设的前沿与动态，着力推进中国特色哲学社会科学学科体系、学术体系和话语体系建设与创新；在应用研究上立足党和国家事业发展需要，聚焦经济社会发展中的全局性、战略性和前瞻性的重大理论与实践问题，力求提出一些具有现实性、针对性和较强参考价值的思路和对策。

山东财经大学党委书记　王邵军

2023 年 8 月 16 日

序

我们正在进行的市场经济从某种意义上说就是货币经济。人民币汇率问题、金融风险的防范与监管、股市的升降、物价的波动等问题都关系到国家强盛、人民生活的方方面面，因此，现代中国人迫切需要一种成熟的、健康的货币观。除了懂怎样赚钱、怎样用钱、怎样理钱以外，还要深刻认识和理解货币与中国社会发展、货币与文化心理、货币与人的自由等关系。透析货币经济，深化我们对货币与现代社会世界整体关系的认识与理解。《金融创新视角下福建货币文化及其当代价值研究》正是这样一本书，它帮助我们从福建货币的"钱"世今生里看见不一样的金融发展史。

这本书让我们看见了不一样的地方货币流变进程。作为中国海上丝绸之路起点，福建拥有独特的族群文化和海洋文化，福建货币历史正是这些文化的最好见证，它根植于八闽大地的风云变幻，承载着闽地先民的非凡智慧与创新精神。福建货币文化与海洋文化、闽国文化、海丝文化、华侨文化、红色文化交相辉映，相得益彰，在中国货币历史长河中大放异彩。从炫亮可感的贝币到神秘莫测的虚拟货币，从印刷精美、防伪技术先进的纸币到"一卡走天下"的电子货币,它所讲述的不单单是一部货币史。它意在告诉我们:货币不仅仅关乎交换、财富和价值,它还从根本上形塑了我们的心智、道德和政治。

这本书让我们看见了不一样的金融创新精神。福建货币的发展史,更像是一部从历史走向现实的金融创新进程。铜蚶壳币带给人们对闽越先民货币创造智慧的无限遐想。中唐以后,开元通宝背"福"钱拉开了福建铸钱史的序幕。宋丰国监铸币和交子的流行,见证了福建社会经济与文化艺术的飞跃。宋元以后的福建沿海,钱货商旅远通万国,港口的繁荣给城市发展注入新的动力。明中后期外国白银大量流入,福建地区最早接触和使用外来银铸币,清末福建币制革新仍领全国风气之先。晚清民国福建货币纷乱驳杂,从华侨批信中及汇款票据中可见端倪,但后人更为其中的拼搏隐忍、怀家卫国的赤子情怀所折服。革命根据地货币是近代福建货币史的一抹亮色,革命家们在闽地艰苦卓绝的斗争中开始了中国共产党货币金融管理的最初尝试,红色货币不仅有效保障了革命斗争和根据地建设,更传递着福建对中国革命的重大贡献与重要意义。这本书不只是在讲述历史,更是以历史映照现实、让历史告诉未来,以福建先民在金融活动中展现出的创新精神和智慧,启迪当代金融的创新发展。

这本书让我们看见了不一样的金融文化自信。人类的金融活动历史久远,遗留下数量巨大的金融遗产,货币文化正是记录了金融与人类文明历史进程的互动,见证了世界人民在商业和金融活动中凝聚的智慧。福建货币文化的发展进程,从侧面反映了福建古代的金属冶铸史、造纸史和印刷史,同时因为货币上铸有文字,它所呈现的也是一部古文字的发展史和书法的演变史。更重要的是,任何一枚货币的铸造都有其特定的历史背景和由来,同时也对社会的政治、经济和文化等诸多方面产生重要的影响，它既有历史的延续性又兼具鲜明的时代性。因此，福建货币文化不仅仅是一部货币史，更是一部年号史、一部朝代更迭史、一部古代政治史，它是我们了解先民金融活动的窗口，是历史与现实呼应的桥梁，更是货币文化乃至金融文化的强大载体。通过这本书，我们不仅能够回顾货币历史、弘扬金融文化，还能够推广福建金融文明、讲好金融故事，多措并举提升中国金融文化自信力，挖掘根植于中华民族血脉中的金融创新精神。

这本书让我们看见了不一样的金融发展蓝图。福建货币的流变史，见证了闽地的繁荣与兴盛，也是福建商品经济繁荣的重要历史证据，它涵盖的不仅仅有金融技术的发明，也有金融制度的创新，更展现了不断进取的文化态度，全面地体现了中国人民创造新事物的能力。从地方货币走向"数字货币"的今天，我们仍然需要向这些货币学习，它们对于当代中国，有着深刻的历史意义与文化意义，将对中国金融的创新发展带来重要启示。研究福建货币文化的意义远不止于对"民族图腾"和"历史记忆"的了解，从现代金融创新角度看福建货币文化，更能够获得蓝图式的指引：一方面应强化资金融通，鼓励金融机构不断创新金融产品和金融服务；另一方面应当回归实体本源，推动金融在重要领域的支持保障，为实体经济发展注入源源不断的动力；最重要的是，能够激励中国金融行业务实改革创新，持续加强机构改革、科技创新、环境优化和绿色发展；此外，福建货币的兴衰史也能够警示现代金融业，应当守住风险底线，建立健全防控机制，着力构建安全、良好的金融生态。

福建货币的沧桑巨变，见证了东西消长、文明兴衰，为中华民族留下了深沉的时空启迪。福建货币的发展绵延数千年，在世界文明交流的史册上，谱写了一曲曲利益互惠、人文交融、民族团结、

3

友好往来的瑰丽华章，留下福建走向世界、经略远方的光荣与梦想。透过这本书，我们仿佛可以看见一个个形态各异的古钱币从历史深处向我们走来，启迪我们去感受货币所蕴含的创新基因与文化传承，邀我们一同，展望金融创新的光明未来，提升经济软实力。

洪银兴

2023 年 10 月于南京大学

目　录

绪　　论

国家之魂，文以化之，文以铸之。党的二十大报告指出：要"推进文化自信自强，铸就社会主义文化新辉煌。"这是首次将文化自强写入党的代表大会报告，"自"要求我们立足自身实际，依靠自身力量，突出自身特色，走符合自身发展的文化道路；"强"则要求我们尽可能传承并发扬中国文化，使其具有更加强大的吸引力、更加广泛的影响力、更加活跃的创造力和更具竞争力的综合实力。只有实现文化自强，才能凝聚起实现中华民族伟大复兴的精神力量。

从古至今，货币与文化间都存在着密切的关系，货币是生产力发展到一定程度的产物，也是文化的重要载体。货币文化是我国优秀传统文化的重要代表，福建货币文化是其重要组成部分，也是本书的研究对象。为增加本书的可读性，在此明确本书要研究的几个重要问题。

一、何为货币文化？

货币文化有广义和狭义之分。狭义上的货币文化体现为钱币文化，指的是人类思想的意识形态在钱币上的体现，包括钱币本身的形制、制作、文字书法、图案设计等，它内容广泛、形式多样、底蕴深厚。而广义上的货币文化则更体现为一种成熟的、健康的货币观，它不局限于货币的经济功能，而是将货币置于广阔的社会文化环境中，从货币与社会整体结构变迁的关系、货币经济的文化效应等方面透析货币的精神意义，它既以传统钱币文化的变革为基础和指引，又在人类文明的发展和演进中推陈出新。

二、研究福建货币文化的意义所在

中国的货币文化历史悠久，积淀深厚，作为亚洲货币文化圈的中心，与西方货币文化相映成辉。形制与货币制度的持续性、稳定性与区域特色，使得中国货币演变在世界货币发展史上占据重要地位并具有极高的理论研究价值。而在中国货币文化中，福建货币文化又以其历史之久远、底蕴之深厚、内涵之丰富、特色之鲜明而影响深远，其货币历史在中国货币史上具有举足轻重的地位。

福建是海上丝绸之路的起点，铜蚶壳币带给人们对闽越先民货币创造智慧的无限遐想；唐武宗会昌五年，福建铸"开元通宝"拉开了福建官方铸钱的序幕；宋初福建设有全国四大铸钱监之一的丰国监，宋丰国监铸币和交子的流行，见证了福建社会经济与文化艺术的飞跃；宋元以后的福建沿海，钱货商旅远通万国，港口的繁荣给城市发展注入新的动力，货币在频繁的贸易中流通海外；明中后期外国白银大量流入，福建地区最早接触和使用外来银铸币，西班牙、葡萄牙、荷兰及其美洲殖民地的银铸币在沿海地区得以流行；清后期，福建币制革新仍领全国风气之先，成为西藏之外全国最早铸造本地银币的地区；晚清民国福建货币纷乱驳杂，从华侨批信中及汇款票据中可见端倪，但后人更为其中的拼搏隐忍、怀家卫国的赤子情怀所折服，近代化趋势中的福建近代金融业也因华侨及海外交流因素而独具特色。除此之外，革命根据地货币是近代福建货币史的一抹亮色，革命家们在闽地艰苦卓绝的斗争中开始了中国共产党货币金融管理的最初尝试，红色货币不仅有效保障了革命斗争和根据地建设，更传递着福建对中国革命的重大贡献与重要意义。

因此，对福建货币文化展开研究，有利于我们从货币文化视角进一步剖析多民族国家构成的"多元一体"特点，深刻认识福建的地方货币在中国货币文化演进中的地位和作用，从而增强福建文化软实力的建设、强化中华民族的文化凝聚力。

三、从金融创新视角研究福建货币文化的价值所在

当前，对福建货币文化的研究相对匮乏。较多社会科学研究者仍然在用传统观念看待货币学，将其视为传统金石学的一部分或考古学的一个分支，仅为确定墓葬年代起旁证的作用，并且受到传统货币学的局限和影响，许多研究者还没有摆脱"就钱论钱"的窠臼，仍然停留在对钱币版别的细分和钱文书体的对比上，或是仅仅关注市面价格的涨跌，较少将研究重点放在挖掘货币背后蕴藏的更深层次的文化内涵上。虽然当前有《福建货币史略》等少数研究成果将研究聚焦到了福建货币文化上，

但是缺少对其金融意义的相关研究。

货币是金融的本源性要素，福建地方货币在流变与活动中逐渐形成了福建货币文化，而福建货币文化又进一步展现了福建地方金融活动的演变轨迹，对其展开研究对探究福建地方金融的发展进程与特色具有重要参考价值，对当代金融创新也具有重要的启示意义。

基于此，本书试图从金融创新的视角对福建货币文化进行解读。一方面，本书研究有利于提升人民金融素养、打造健康的金融生态。福建货币文化中不仅涵盖了早期金融活动的兴起、金融市场的变迁、金融工具的创新、金融风险管理的智慧等，同时还是金融技术发明、制度创新的早期探索与实践，体现了先辈们不断进取的文化态度和创新能力。以福建货币文化为代表的金融文明，不仅将为指引当代金融机构不断强化资金融通、不断创新金融产品、不断优化金融服务提供文化支撑，还将为激励金融业回归实体本源、全面深化务实改革创新、构建安全和良好的金融生态环境着力提供精神指引。另一方面，本书研究有利于传承红色基因、赓续红色文化。福建闽西苏区被誉为共和国的红色金融之源，是福建货币文化的重要组成部分。基于此，本书深入解读了福建红色货币文化的历史沿革与发展脉络，这不仅为"大美福建"的金融业快速发展提供了深厚的历史底蕴和文化滋养，还为深化党史学习教育，加强爱国主义和革命主义教育，激励人们不忘初心、牢记使命、干事创业、开拓创新提供了良好载体。

四、本书的逻辑思路

福建货币文化内涵丰富，本书从中选取具有代表性的五代闽国货币文化、闽中银元文化、民俗文化、侨批文化、闽都借贷文化、船政文化、海丝文化和红色货币文化，分别探究其金融内涵及当代价值。其中，五代闽国货币文化象征着福建早期金融活动的开展，闽中银元文化的重要载体——闽中古银币市场在地方金融市场发展中独具特色，民俗文化中隐含了金融衍生工具的产生与兴起，侨批文化中蕴含了独树一帜的金融风险管理智慧，闽都借贷文化展示了活跃而繁荣的福建民间金融活动、蕴含了金融机构转型的早期实践，船政文化中福建机器铸币的开端预示了金融科技的重大影响，海丝文化中货币的交往是金融融合发展的早期尝试，红色货币文化至今仍引领着国人的理想信念教育和爱国主义教育。由此可见，福建货币文化虽起源于古代，但其对金融活动的影响力沿袭至今，对当代金融创新具有重要的启示意义。

因此，本书将从金融创新视角对福建货币文化展开研究，并依据《金融学》中对于各金融要素的介绍与排列顺序谋篇布局，分别从金融市场、金融工具、金融风险管理、金融机构、金融科技等视角重新审视和解读福建货币文化的内涵与金融价值，既为增强中华民族文化自信提供了独具特色的"货币故事"和"地方视角"，又从金融创新角度探讨了文化与金融实现互联、互补、互融、互促的现实路径，具有重要的学术意义与现实价值。

第一章 福建货币文化发展的
理论基础与现实必然

第一节 福建货币文化发展的理论基础

党的二十大报告指出，"必须坚定历史自信、文化自信，坚持古为今用、推陈出新，把马克思主义思想精髓同中华优秀传统文化精华贯通起来、同人民群众日用而不觉的共同价值观念融通起来"。本书既以马克思货币理论为基础和指引，又在新时代中国共产党的金融思想演进中推陈出新。

一、马克思货币理论

马克思货币理论的形成经历了一个漫长的过程，其在发展中逐渐形成了关于货币的起源、货币的本质、货币的一般职能、货币的流通规律等内容的系统论述，其中蕴含了深刻的货币哲学与货币文化，为研究福建货币文化的发展奠定了理论基础。

（一）马克思货币理论的形成脉络

长期以来，人们对于货币的认知不断地发生变化，从古希腊时期"金银即货币"到欧洲中世纪的"上帝创造说"，直至 15 世纪到 17 世纪中叶出现了重商主义和重农主义两大学派，人们的关注重点才随着工业的发展而逐渐向生产领域转移，并随之出现了古典政治经济学流派。马克思的货币哲学思想正是在批判性地吸收了重商主义时代各主义流派及代表人物的思想下产生的。

马克思货币理论的发展经历了一个漫长的过程。马克思在继承了前人货币思想精髓的同时去其糟粕，在对资本主义社会现实进行深切批判的同时，坚定阐述了货币在商品社会的重要地位与作用。马克思货币理论的形成经历了萌芽阶段、发展阶段、初步形成阶段和成熟阶段。其中，从《论犹太人问题》到《1844 年哲学经济学手稿》是马克思货币理论的萌芽阶段，在这一阶段马克思主要从货币异化的角度阐释了他早期的货币思想，但还无法解释形成这种异己力量的原因；从《哲学的贫困》到《伦敦笔记》是马克思货币理论的发展阶段，此时的马克思开始研究政治经济学，对货币的认识也在逐渐深化；《1857—1858 年经济学手稿》的写作阶段是马克思货币理论的初步形成阶段，在这一阶段，马克思对货币问题的阐述和研究开始呈现出系统性的特点，对货币理论的论述较为完整，较为详尽地阐述了货币的起源、本质、流通规律以及货币的三种规定等问题；《政治经济学批判》和《资本论》的完成阶段标志着马克思货币理论的成熟，在这一阶段，马克思对前期的研究思想和成果进一步加以补充完善，系统而详尽地论述了货币理论，下文中马克思货币理论的主要内容就是这一阶段的理论成果。

（二）马克思货币理论的主要内容

马克思货币理论的内容主要包括货币的起源、货币的本质、货币的一般职能、货币的流通规律、货币作为生息资本及货币转化为虚拟资本等。

关于货币的起源，马克思在《政治经济学批判》和《资本论》中都进行了重要论述。马克思在《政治经济学批判（第一分册）》中指出交换过程是认识货币的首要环节，他认为货币是"一种分离出来的特殊商品的商品交换价值"①。随后，马克思在《资本论》第一卷中通过论述价值形式发展的四个阶段更为完整地阐明了货币的起源，其中的一般价值形式指的是各种商品的价值都表现为在"从商品世界中分离出来的同一商品上"②，这里的"同一商品"指的就是其他商品的一般等价物。最终，贵金属金银凭借其均质性、随意分割融合性、便于携带等优质的自然属性成为了固定充当一般等价物的商品，即成为了货币的价值形式。

关于货币的本质，马克思认为，货币作为一种特殊商品并且充当一般商品的一般等价物，能够清晰地反映出商品经济存在的矛盾并展现出一种被掩盖的社会关系。一方面，马克思指出，不论货币的形态如何发生改变，货币的本质都是充当一般等价

① 马克思，恩格斯. 政治经济学批判（第一分册）[M]//马克思恩格斯全集：第31卷[M]. 北京：人民出版社，1998：442.

② 马克思. 资本论：第1卷[M]. 北京：人民出版社，2004：82.

物的特殊商品。另一方面，马克思认为货币是社会关系的物化，他曾指出，"货币代表着一种社会关系，却又采用了具有一定属性的自然物的形式"①。此外，马克思还提出货币是直接的社会劳动，而私人劳动所生产的商品可以以货币为媒介进行交换，进而转化为社会劳动。

关于货币的一般职能，马克思在《政治经济学批判（第一分册）》和《资本论》中进行了详细阐述，认为货币具有价值尺度、流通手段、贮藏手段、支付手段和世界货币五项职能：价值尺度是货币的首要职能，也是货币最基本的职能，它是由货币的本质即一般等价物这一性质直接决定的；流通手段是货币的第二个职能，即货币成为商品交换的媒介，它是货币实现流通手段这一职能的前提条件；贮藏手段是货币的第三个职能，它是指从流通中退出的货币所执行的职能；支付手段是货币的第四种职能，这一职能的产生是因为在商品流通中商品价值的实现和使用价值的转移二者之间存在时间与空间差异；世界货币是货币的第五种职能，当商品的流通范围从国内扩大到全世界范围时，货币的职能作用就表现为世界货币，在世界范围内，货币促进了商品之间的相互交换。

关于货币的流通规律，马克思对金属货币和纸币的流通规律以及信用条件下货币的流通规律进行了详尽分析。马克思最先从分析金属货币的流通规律入手，他指出，商品流通是货币流通的基础，也是货币流通的表现形式，商品价格越高，货币流通速度越低，则流通中所需的货币量就越多，反之亦然，同时流通

---

① 马克思，恩格斯. 政治经济学批判（第一分册）［M］//马克思恩格斯全集：第31卷［M］. 北京：人民出版社，1998：427.

中的货币量还与货币本身的价值密切相关，其变化在一定程度上会影响经济的运行。随后，马克思对纸币的流通规律进行了论述，他指出由于纸币的发行受国家强制力的干预，因此纸币具有特殊的表现形式且与金属货币有所差异，纸币所象征的价值由它在流通中的数量所决定。此外，马克思还指出，信用制度的产生为货币流通规律带来的最大变化在于信用能够减少流通中所需的货币量，但同时他也揭示了信用对经济的双重影响，在危机和恐慌时期，"信用主义会突然转变成货币主义"①，信用将不断加剧买卖分离的矛盾进而产生更大的危机。

此外，马克思还对货币作为生息资本及货币转化为虚拟资本进行了研究，这是货币向更高层次发展的产物，马克思在《资本论》第三卷第五篇对这两项规定所作的科学分析为现代货币金融理论奠定了坚实的基础。马克思认为，货币作为生息资本是资本增殖属性固化在货币身上产生的，它以职能资本为基础，却表现为能够脱离生产过程而直接自我生息、自我增殖的属性，具有独特的逻辑内涵。货币作为生息资本是一种特殊的资本商品，它具有特殊的运动形式并在日益发达的信用制度下获得了完全的发展。而虚拟资本在生息资本的基础上产生并成为生息资本的主要投放形式，从马克思对债券、股票等有价证券的分析中我们可以总结出虚拟资本的特性，即虚拟资本本身并不具有实物形式、投资虚拟资本具有高风险性、虚拟资本的价格主要由其所有权索取的收益大小和可靠程度以及现行的银行的利息率所决定。马克思还对生息资本、虚拟资本形式对经济产生

---

① 马克思. 资本论：第3卷 [M]. 北京：人民出版社，2004：608.

的双重影响进行了分析论述，他在《资本论》第三卷中多次指出，货币转化为生息资本及投放于虚拟资本形式对再生产过程会产生积极影响，它有利于优化资金配置、促进企业生产、推进各项公共基础设施建设、促进社会就业等。但与此同时，马克思更多地论述了生息资本和虚拟资本对经济运行的负面效应，它们所带来的生产能力过剩、经济泡沫严重等问题容易诱发经济危机。

（三）马克思货币理论中的货币哲学与货币文化

马克思货币理论是马克思关于货币的起源、本质、职能、价值和规律等诸多内容的科学理论，该理论并不局限于政治经济学，还内蕴货币哲学与货币文化。马克思货币哲学有深厚的货币文化底蕴，它从哲学视角研究货币的人学属性，揭示货币人学本质及人学价值。于此同时，马克思货币哲学又是货币文化的制高点，是指导人们研究货币文化的科学理论。

1. 马克思货币哲学视域中的货币文化职能

马克思货币理论虽然主要从政治经济学上论述货币的职能，但是马克思并不否认货币的其他职能，如文化职能和社会职能等。货币的文化职能是指货币在人们的文化生活中发挥独特作用的专属功能，"货币是需要和对象之间、人的生活和生活资料之间的牵线人。"① 就货币的本质而言，作为一般等价物和大众信用媒介，"它是社会的（普遍的）化合力"。② 而货币文化是在货币本质基础上揭示其属人的内在关系与文化职能。在马克思

---

① 马克思.1844 年经济学哲学手稿［M］.北京：人民出版社，1985：107.
② 马克思.1844 年经济学哲学手稿［M］.北京：人民出版社，1985：110.

货币哲学视域中，货币主要包含以下七种基本的文化职能：

（1）社会信用

马克思对经济领域的信用论述较多，但所有的论述都是在广义信用这一含义下展开的，即是基于人与人之间诚实守信、相互信任这一人文基础上展开的。马克思认为，货币是一种"只能用信任来交换信任"的信用关系，这一关于信用的定义既包括了经济意义，又包含了人文价值。马克思曾引用图克在《对货币流通规律的研究》一书中的一段话并加以解释："信用，在它最简单的表现上，是一种适当或不适当的信任，它使一个人把一定的资本额，以货币形式或以估计为一定货币价值的商品形式，委托给另一个人，这个资本额到期一定要偿还。"① 马克思把信用当成一个人最宝贵的品德，当作一种人格主张，甚至作为一种公众信仰来对待。

货币本质上是信用体系，是经济信用和法律信用、道德信用并存最终形成的一种信用文化。在《资本论》中，马克思结合 19 世纪英国信用制度论述了信用的产生与特征，揭示了资本主义信用制度的功能与本质，强调信用在社会意识形态方面的意义，认为信用不仅反映着公民对一国信用货币的信任，而且体现着一国公民对社会的某种信任，从而形成比较系统的信用理论。信用是货币出现和货币运动的必然结果，它既从属于商品交换和货币流通的一种经济范畴，又是历史、道德和法律范畴。

当今社会，货币的信用功能越来越突出，信用成为货币最本

---

① 马克思. 资本论：第 3 卷［M］. 北京：人民出版社，1975：452.

质的文化属性，"在信贷中，人本身代替了金属或纸币，成为交换的中介"。① 因此社会信用是货币最基本的文化职能。在数字化时代，货币信用问题更加举足轻重。

（2）精神寄托

马克思说："货币具有购买一切东西，占有一切对象的特性，……所以它被当成万能之物。"② 作为万能之物的货币对人来说就产生精神寄托的功能，形成货币拜物教。历史上的一些货币还具有祈福、纳吉、占卜的功能，成为人们的精神寄托和情感纽带。寻找黄金的哥伦布说："金真是一个奇妙的东西！谁有了它，谁就成为他想要的一切东西的主人。有了金，甚至可以使灵魂升入天堂。"（哥伦布 1503 年寄自牙买加的信）③ 西美尔也认为："金钱是我们时代的上帝。"④ 人们信仰货币实际上是把货币当作万能之物的一种精神寄托。

（3）收藏鉴赏

货币包含十分丰富的历史文化价值，具有收藏的功能。尤其是那些退出流通的历史货币或者纪念币，特别适合成为广大收藏者收藏鉴赏之对象。马克思说："（货币贮藏）除直接的贮藏形式以外，还有一种美的贮藏形式，即占有金银制的商品。"⑤ 马克思所说的"美的贮藏形式"就是一种收藏形式，占有金银制的商品的目的不仅是为了贮藏货币，而且是一种象征财富的身份标志。

13

---

① 马克思.1844 年经济学哲学手稿［M］.北京：人民出版社，1985：158.
② 马克思.1844 年经济学哲学手稿［M］.北京：人民出版社，1985：107.
③ 马克思.资本论：第一卷上册［M］.北京：人民出版社，1975：151.
④ 西美尔.金钱、性别、现代生活风格［M］.上海：学林出版社，2000：12.
⑤ 马克思.资本论：第一卷上册［M］.北京：人民出版社，1975：154.

（4）宣传教育

货币上的文字、图案内涵丰富，人们经常使用和收藏它们，宣传功能强大。因为通过货币这种载体可以达到某种宣传效果，所以人们能够在货币中看到各种宣传内容。譬如许多国家和地区发行有"保护环境""保护野生动物""保护珍稀植物"等宣传文字的纪念货币，向世人宣传爱护我们人类赖以生存的地球；还有发行的有关工业、农业、科技、航天、交通及体育等各种货币，也是宣传人类在各个领域所取得的成绩。有些货币上镌有箴言、警句或短语，则明显是向人们宣传其政治主张、民族精神及宗教信仰等。

货币在计数、文字、图案方面的历史文化寓意同时还具有一定的教育功能。而随着货币收藏人数的剧增，这种功能也愈发得到发行部门的重视。例如，我国和世界各国发行的"文化名人""保卫和平""抗日战争和反法西斯战争胜利纪念""民族统一""香港回归中国"等纪念币无不寓意深刻。还有各国和各地区的名胜古迹、历史文物、自然资源等纪念币，所有这些包含历史文化题材的纪念币，无不让人为自己的祖国、民族感到自豪，从而使人们在受到潜移默化的教育的同时激发爱国情感。另外，各种外国货币也使人在欣赏之余开阔视野、增进知识，从而发挥其"寓教于乐"之功能。

（5）传播知识

货币是各国或各地区在不同历史时期及环境下的产物，包含多种历史文化与地理知识。世界各国、各地区的货币上所出现的异彩纷呈的文字、图案，就几乎包括了自然科学和社会科学的各个领域，涉及的知识广博而深邃。不同国家和地区的变迁、各民族特点、政治背景、文化风俗、宗教信仰等能够在货币的题材和图案中得到体现，不同货币的发行时间、发行面值、货币材质、制造工艺等同样能帮助我们了解不同国家和地区的社会经济状况。可以说，世界各国货币是一本特殊的"百科全书"。

（6）研究悟道

马克思说："如果我有愿望和货币，那么我也就有进行研究的有效的本领。"① 虽然马克思在这里所说的货币能够帮助他进行研究主要是指它的交换功能，但货币本身确为研究货币史、钱币学、冶金学和机制工艺学等诸多学科必不可少的重要载体，具有研究功能。同时，又因为货币是不同时期的产物，它十分明显地受到政治、经济、文化、科技、军事、宗教和民风的影响，历史地记载了不同国度和地域的商品经济的发展过程及财政状况，所以，货币是历史的见证，对于研究一个国家、地区和民族的历史都起着重要的实物佐证作用。古今中外的种种货币资料，无不反映了世界久远的历史与文明，折射出人类在货币领域内的探索、追求和成就。货币学家在这个基础上进入探索和研究，澄怀悟道。

（7）文化交往

货币具有文化交往的功能。马克思说："货币是把我同人的生活，把我同社会，把我同自然界和人们联结起来的纽带。"② 随着各国各地区的对外开放，人们的交往彼此增加，货币也成为友好使者，使人们更直接地了解和认识异国他乡，也使相关

---

① 马克思.1844 年经济学哲学手稿［M］.北京：人民出版社，1985：111.
② 马克思.1844 年经济学哲学手稿［M］.北京：人民出版社，1985：110.

的人们更紧密地联系在一起。同时各国还通过发行货币，架起一座座桥梁，增进彼此之间的友谊和交流。因此货币可以作为结交朋友、传递友谊的媒介，是文化交往的纽带。货币的出现是经济社会发展的产物，不同历史阶段的货币演变把人从纷繁复杂的经济活动中逐步解放出来，更好地实现了人的自由全面发展，促进了人们在世界范围内的交往，使得不同国家与地区之间得以产生广泛而深刻的联系，进而推进经济全球化和贸易一体化进程。同时人的自由全面发展又反过来作用于货币经济的发展，人与人之间的广泛而深入的交往加速了货币跨国际、跨地区流通。

2. 马克思货币哲学下的货币文化价值

马克思货币哲学除了研究货币的经济价值外，也深刻揭示了货币内蕴的文化价值。货币的文化价值主要表现在以下六个方面：

（1）货币的人文价值

货币起源于人们之间交换的需要，是人类重要的文化创造物。因此，货币的发行流通都要以人为本，方便交换。从实物货币到贵金属货币再到纸币充当货币媒介，以及虚拟货币和数字货币，都是经济和科技发展到一定阶段的必然产物，而随着网络通信技术日益发达、社会交易活动日益频繁与活跃，加上民众购物消费习惯的变化及对货币流通安全性的考虑，人们已越来越趋向于使用便捷的电子银行、电子支付而不愿携带纸币与硬币。这显示出货币的起源具有人文关怀的属性，体现其人文价值。

（2）货币的艺术价值

货币具有满足人类艺术欣赏的属性。货币虽然是一种交换媒介，但是古今中外的货币都具有艺术属性，这一方面是为了防伪，艺术性高的货币不易伪造；另一方面是为了欣赏或纪念，展示货币制作工艺之精妙。

（3）货币的历史文化价值

货币是社会的化石，包含丰富的社会历史信息，具有历史参照物的属性。货币的历史地位和作用决定了货币的历史文化价值。

（4）货币的政治文化价值

货币具有影响人们政治生活的属性。马克思说："铸造硬币也是国家的事。金银作为铸币穿着不同的国家制服，但它们在世界市场上又脱掉这些制服。"[①] 货币的发行、流通均是执政者重要的政治行为。历史上许多政权都通过发行货币来表明政治存在，宣传政治理念，展现政治影响。当今社会，一国货币的币值是否稳定、国与国之间货币比价问题都是重要的政治事件，把本国货币打造成为世界货币也是许多大国的政治目标。

（5）货币的道德文化价值

马克思说"货币是最高的善"，[②] 揭示了货币具有道德价值。货币的道德文化价值体现在货币具有满足人类道德需求的属性。货币具有先天的善，形式上具有公平、公正、公开的道德理念。"货币能把任何特性和任何对象同其他任何即使与它相矛盾的特

---

① 马克思. 资本论：第一卷上册［M］. 北京：人民出版社，1975：144.

② 马克思.1844 年经济学哲学手稿［M］. 北京：人民出版社，1985：110.

性或对象相交换，货币能使冰炭化为胶漆，能迫使仇敌互相亲吻。"① 货币的交换媒介属性和道德文化价值能弥补人类社会的许多分歧与矛盾，是构建和谐社会的重要文化资源。但是，货币在作为交换媒介使用过程中也会产生伪善甚至恶。历史上不少统治者利用强权发行不足值货币或滥发纸币来掠夺民脂民膏，还有人伪造假币来欺骗他人。这不是货币本身的原因，而是货币发行者或使用者的原因。

（6）货币的时间价值

货币是一种特殊商品，可用于换取劳动时间。它随着时间的推移而逐渐增值，体现其时间价值。马克思认为，在社会主义社会，财富的尺度不再是劳动时间，而是自由时间。而作为财富代表的货币，将更多地用来换取自由时间，"节约劳动时间等于增加自由时间，即增加个人得到充分发展的时间"。② 人们可以利用金钱来换取自由支配的时间。

3. 马克思货币哲学下的货币文化发展

马克思认为，货币"是人们和各民族的普遍牵线人……货币的这种神力包含在它的本质中，即包含在人的异化的、外化的和外在化的类本质中，它是人类的外化的能力"。③ 马克思在《1844 年经济学哲学手稿》货币篇中同意莎士比亚的说法，把货币比喻为人们和各民族的普遍牵线人，从异化角度表明货币本质的属人性，马克思同时明确指出货币具有类本质特性，是人类本质力量的外化。货币交换"只能是用爱来交换爱，用信任

---

① 马克思 . 1844 年经济学哲学手稿［M］. 北京：人民出版社，1985：112.
② 马克思恩格斯全集：第 46 卷下册［M］. 北京：人民出版社，1989：225.
③ 马克思 . 1844 年经济学哲学手稿［M］. 北京：人民出版社，1985：110.

来交换信任"。① 马克思在《1857—1858 年经济学手稿》中进一步指出，货币是社会关系的物化本质，并在此基础上提出了人类社会三大形态演进规律和人的全面发展理论。因此，从马克思关于货币本质论述中揭示货币最基本的文化职能是社会信用，最核心问题是社会发展与货币信用问题，最根本任务是不断满足人民群众日益增长的信用需要。

马克思货币文化具有社会性、历史性、创造性、交互性和广泛性等基本特性。

社会性：货币是人类劳动的社会化身，即货币的类本质特性。马克思指出"货币不是一种东西，而是一种社会关系"。② 货币存在的前提是社会关系的物化，即货币拥有社会的属性。

历史性：货币是历史的产物，一部货币史浓缩了人类社会的文明史。马克思货币理论的主要任务是："研究货币价值形式的起源，研究交换发展的历史过程……"③

创造性：马克思说"货币是真正的创造力"④。货币能够把人的观念转化为生活，把想象的存在转化为现实的存在。

交互性：货币文化以货币为载体，伴随着商贸往来，货币及货币所蕴含的信息和文化交流、传递到世界各地，加深各国人民的交往。

广泛性：货币文化是世界性的大众文化。马克思的世界货币理论表明研究货币文化要有世界眼光。

我国自古以来就在货币的创造发明及使用方面领先世界，在

19

---

① 马克思.1844 年经济学哲学手稿［M］.北京：人民出版社，1985：112.
② 马克思恩格斯全集：第 4 卷［M］.北京：人民出版社，1989：119.
③ 马克思恩格斯选集：第 1 卷［M］.北京：人民出版社，1995：15.
④ 马克思.资本论：第一卷上册［M］.北京：人民出版社，1975：111.

全球具有广泛的影响力，形成了以中国货币为核心的东方货币文化体系。在马克思货币哲学的启发下，我国货币文化的发展主要围绕着社会公众更加便捷化与多样化的信用需要来展开。以货币的数字化发展为例，一方面，随着网络技术的持续发展和人们消费需求的日益增加，人们的购物行为与支付方式亦随之改变，诸如信用卡、电子货币等数字化支付工具蓬勃发展，无现金社会环境成为一种发展趋势，中国当前的无现金进程已成全球样本，是货币文化创新的重要体现；另一方面，比特币、莱特币等虚拟货币的出现也是货币数字化趋势的一种表现，尽管比特币因没有官方发行背景不被认为是一种正式货币，在中国近期已被取缔，但作为一种民间代用币却受到全球关注，也是货币文化创新的一项大胆尝试。

（四）马克思货币理论的当代价值

马克思的货币思想是被无数历史与实践验证过的科学理论，它的理论精神无论是在马克思所处的时期还是高速发展的当今时代都具有极高的启示意义，它的实践价值不会随着时间的流逝而销声匿迹，在未来依旧会闪耀出智慧的光芒。而我们站在新的货币发展条件下，需要反思货币的社会价值，对马克思货币思想加以重新认识。

1. 为理解货币经济的社会功能开拓了理论视野

货币自诞生之日起就为社会经济发展注入了新鲜血液，它既是商品价值的表达，又包含着对某些社会约定的自觉履行。当今时代，货币的形态不断发生转变，货币深刻影响着人类的一切经济行为，人们在享受货币及其数字化带来的便捷的同时，也要正视这种便利所带来的被物化、被边缘化的生存忧虑，"货币穿透和夷平了生存世界的一切壁垒，流动于现代人生活世界中，即成为新的生活'幽灵'，同时又成为一种显性法则"。① 因此，新形态的货币丰富了市场交易的行为价值，但也对社会道德提出了更高的要求。首先，货币经济加速了独立人格和民主自由的形成，它使得每个人都成为相对独立的社会利益主体，能够自主决定个人的生产和消费，这时的人们已经不再满足于自给自足的自然状态，而是向往并践行着自由自主发展。其次，货币经济始终秉持着平等互利的观念，其产生为实现商品市场便捷高效的等价交换创造了条件，买卖双方以平等互利为原则展开交易、实现共赢。正如马克思所说，"每一个主体都是交换者，也就是说，每一个主体和另一个主体发生的社会关系就是后者和前者发生的社会关系。因此，作为交换的主体，他们的关系是平等的关系。在他们之间看不出任何差别"。② 再次，货币经济将加速激发创造动力，进而催生出新的社会需求和产品，极大地驱动人类劳动和创造，释放市场活力。正如马克思所指出的那样，"从观念转化成生活，从想象的存在转化成现实的存在。作为这样的媒介，货币是真正的创造力"。③ 最后，货币经济还提高了人们对效率的认知和要求。货币经济以获得最大效益为目标要求，将"时间就是金钱，效率就是生命"视为市场运行准则，因此要求生产者在同样的时间内，以最低的成本创造最高的价值，从而使得利益最大化。

---

① 张雄. 货币化生活世界的批判——全国货币哲学高级研讨会综述［J］. 广西大学梧州分校学报，2004（1）：1 - 8.

② 马克思恩格斯全集（第三十一卷）［M］. 北京：人民出版社，1998：358.

③ 马克思恩格斯文集（第一卷）［M］. 北京：人民出版社，2009：246.

2. 有利于透视货币经济结构下价值观念的转变

价值观反映了人们对事物先后顺序的认知和排序，在货币产生之前，人们的价值观遵循着思维感官上的主观认识，而货币的产生为价值观的量化提供了渠道，货币可以度量价值的属性使人们的价值观不断转变，货币与价值的联系愈发紧密。价值观的量化与比较形成了社会组织运行的基本遵循，构成了公序良俗等社会认知，而随着社会的不断转型发展，货币对价值观的影响自然也在不断发生变化。一方面，货币激发了人们对财富的渴望。货币在生产生活中的作用不可或缺，它是权利与自由的象征，尤其代表着对财富的积累，因此，对财富的渴望促使人们追求更多的货币，进而促使人们从事更多的生产劳动，激发了社会生产力的扩大。另一方面，货币经济带来了社会关系的转变。货币为人类交往提供了更加多元、更加便捷的方式渠道，弱化了传统的身份等级观念，在货币的作用下，人们拥有平等的权利去购买商品，这对于维护社会公平、促进社会的进步都带来了积极的影响。

3. 有利于理解货币与世界市场的相互促进作用

世界货币的形成与世界市场的发展密切相关，货币的出现加速了世界市场的形成，世界市场造就出了世界货币。一方面，货币推动了世界范围内生产力的大幅提升，促进了人类文明的进步。在我国古代的丝绸之路发展过程中，货币作为媒介不仅促使了商品贸易活动的蓬勃开展，还发挥着一定的文化传播职能，逐渐形成了具有代表性、继承性的货币文化，这种货币文化与丝绸之路两端的东西方文化以及沿线印度文化、伊斯兰教文化互相影响、互相交融，对各国的经济文化发展都产生了深远的影响，这种影响甚至延续到大力推动"一带一路"建设的今天。"一带一路"合作伙伴对我国的经济依存度和文化交流度不断增加，带动了人民币需求的逐步扩大，从而锻造了人民币走向世界货币的重要契机。另一方面，货币是世界市场形成的必要条件，促进了世界市场的繁荣发展。马克思曾精辟地指出："人们彼此间世界主义的关系最初不过是他们作为商品所有者的关系，商品就其本身来说是超越一切宗教、政治、民族和语言的限制的。它们的共同语言是价格，他们的共性是货币。"① 当前，互联网及信息技术的发展和普及加速了货币形态的转变，催生出电子货币等新型货币并迅速在世界范围内得以流通，大大降低了国际贸易壁垒，提高了贸易便利化水平，以电子货币为代表的新一代世界货币使得生产力以前所未有的速度在全球范围内发展。

4. 回应我国重大货币制度改革现实问题

马克思货币理论确立了"现实人"的逻辑前提，认为"现实人"有别于新古典主义经济学货币理论中的"理性人"假设，其行为受到社会因素（主要包括价值观、所处的社会阶层、受教育水平、社会一般观点等）的制约，这使得现实中的自由交易、自由流动并不能达到完全科学化的状态，因此不能盲目相信市场化就能解决所有问题，在此基础上，马克思货币理论反思了完全市场化货币制度安排，肯定了政府在保障经济运行上具有的重要作用等，这些思想有效指导了我国开展关于利率改革、汇率改革、人民币国际化等经济关系分析。利率、汇率的市场化和人民币国际化是我国货币制度改革的重点方向。随着金

23

---

① 马克思恩格斯全集（第三十一卷）［M］. 北京：人民出版社，1998：547.

融市场的不断开放，国内外市场联系愈发紧密、作用愈发明显，因此我国的币制改革将为全球经济贸易带来巨大的发展契机，为全球经济"脱虚向实"、实现高质量发展创造条件。在马克思货币理论指导下，我国的货币制度改革仍要以稳定币值为前提，政府主动发挥引导作用，避免完全自由化造成的经济问题，一方面探索市场与政府在保障货币资源有效配置层面的有机结合，降低外资进入对我国产业发展所带来的冲击；另一方面加深与国际市场的联动，主动推进人民币的国际化战略。

5. 指导货币文化发展

马克思货币哲学和理论是指导我们研究货币文化的科学理论。从马克思货币哲学视域开展对货币文化的研究，有助于从哲学高度去把握货币文化，为货币文化的现代发展提供多学科视角，为货币所牵动的人性与社会的发展提供现代文明的智力支撑。一方面，马克思货币哲学有助于人们树立具有现代意义的、科学的货币人生观与价值观，马克思货币理论指导人们消解传统义利观中把货币庸俗化的心理、计划经济体制下把货币边缘化的心理和市场经济条件下金钱至上化的拜金主义心理，从而培育健康正确的货币人生观和价值观，树立新型的货币意识、市场意识和致富意识；另一方面，马克思货币哲学和理论有力地推动了信用货币的研究与应用，为货币文化职能与社会功能的开发提供了广阔的人文背景，对于推动货币虚拟化与数字化、实现新的全球货币革命具有重要意义。除此之外，国际上的货币冲突与文化冲突密切相关，马克思货币哲学和理论有助于消解文化冲突，维护金融稳定，加强国际间货币文化的交流，求同存异、增强互信，防止货币战争的爆发。

二、马克思货币理论在当代的发展与创新——新时代中国共产党的金融思想演进

中国的经济发展始终以马克思主义思想为指引，并在实践中不断推陈出新，新时代中国共产党的金融思想，正是在汲取马克思主义金融思想精髓的基础上结合中国发展实际而衍生出来的，是马克思货币理论在当代的发展与创新。

马克思主义金融思想最早集中体现于马克思与恩格斯所著的《资本论》中。尽管《资本论》并没有直接对"金融"进行阐述，但马克思在其中系统分析了货币、生息资本、信用制度和虚拟资本等金融活动要素，涵盖了现代金融的基本内容，可以称得上是马克思主义金融思想的基石。

以马克思主义金融思想为指引，中国共产党的金融思想发展历经了从中国革命时期到党的十八大以前再到以党的十八大为标志开启的新时代，在这漫长的演进过程中，中国共产党结合自身革命建设需求和新时代改革实践形成了符合中国国情的、系统的对金融发展本质规律的客观认识。与此同时，在新时代中国共产党的金融思想中，还蕴含着中国货币以及地方货币从诞生到发展的历史源流及演进轨迹，为我们探寻福建货币文化的当代金融价值提供了指引。

（一）新时代中国共产党金融思想的主要内容

金融是现代经济的核心，历届党和国家领导人对金融问题都十分重视。党的十八大以来，习近平总书记多次对全国金融工

作做出重要指示，在坚持金融服务实体经济，大力发展普惠金融、绿色金融、科技金融，强化金融安全，深化金融改革，发挥中国在完善全球金融治理中的作用，加强党对金融工作的领导等方面都进行了重要论述，意在解决我国金融发展过程中存在的问题和应对新时代我国面临的金融挑战。

在历届党和国家领导人金融思想的创新和汇集下，我国进一步形成了新时代中国共产党金融思想，其主要内容包括以下八个方面。

1. 金融要服务于实体经济的思想

（1）金融要贯彻新发展理念

在 2015 年 10 月 29 日召开的党的十八届五中全会的第二次全体会议上，习近平总书记首次提出了新发展理念——创新、协调、绿色、开放、共享①。新发展理念的提出具有极高的科学性和可操作性，它在充分考虑我国国情的基础上结合了新时代的发展需求，为我国各领域发展提供了行动指南。在新发展理念的指引下，我国金融行业发展迎来了新的契机，以转变发展动力、改变经营管理模式、增强内外联动、更好服务民营企业和实体经济等为目标的金融改革渐次展开。在践行创新发展理念方面，金融创新是提振金融发展潜能、促进区域平衡发展、防范系统性金融风险等的良方，我国的金融创新能力有待提高，在国际金融市场中容易受到不公正待遇，为转变这种局面，全面推进金融工具、金融理论、金融制度、金融技术等方面的多元创新

---

① 在省部级主要领导干部学习贯彻党的十八届五中全会精神专题研讨班上的讲话［EB/OL］．共产党员网，http：//news. 12371. cn/2016/05/10/ARTI1462820587609178. html.

势在必行。在践行协调发展理念方面，胡锦涛同志提出的全面协调可持续的金融发展观认为"金融工作要注重经济增长、就业、物价稳定、国际收支平衡多个目标之间的全面协调，也要注重时间序列的可持续发展规划"，由此可见，正确处理好金融发展与经济发展的平衡问题，是全方位协调好经济金融工作的关键。在践行绿色发展理念方面，"绿色金融"是 21 世纪国际金融经营新范式，要求金融必须为促进环境保护与治理的经济发展模式提供资金支持，将着力改善包括法律制度、信用、经济环境等在内的金融生态环境。在践行开放发展理念方面，打造开放型金融是加快推进经济全球化发展的必由之路，它不仅可以给国家带来巨大利益，还将促进国家地区间合作，共同抵御金融风险，构筑强大的国际金融安全网，营造良好的国际金融氛围。在践行共享发展理念方面，共享型金融揭示了发展金融的基础所在、目的所在和核心所在，它倡导以人为本的金融发展理念，强调发展金融是为了人民、发展金融要依靠人民、发展成果由人民共享。共享型金融是马克思主义金融思想的实践传承，体现了马克思主义金融思想中国化——中国共产党金融思想的精神内核。

（2）金融要服务于国家重大战略

当前，创新驱动、军民融合、区域协调、可持续发展、科教兴国、人才强国、乡村振兴等发展战略是我国未来发展的重点，作为现代经济发展的支撑行业，新时代中国共产党的金融思想要求金融业应致力于服务这些国家重大战略，例如重点支持教育和科技相关产业，与各地政府、机构、企事业单位联合实施人才引进与培育计划，在抗风险手段、金融操作技术、金融交易方式等方面实现自我创新，为乡镇企业提供特殊金融服务等，从而助推战略规划顺利实施和战略目标圆满完成，进一步促进金融服务实体经济。

（3）调整企业融资结构

资本市场是实施国家经济发展战略、调整产业结构的重要平台和手段。当前，企业融资结构不合理是导致我国中小企业发展受限制、实体经济发展缓慢的重要原因。因此，培育公开透明的资本市场、维护金融行业发展的健康稳定是我国开展金融工作的重要目标。习近平同志长期以来高度重视资本市场发展，他在福建省工作时就强调"进一步发挥资本市场的作用，尤其是证券市场的功能，推动国有企业改组改造，从整体上搞活国有经济"①。2015 年在接受美国《华尔街日报》采访时，习近平同志进一步指出，"发展资本市场是中国的改革方向"。此后，他又进一步明确了我国资本市场的发展方向，包括"要防范化解金融风险，加快形成融资功能完备、基础制度扎实、市场监管有效、投资者权益得到充分保护的股票市场"② 等。在这些重要论述指导下，未来我国必须科学引导资金投入方向，合理优化资源配置，积极为企业融资开辟渠道、提供支持，同时创新金融风险管理工具、做好风险防范工作，为培育公开透明、健康稳定的资本市场奠定基础、创造条件，进而推动我国经济转型升级。

2. 全面深化金融体制改革的思想

（1）转变金融发展方式

为促进金融行业以及实体经济的繁荣，金融发展必须更多地

---

①② 做好新时期金融工作的根本遵循（深入学习贯彻习近平同志系列重要讲话精神）[EB/OL]. 人民网，http：//opinion. people. com. cn/n1/2017/0425/c1003 - 29232904. html.

转向为实体经济服务，必须坚持以市场为主导的金融发展方式。必须重视金融的协调发展，不能仅仅看重商业银行的发展，也要做到策略性与政策性并重、两种模式齐头并进。① 必须重视民营资本对经济发展的促进作用，助力中小型企业快速成长，不断进行金融创新，持续推动金融制度创新、技术创新和管理创新。必须长期树立金融诚信，健全信用制度，完善信用体系，构建优良的信用环境。②

（2）建立健全国有商业银行现代企业制度

以政策为引导进一步明确和规范政府与国有商业银行的关系，推动银行间展开良性竞争，从而打造健康可持续的金融发展环境。必须充分发挥银行同业公会的地位和作用，配合政府共同推动国有商业银行向着市场管理模式的方向进行转变，促进产融结合③，加强银行内部管理，强化金融人才的培养体系，同时提升信息技术在银行经营管理层面的应用速率。完善制度环境，对金融业全面实施审慎监管，通过社会监督、内部监督和外部监督三管齐下规范金融业发展。完善金融市场体系，推动金融行业与实体经济同步转型，加大直接融资比例，加快利率、汇率市场化进程，缩小资产管理规模，促进国内金融投资收益率与全球金融体系全面接轨。

3. 正确处理市场调节和政府宏观调控的关系的思想

（1）发挥市场在金融资源配置中的决定性作用

第一，以市场需求为导向，以加快城镇化建设和加速推进经

---

① 徐璐丽．中国金融发展方式转变研究［J］．中国市场，2015（21）：36.
② 徐璐丽．中国金融发展方式转变研究［J］．中国市场，2015（21）：52.
③ 陈晶萍．中国国有商业银行企业制度创新研究［D］．哈尔滨：哈尔滨工程大学，2023：195.

济转型为重点目标，以提升直接融资占比为重要手段，全面深化金融业改革、完善金融市场体系建设。第二，鼓励有条件的民间资本依法建立金融机构，促进金融机构间的良性竞争，盘活金融创新要素，推进更具包容性的金融服务行业建设。第三，完善市场利率体系和利率传导机制，倒逼国内金融机构转型升级。第四，探索完善以市场供求为基础、参考一揽子货币进行调节的、有管理的浮动汇率制度，从而为逐步实现人民币资本项目可兑换创造条件。第五，以金融风险防范和金融市场消费者权益保护为重点，进一步明确金融监管责权划分，完善监管方式，发挥监管合力，营造良好的金融市场环境。第六，进一步探索完善包括系统风险识别、存款保险制度等在内的宏观审慎监管制度框架，完善市场化并购重组和退出机制。

（2）落实好政府的金融宏观调控职能

金融宏观调控是一种重要的调节和管理经济运行过程的手段，它主要通过中央银行发挥作用，通过货币、利率、信贷等金融手段调整和控制货币供给量，从而使社会总需求和总供给实现基本平衡。金融宏观调控有助于维护社会稳定，对于提高就业、稳定物价、促进国际收支平衡、推动经济增长等都具有重要意义，为经济协调健康发展提供了重要保障。金融宏观调控的作用效果会随着侧重点的不同而发生变化，在我国金融发展进程中曾经经历了几次目的不同的金融宏观调控：1994～1996 年，我国金融宏观调控的目标以控制物价为主；1998～2003 年，促进经济增长是我国金融宏观调控的主要目标；2004～2008 年，经济结构调整成为我国金融宏观调控的主要方向；2008～2013 年，我国金融宏观调控的目标转向了促进经济增长、实现充分就业①；2013 年以后，适应经济新常态、促进供给侧改革、推动"三去一补"和产业结构转型升级成为我国金融宏观调控的主要任务。

4. 积极发展普惠金融的思想

普惠金融是金融体制改革和金融服务创新的重要产物，其目的在于促进金融行业的可持续发展，推动大众创业、万众创新，助推经济发展方式的转变以及增进社会公平发展；其发展关键点在于建立多层次、可持续的普惠金融服务体系，从而尽可能发挥金融机构的规模作用，精准对接金融产品的供给侧和需求侧，拓宽金融产品服务对象，推动金融行业的均衡协调发展。未来，我国发展普惠金融的重点任务主要在于完善普惠金融体系主体结构、丰富普惠金融服务和产品、健全金融监管和差异化激励机制、强化地方政府配套支持等。

5. 扩大金融对外开放的思想

（1）货币市场的开放与管理

近年来，随着利率、金融机构准入、业务范围、资本流动等方面自由化水平的不断提高，金融自由化不断深入，国内货币市场迎来了较为快速的发展阶段。在此背景下，我国应继续坚持市场化改革方向，加强监管体系建设，推动金融科技的高度融合发展，不断推进市场开放和合作，促进货币市场与实体经济的深度融合，从而促进金融市场的一体化发展，进一步推动我国货币市场的开放和优化。

---

① 金融宏观调控 ［EB/OL］. 360 百科，https：//baike. so. com/doc/25124347 - 272 13738. html.

（2）债券市场的开放与管理

作为国家金融市场的重要组成部分，积极推进债券市场制度型、高水平、双向开放是当前市场改革的重要任务之一，是实现境外机构跨境融资的必要条件，更是服务实体经济、维护金融市场稳定的重要环节。在我国债券市场的开放与管理过程中，一方面，必须充分考虑到国内债券市场的抗冲击能力，使境外机构渐进式进入国内债券市场，同时管制境外机构所融资金的用途；另一方面，应该鼓励金融产品创新和制度创新，丰富债券市场工具，解决我国债券市场流动性不足的问题，从而提高债券市场效率和国际竞争力；此外，还需不断建立健全国内债券市场信用评级制度，加强托管结算机构之间的联网与合作，加强风险防范①。

32

（3）期货市场开放与管理

目前我国依然处于经济体制机制转型时期，随着金融自由化的发展，期货市场得到进一步开放，随之而来的是来自现货市场和期货市场的各类金融风险，如何规避和防范这些风险是未来金融工作的重点之一。一方面，持续推进国内期货市场的发展与创新，加快金融制度、管理和技术创新，丰富期货品种，提升市场交易的活跃度，增强市场的价格发现、风险管理与资源配置功能，有效建立其结构完整、运行规范、功能互补的期货市场体系；另一方面，建立健全有关期货市场法律法规和制度，增强期货市场持仓管理的系统性和针对性，进一步提升监管透明度和增强监管效率，保证期货交易的统一和规范化运作，从而

---

① 魏红. 中国金融市场对外开放的战略思考 [J]. 财经管理，2017（7）：146.

保障期货市场的健康运行。

（4）证券市场开放与管理

证券市场是我国金融体系的重要支柱之一，其开放对于提升资本市场效率、丰富市场投资品种、推动证券市场创新和提高经济发展水平具有积极意义。一方面，中国应该转变融资方式，充分利用证券市场筹集资金的高效性、资金使用的长期性以及筹资与使用的同步性和主动性加强与外资合作，优化资金配置，促进我国证券市场的国际化和规范化发展；另一方面，金融市场对外开放为中国企业提供了更为广阔的发展空间，中国企业可以通过海外并购、海外投资，实现其产业资本输出，获得在更大范围内的发展。[①]

6. 完善全球金融治理的思想

当前，中国在全球金融治理上发挥出了越来越重要的作用，为坚定推进全球金融治理改革、创造稳定的国际融资环境做出了巨大的贡献。

（1）积极推动人民币国际化进程

人民币国际化是一个需要国家顶层设计与市场驱动双管齐下的系统工程，是我国金融工作的重中之重，更是我国深度参与全球金融治理体系的必由之路。近年来，我国的人民币国际化进程得到了较快发展：2016 年 1 月中国正式成为国际货币基金组织第三大股东；2016 年 10 月人民币正式加入特别提款权，实现了人民币与欧元等世界主要货币的直接互换，并推动了人民币作为计价货币、储备货币等工作；2015 年央行发布上海国际

---

① 魏红. 中国金融市场对外开放的战略思考［J］. 财经管理，2017（7）：147.

能源交易中心筹备以人民币计价的原油交易，2016 年以人民币计价的黄金期货上线；2015 年俄罗斯央行将人民币作为储备货币，2016 年新加坡金管局、坦桑尼亚央行、菲律宾央行先后宣布将人民币纳入外汇储备；截至 2022 年 7 月底，我国累计与 20 多个"一带一路"合作伙伴建立了双边本币互换安排，在 10 多个"一带一路"合作伙伴建立了人民币清算安排，人民币跨境支付系统（CIPS）业务量、影响力稳步提升①；2022 年 9 月 23 日中国人民银行发布的《2022 年人民币国际化报告》显示，2021 年以来，人民币跨境收付金额在上年高基数的基础上延续增长态势；2021 年，银行代客人民币跨境收付金额合计为 36.6 万亿元，同比增长 29.0%，收付金额创历史新高②。人民币跨境收支总体平衡，全年累计净流入 4044.7 亿元。作为计价和储备货币，人民币国际化迈出了坚实的步伐。对中国来说，人民币国际化提升了中国的国际地位，也降低了人民币的汇率风险。对国际来说，这不仅仅提升了特别提款权在全球的代表性，也大大增加了国际货币体系的稳定性，更加有利于国际货币格局的均衡发展③。

（2）为提高全球金融治理的公平、公正和包容性贡献"中国方案"

在践行发展导向的全球金融治理观与推动全球金融治理改革方面，中国已经充分展现出了意愿和能力，例如与其他金砖国

---

① 推动共建"一带一路"高质量发展. 国家发展和改革委员会，https：//www. ndrc. gov. cn/fggz/fzzlgh/gjfzgh/202112/t20211225_1309711. html？state = 123&state = 123&state = 123&state = 123&state = 123&state = 123.

② 2022 年人民币国际化报告. 中国人民政府网，https：//www. gov. cn/xinwen/2022 – 09/24/content_5711660. htm.

③ 朱隽. 积极参与全球经济金融治理 [D]. 改革开放四十周年专栏访问记录，2018：74.

家共同建立"新开发银行"和亚洲基础设施投资银行，向新兴市场和其他发展中国家提供中长期基础设施及其他生产性领域项目建设融资；金砖五国共同建立了规模为1000亿美元的"应急储备安排"，为成员国在短期国际收支危机时提供流动性支持[①]等。这些做法不仅促进与深化了南南合作，推动新兴市场和发展中国家实际参与到全球金融治理改革当中，还大大提高了其在全球金融治理中的话语权，转变了过去全球金融组织和金融秩序多由发达国家主导的局面。

（3）为完善全球金融治理做出更多有益贡献

在新的世界金融发展格局下，金融创新、金融治理、金融监管等都面临着更高的挑战，而完善国家金融治理体系、建立健全宏观审慎的金融监管制度是应对当前世界变局的有效手段。一方面，要积极推动国际货币基金组织治理改革，推动金砖国家更加深入和广泛地参与治理，提升金融监管的民主程度；另一方面，要致力于提升全球宏观经济政策的协调程度，加强各方配合：新兴经济体应加强管理、有效管控本国金融风险，发达国家则应转变过去"自我优先"的主导思想、承担必要的责任和风险。此外，还要降低国际货币体系对美元的依赖，增加其他国家货币的竞争力、支付力、结算力和储藏力，完善国际货币基金救助机制，有效发挥多边化机制的功能，集体打造好金融安全屏障，共同防范不可分散的系统性的全球性金融风险[②]。

7. 维护金融安全的思想

第一，必须加强金融监管，防范金融风险。必须加强金融业

---

① 陈四清. 全球金融治理改革与中国的角色 [J]. 社会科学，2018（8）：24.
② 陈四清. 完善全球金融治理 [J]. 中国金融，2018（8）：12.

混业经营监管、互联网金融安全监管等，实施宏观审慎监管和微观审慎监管的联动机制。第二，坚持推动供给侧改革，继续做好"去杠杆""稳杠杆"等各项工作。进一步深化金融体系改革，构建多层次资本市场，发展股权投资基金，加快形成多元化的企业融资渠道，有效分散金融系统性风险；建立差异化的地区金融风险防控政策，高度重视地方政府隐性债务，进一步规范地方政府融资机制；必须把降低国有企业杠杆率作为重中之重，从深化国有企业改革入手，清理"僵尸企业"。第三，整治金融市场秩序。完善市场规则，以法律手段规范金融市场秩序，提高投资者的金融风险识别能力和防范意识。第四，健全金融法治体系。可从完善金融创新的法律制度、完善金融消费者权益保护的法律法规、完善我国金融混业经营的监管法律、完善金融机构信息强制披露制度、完善金融机构市场退出的监管法律制度、建立健全我国金融市场信用评级监管立法等方面入手。

8. 必须加强党对金融工作的领导的思想

（1）坚持党对我国新时代金融工作的集中统一领导

坚持党对我国新时代金融工作的集中统一领导，一定要牢牢把握住金融市场化改革的方向，大力推进金融管理体制改革，不断提高党对金融工作的执政能力和水平，不断扩大金融对内搞活对外开放，确保党在金融工作中的领导核心作用。

（2）切实抓好金融企业党组织的建设

各金融机构党组织要坚定不移地贯彻落实中共中央的政治理念，恪守党的政治要求，始终和中共中央保持高度的一致性，必须把党的政治建设摆在首位，把坚定理想信念作为党员的思想建设的首要任务，加强基层组织建设，加强作风和纪律建设，健全党和国家监督体系，全面增强执政本领。

（3）大力培养优秀金融人才

要以资金供给和政策鼓励等手段大力支持金融人才的培养。首先，优化金融类人才培养师资队伍质量，优化金融教学培养模式，强化金融类人才综合素养。其次，加强金融人才培养的组织和队伍建设，优化选拔、任用、评价金融人才的体制和机制，加强金融人才的思想道德素质培养和思想政治教育，加强金融人才的党性和为人民服务的意识。

总而言之，新时代中国共产党的金融思想构成了一个完整的有机的体系，各思想间相互联系、相互影响，深刻揭示了新时代金融工作的核心，明确了我国金融业必须坚持以服务实体经济为重要目标，将全面深化金融体制改革为重要动力，以正确处理市场调节和政府宏观调控的关系为必要手段，以积极发展普惠金融为基本方向，以扩大金融对外开放为关键策略，以完善全球金融治理为重大任务，以维护金融安全为根本保障，以加强党对金融工作的领导为基本前提和政治保证，从而为我国金融工作的顺利实施提供了理论支撑和思想指引，指导我们更好地全面推动新时代中国共产党金融工作，使我国金融事业永葆生机与活力。

（二）新时代中国共产党金融思想的重要价值

1. 丰富和发展马克思主义金融思想

新时代中国共产党的金融思想，是在汲取了马克思主义金融思想精髓、科学地研判了当前国内外金融形势的前提下提出的伟大思想，这一思想以人民为中心，以金融创新为动力，以深化国内金融体制改革、积极参与全球金融治理为主线，是我国在面对当前复杂形势和激烈竞争下提出的、符合中国特色社会主义制度要求的金融思想。这一思想既是对马克思主义金融思想的传承，又以其为基础推陈出新。这一思想的形成充分体现了中国共产党解放思想、实事求是、与时俱进、守正创新的思想路线，是中国共产党坚定地信仰着马克思主义、捍卫着马克思主义的重要印证。

2. 加强和完善中国特色社会主义的金融理论体系

中国特色社会主义的金融理论体系系统概括了新时代中国特色社会主义金融的发展要求、金融改革开放和发展的根本目的、发展金融的现实路径等一系列重大理论和实践问题。党的十八大以后，以习近平同志为核心的党中央牢牢把握金融的本质和规律，立足中国实际走中国特色金融发展之路，进一步明确和统筹了金融发展与经济发展的关系、金融发展与防范风险的关系、金融发展与深化金融供给侧结构性改革的关系以及金融发展与扩大开放的关系。这些思想和重要论述有效地补充和完善了中国特色社会主义金融理论体系，是中国特色社会主义金融理论体系的重大创新，从而为世界金融理论的发展贡献了中国智慧。

3. 为新时代中国共产党的金融工作提供理论指导

科学的金融指导思想是我国金融实践活动和金融行业发展的指挥棒。中国共产党的金融思想在漫长的演进过程中始终以我国国情和实际为依托，辩证地处理经济与金融的关系。从社会主义建设初期以毛泽东同志为主要代表的党中央提出的"金融要先服务于国民经济，再支持财政需求"，到改革开放后以邓小平同志为主要代表的党中央提出的"金融是现代市场经济的核心和杠杆"、以江泽民同志为主要代表的党中央提出的"金融核心论"和"金融杠杆论"，再到以胡锦涛同志为主要代表的党中央提出的"全面协调可持续的金融发展观"和"服务经济与资源配置的金融功能观"，中国共产党的金融思想始终坚持将经济与金融密切联系在一起，从而形成了完备的金融体系。党的十八大以后，面对国际金融危机的威胁和我国金融"脱实向虚"的不利局势，新时代中国共产党的金融思想以前人的金融思想或理论为基础，确立了要让金融回归本源、服务实体经济的总体目标。习近平总书记指出，要"强化金融服务功能，找准金融服务重点，以服务实体经济、服务人民生活为本。要以金融体系结构调整优化为重点，优化融资结构和金融机构体系、市场体系、产品体系，为实体经济发展提供更高质量、更有效率的金融服务"。① 具体而言，必须进一步优化融资结构和金融机构体系、市场体系和产品体系，构建多层次、广覆盖、有差异的银行体系，建设规范、透明、开放、有活力、有韧性的资本市场，构建风险投资、银行信贷、债券市场、股票市场等全方位、多层次金融支持服务体系，从而为实体经济提供精准支持。这些金融举措既体现了对党的十八大以前中国共产党优秀金融理论的传承和创新，也是对新时代中国共产党金融思想的践行和落实，对于提升我国金融竞争力、推动经济高质量发展具有重要的价值和意义。

39

---

① 习近平主持中共中央政治局第十三次集体学习并讲话 . 中国人民政府网，https：//www. gov. cn/xinwen/2019 – 02/23/content_5367953. htm？eqid = eb00353f000170b4000000026462ded8.

第二节 福建货币文化发展的现实必然

一、福建货币文化发展的驱动因素

（一）地理因素

福建地处中国东南沿海，东临台湾海峡，南濒台湾海峡和南海，北靠浙江，西接江西，地理位置和环境的特殊性对货币文化的发展起到了重要的驱动作用。

自古以来，福建境内山岭耸峙，素有"东南之国"之称，相对封闭的地理环境阻碍了福建与中原、江淮的经济文化联系，早期经济开发相对滞后，商品交换长期处于以物易物的原始状态，这使得福建货币使用得较少，铸币出现的时间也相对较晚。

但是，这种独特的地理环境也为福建货币文化的发展带来了独特的优势。一方面，福建地形地貌的多样性促进了货币的流通，为福建的经济发展提供了多元化的基础。福建地势复杂，山地和平原交错分布，严峻的地形地貌倒逼了交通基础设施的建设，使福建在发展过程中逐渐形成了集陆路、水路和空路运输于一体的立体交通网络。而随着交通运输的日益发展，福建成为中国与东南亚贸易的重要门户之一，货币的流通和交换成为经济活动中不可或缺的一部分，这在很大程度上促进了货币文化的发展。另一方面，福建复杂的地理环境催生了丰富的资源，为货币的交换提供了物质基础。福建拥有丰富的海洋渔业资源，同时山地地区茶叶等特产资源也十分丰富，这些资源的开发和交换促进了货币的流通和交换，为货币文化的发展提供了基础。以福建"海丝文化"为例，"海丝文化"的产生得益于福建的沿海地域特性与陆海联通的交通优势，其传播带动了商品和贸易的繁荣，进而促进了货币的交往和币制改革，为福建金融的融合发展带来了重要启示。

（二）经济因素

从早期的发展相对滞后到如今成为中国经济较为发达的省份之一，福建经济的快速发展为货币文化的繁荣提供了良好的环境和条件。一方面，经济的快速发展催生了更多的商业活动和贸易交流。福建作为重要的商贸中心，商业活动和贸易交流频繁，这在很大程度上促进了货币的流通和交换，进而推动了货币文化的发展。另一方面，福建经济的发展促进了福建金融业的繁荣。多样化的金融机构为人们提供了更多的金融产品和服务，促进了货币的流通和使用，同时金融业的发展也带动了金融文化的繁荣，进一步推动了货币文化的发展。此外，福建的城镇化进程较为迅速，城市人口不断增加，城市规模不断扩大，而在这一过程中，货币作为一种交换媒介和价值储存工具的作用日益凸显，推动了货币文化的发展和创新。以"闽都借贷文化"为例，其形成与发展都与个人、家庭乃至地区的经济条件有着密切关系，由此而衍生出的钱庄与典当行业映射出了福建金融机构的创新与融资方式的革新，为福建民间金融的繁荣发展奠定了基础。

（三）政治因素

货币是国家主权的象征，货币专属于国家，体现为"有国则有币"，关于货币发行、流通、管制的一切行为都是从国家利益出发的，体现了国家意志，包括货币的形制和图案，往往可以识别一个国家的国体和政体。因此自古以来，货币就带有强烈的政治属性，政治因素是货币文化发展的重要驱动因素之一。

一方面，政权的更迭、政策的变动都会带来货币外形、内涵或流通规则的变化。以"五代闽国货币文化"中的闽国铸币为例。闽国铸币的出现，开创了福建省货币文化的先河，其造型精美、制作工艺高超，为后来福建省的货币文化发展奠定了基础。而闽国铸币从出现到衰落的过程，都带有浓烈的政治色彩。闽国铸币是五代时期福建省地区的封建政权发行的货币，闽国铸币在当时的福建省周边地区得到了广泛的应用，主要流通于现在的福建省、江西省、浙江省等地。在这些地方，闽国铸币得到了广泛的认可和接受，为当地的货币文化注入了新的元素和活力。但是闽国铸币的繁荣和发展，并没有持续太久。随着市场的变化和货币制度的改革，闽国铸币逐渐走向了衰落。五代十国时期结束后，中国进入了北宋时期，国家开始实行统一的货币制度，不再允许私人铸造货币。这使得闽国铸币失去了市场优势，地位逐渐衰落。再加上闽国铸币在制作工艺上过于烦琐、生产成本高、不利于大规模生产，闽国政权的内部政治也不稳定，闽国铸币彻底走向了没落。此外，辛亥革命后福建曾印铸发行闽省军务公债票、中华福建银号台伏票、银元票以及中华元宝银角、福建通宝铜钱、中华元宝铜元等货币，这对于缓解当时的福建省财政困难、维持社会金融秩序、巩固新生革命政权等方面都发挥了重要作用；建党初期的工农运动中萌发的福建红色金融事业，土地革命战争时期福建年轻的中国共产党人开始的合作社、银行、货币发行等红色金融尝试等，这些都为福建红色货币文化的产生与发展、红色精神的传承与创新注入了顽强的生命力。

另一方面，包括林则徐、陈衍、陈璧等在内的由福建三坊七巷文化滋养出的杰出政治家们，在福建地方货币乃至中国货币发展与改革过程中都起到了极为重要的作用。鸦片战争后，为缓解当时币制已不能适应社会发展需要的窘境，林则徐提出"欲抑洋钱，莫如官局先铸银钱"的建议，但却受到道光帝的强烈否定，其自铸银元的勇敢实践也因技术等原因未能成功。在币改停滞半个世纪后，其同乡陈衍承接了林则徐币改的接力棒，协助张之洞的湖北货币新政，在地方获得了成功并在全国产生了广泛的示范作用。可随后，各省为了获取铸币税解决财政困难，纷纷效仿却又各自为政，导致计量货币泛滥，引发了全国货币度量新一轮的混乱。直到陈璧以钦差大臣的身份从中央的角度对各省进行铸币整顿、统一全国铸币权，才为银元本位制的最终确立创造了条件。此外，刘攻芸曾在民国时期参与法币改革，并在民国后期力阻金圆券的发行，在民国币制改革史上发挥了重要作用；陈彪如则为中国改革开放后货币制度进一步融入国际体系、推动上海建设国际金融中心提供了理论先导等。可以说，从福建三坊七巷走出来的政治家们承前启后、前仆后继的货币改革实践是近代中国币制改革史上的重要篇章，为近代中国从计重币制转型到计量币制作出重大贡献，也在思想和

43

实践上为中国近现代货币制度的建设并与国际接轨作出了重要贡献。

(四) 技术因素

由几千年前贝币、布币发展到今天印刷精美、防伪技术先进的纸币，再到"一卡走天下"的电子货币，福建货币的发展得益于铸造技术、支付技术等的不断进步和应用，这些技术因素推动了福建货币文化的现代化和智能化发展。从唐末五代至宋初时期的泥范铸造法到近代砂型铸造法、从人工铸币到机器铸币，金融支付工具和金融制度的创新极大地带动了福建地区的商业活动，再加上海上丝绸之路的开拓使福建成为联系东西方贸易的枢纽，商品和金融资源进一步实现了在欧亚大陆广阔空间内的优化配置，货币文化也由此获得了更为广阔的发展空间。例如福建"船政文化"中机器铸币的出现，正是铸币技术革新推动货币文化发展的最好印证。而近代电子信息技术的飞速发展更是为货币的发展与货币文化的传承注入了新的活力。电子支付技术的快速发展和普及为人们提供了更加便捷和高效的支付方式，金融科技创新如区块链技术、人工智能和大数据分析等为货币市场和金融业务提供了更高效、安全和便利的解决方案，互联网和数字化技术的普及和发展改变了人们的消费习惯和交易方式等，这些技术的进步都促进了福建货币文化的发展，为货币文化的创新和应用带来了新的机会。

除了地理因素、经济因素、政治因素和技术因素外，人们对货币需求的不断提升促使人们对货币的认识和使用不断深化，教育和传媒的普及促进了货币文化的传播和理解，社会对于货币价值观念的转变保障了货币文化发展的可持续性等，这些因素相互交织、相互影响，共同驱动了福建货币文化的繁荣发展。

二、福建货币文化发展的现实需求

（一）福建货币文化发展为文化传承与创新带来新活力

从文化传承与创新的角度来看，一方面，福建货币文化是传承优秀历史文化的重要载体，为保护文化多样性提供了重要渠道。福建货币文化承载着丰富的历史和文化内涵，是一种具有地域特色和民族特色的文化形态，是福建地区的重要文化遗产之一。通过发展福建货币文化，可以在传承和弘扬福建历史文化的同时保护福建独特的文化多样性、促进地方文化的多元发展，进一步推动文化传统与现代社会的融合。另一方面，福建货币文化发展有助于传播福建形象、培养人民的文化自信和良好的义利观。福建货币文化是福建一张鲜亮的文化名片，更是福建人民的精神财富，货币文化的宣传和推广有助于福建打响名片、用好名片，提升福建的知名度和形象，进一步激发福建人民的文化自信。同时货币文化作为一种文化形态承载着一定的价值观和道德观，通过发展福建货币文化可以培养人们正确的义利观念，引导人们把道德修养与物质利益的满足结合起来，以诚信、公正和负责任的态度应对金融活动，建立义利统一的价值观，从而更好地推动社会健康发展。

（二）福建货币文化发展为金融竞争力提升注入新动能

从增强金融竞争力的角度来看，发展福建货币文化具有重要

45

的启示意义。一方面，福建货币文化的发展启示我们提升金融服务水平的实践路径。金融机构在发展过程中应更深入地了解客户需求，提供个性化、差异化的金融产品和服务，满足客户多样化的金融需求，从而在金融市场中获得竞争优势。另一方面，福建货币的历史变迁启示我们推动金融创新和科技应用的必要性。要进一步激发金融创新和科技应用的活力，增强金融机构的创新能力，以先进的科技手段助力开发更具竞争力的金融产品和服务，提高金融效率和便利性，满足市场需求，赢得竞争优势。与此同时，福建地方货币的发展离不开跨区域交流合作，这启示我们在当代金融发展过程中必须深化福建与其他地区和国家的金融合作，扩大金融市场的规模和影响力，提高福建的国际金融地位，增强福建在国际金融市场中的竞争力。此外，福建货币文化的发展过程还启示我们必须重视福建金融监管能力的提升，增强金融市场的稳定性和透明度，有效维护金融市场的稳定和安全；必须重视金融人才的培育，以货币文化为切入点培育兼具专业知识和技能的金融人才，为金融行业的发展提供充足的人力资源支持等。总之，福建货币文化中富含了金融的创新思想和文化瑰宝，其意蕴深厚、内涵丰富，对其的深刻理解并运用于当代金融领域将为福建的金融体系赋予新的竞争优势。

（三）福建货币文化发展为福建经济发展提供新契机

数字经济、海洋经济、绿色经济、文旅经济是福建发展的比较优势和未来增长点所在，而福建货币文化对其具有一定的启示意义，将为福建经济发展提供新的契机。

在数字经济方面：一方面，福建货币文化的发展对于福建人民的价值观念转变起到了积极的影响。货币作为价值尺度，促使人们更加注重经济效益和利益，激发了人们对数字经济发展的兴趣与动力，同时推动人们将更多的注意力和资源向创新、效益和可持续发展倾斜。另一方面，福建货币文化的发展为福建的金融体系提供了基础，为数字经济的发展创造了必要条件，通过加强数字金融体系建设为人们提供更加便捷、高效的金融服务，为数字经济的发展提供充足的资金支持和风险管理。除此之外，福建货币文化的发展还促进了福建地区的商业和服务业发展，激发了创业创新精神，助推了金融教育和人才培养，为数字经济的发展提供了人才基础。

在海洋经济方面：历史上，福建货币文化的发展以海洋为契机，"海上丝绸之路"的兴起为福建贸易的拓展和货币的流通提供了渠道，而现如今，福建货币文化的传承同样为福建的海洋经济发展带来了启示。福建作为一个沿海省份，拥有丰富的海洋资源，货币的流通和使用将促进海洋资源的开发和利用，为海洋经济的发展提供必要的资金和金融工具；货币作为交换媒介和价值尺度，促进了商品和服务的交易，进一步推动建立和健全贸易体系、推进了海洋产业链的完善和优化。总之，福建货币文化的发展启示我们，福建必须加强金融体系建设、提供多样化的金融服务，从而为海洋贸易提供更多的金融支持。

在绿色经济方面：福建货币文化的发展为福建金融体系建设提供了基础，而金融支持和金融创新对于绿色经济发展来说至关重要，要加强金融体系对绿色项目的支持，为绿色技术和可再生能源的发展提供资金和金融工具，从而推动绿色产业的发展，进一步实现福建经济增长和环境保护的双赢局面，为福建的可持续发展作出贡献。

在文旅经济方面：福建货币文化具有极高的文化价值，是福建文旅产业发展的重要增长极。福建货币文化中蕴含的丰富历史文化和民俗风情为福建的文化产业提供了资源，也为福建旅游产业提供了多样化的产品和服务，这启示我们，福建应进一步挖掘和保护本土文化资源，加强文旅创意产业的发展，推动文化传承和旅游资源保护，提升文旅产业的价值和影响力。

三、福建货币文化的发展特点

我国是世界上使用货币最早的国家之一，已有三四千年的货币史，福建货币以其历史悠久、特色鲜明、内涵丰富和实践创新在中国货币史上留下了浓墨重彩的一笔。鉴于这部分内容在后文中有详细论述，因此在此处简单阐明、不做赘述。

（一）历史悠久，地方特色鲜明

福建地处我国东南沿海，境内多山，由于高山峻岭的阻隔，上古时期的经济开发滞后于中原一带，因此福建早期使用的货币系从中原一带流入，自行铸造货币则始于唐代晚期。唐武宗会昌五年，福建铸"开元通宝"拉开了福建官方铸钱的序幕，宋初福建设有全国四大铸钱监之一的丰国监，其铸钱通过海外贸易流通海外。明代货币白银化的趋势愈加明显，福建沿海成为最早流行来自西班牙、葡萄牙、荷兰及其美洲殖民地银铸币的地区。清后期，福建是西藏之外全国最早铸造本国银币的地区。民元肇始，近代化趋势中的福建近代金融业也因华侨及海外交流因素而独具特色。从福建货币印铸和流通的发展历程，不仅可以看出福建社会经济发展的脉络，还可以为台湾自古以来就是中国领土的一部分提出明证。福建革命根据地货币的诞生和流通，不仅是福建货币史新的里程碑，还展现了福建人民在新民主主义革命中为中华人民共和国的成立作出的贡献。

（二）内涵丰富，多元文化融合共存

据统计，在中华人民共和国成立前，福建各历史年代先后铸造的金属硬币和印制的纸币品种高达两千余种，其品种繁多、形制多样，呈现出多元、多层次的发展格局，最终成为福建地方特色文化的重要组成部分。福建货币文化底蕴深厚、包罗万象，既包含了中国传统文化和地方民俗特色，又与哲学、文学、美学、货币地理学、语言学、文字学、民俗学、书法及印章篆刻艺术等多种学科有着不同程度的关联，这些共同孕育出了福建货币文化独特而深厚的内涵和底蕴。当前，货币文化与福建独特的海洋文化、闽国文化、海丝文化、华侨文化、红色文化等交相辉映、相得益彰，多元文化融合共存，在中国货币历史长河中大放异彩。

（三）影响深远，具有重要的时代价值

福建货币文化的发展进程与文化内涵，都与福建地区金融体系的构建与完善以及金融精神的形成与传承密不可分："五代闽国货币文化"揭示了早期福建金融活动的兴起，"闽中银元文

化"蕴含了福建区域性金融市场的创新与发展，"民俗文化"是福建金融衍生工具创新的现实映射，"侨批文化"展现了福建早期金融风险管理智慧，"闽都借贷文化"带来了繁荣的福建民间金融，"船政文化"显示了福建早期金融科技的变革，"海丝文化"启示了福建金融融合发展的路径，"红色货币文化"则孕育了当代福建金融服务的创新。而货币文化影响深远，在福建立足新发展阶段、贯彻新发展理念、构建新发展格局的今天仍具有十分重要的时代价值，其传承与创新对于福建大力发展数字经济、海洋经济、绿色经济和文旅经济都具有重要的启示意义。

习近平总书记在参加党的二十大广西代表团讨论时全面肯定了文化自信的内在逻辑，他指出："中国走上这条道路，跟中国文化密不可分。我们走的中国特色社会主义道路，它内在的基因密码就在这里，有中华优秀传统文化这个基因。所以我们现在就是要理直气壮、很自豪地去做这件事，去挖掘、去结合中华优秀传统文化，真正实现马克思主义中国化时代化。"[①] 因此我们必须要从一个更高的层面来认识文化、理解文化、把握文化，才能真正做到文化的自信自立。

当今世界，科技化、虚拟化、信息化成为金融业发展的新趋势，但历史的经验同样弥足珍贵，发人深省！本书正是从福建货币的发展史入手，尝试以一个全新的角度来认识、理解和把握货币文化，寻找历史与现实的呼应。在吸收马克思主义货币理论精髓和新时代中国共产党的金融思想的基础上，本书将从金

---

① 习近平总书记和广西的故事［EB/OL］. 新华网，2023 – 12 – 14.

融创新的视角解读福建货币的发展与革新，从中深刻领会凝聚在货币演进中的人民智慧，从而探寻金融业发展的基本规律和未来方向，为进一步弘扬中华货币文化、拓宽金融研究领域、服务地方经济建设提供参考借鉴。

第二章 "五代闽国货币文化"与福建金融活动的兴起

第一节 "五代闽国货币文化"的历史源流与内涵特质

五代闽国根据地方政权的需要,开始发行自己的货币。这些货币促进了地区经济的发展和交流,是地方政权的标志,且在形制和文字上体现了地方内涵特质,对于研究五代时期福建地区政治、经济和文化的变迁,具有重要的历史价值。

一、"五代闽国货币文化"的历史源流

五代十国时期,由于诸侯割据,战乱频繁,政权更迭,社会动荡不安,包括闽国在内的各诸侯国纷纷铸造自己的货币。五代闽国货币文化涵盖了这一时期货币的历史、铸造、使用、流通、象征意义以及与社会文化相互作用的方方面面。通过研究

五代货币文化的历史源流，我们可以更好地了解五代时期闽国地区政治、经济和文化的变迁，以及货币在历史演进中的角色。

（一）福建铸币的时代背景

福建地处我国东南沿海，在上古时期被称作"闽"，秦时设置闽中郡、汉代划归会稽郡，晋以后中原经历数百年战争，到了隋统一才在闽地设置了建安郡。和历史悠久、底蕴深厚的中原文化不同，上古时代闽地发展滞后且几经战乱，同期史料十分匮乏。历经民族迁徙、多方交融后，于唐代中后叶，福建才逐渐活跃在历史中。唐开元二十一年（公元733年），为加强边防武装力量，设立军事长官经略使。因境内有福州、建州两州，各取其首字而名福建。"福建"一词由此出现，并沿用至今。福建境内山岭耸峙，素有"东南山国"之称。封闭的地理环境，阻碍了福建与中原、江淮的经济文化联系。唐初，福建商品经济落后，实物货币的流通仍占主导地位，金属货币与实物货币并存。

唐高祖李渊于武德四年（公元621年）开始铸造"开元通宝"，结束了以重量命名钱币的历史，摆脱了以重铭钱的束缚，开始了称"宝"货币的时代，直至古钱退出历史舞台。钱铭一般以"通宝""元宝""重宝"为名，政府增强了利用货币管理经济的能力。终唐一代就以铸造使用"开元通宝"为主，高祖以后各帝国都铸造有开元钱。唐朝中期，由于"安史之乱"，经济遭受严重破坏，朝廷为应付庞大军事开支，导致"钱荒"，加之寺庙遍布，众多僧尼依赖官府供给，财政负担沉重。唐武宗诏令废灭佛教，拆毁寺院，熔毁佛像等用以铸钱。淮南（今扬州）节度使李坤遂建议各地根据条件自行铸币，各地所铸应标识铸

53

地。李坤首先以武宗年号为标识，铸开元通宝，在背后加了一个"昌"字。此后，很多地方都以加地名的方式铸造了新的开元通宝钱。目前，已经发现的钱币背文有"昌""京""洛""兴""梁""福"等 23 种。其中，会昌开元背"福"字钱乃福州观察使李元宗于福建道治所福州所铸，"福"字纪洲名，从此揭开了福建货币铸造史的序幕。这是目前发现且能找到相关记载的，最早由福建省铸造的钱币。由佛铜所铸，虽铸期较短，但其形制却延续影响直至闽国时期。

从唐哀帝天祐四年（公元 907 年）朱温篡唐自立，到北宋赵氏统一全国之前，中国历史上经历了五代十国时期。唐昭宗景福二年（公元 893 年）五月，王潮率部攻破福州，自称福建留后。十月，朝廷任命王潮为都团练、观察使，而王审知则担任副使。唐昭宗李晔乾宁四年（公元 897 年），将福州设为威武军，任命王审知为节度使，并封其为琅琊王。唐朝灭亡后，梁太祖朱温于开平三年（公元 909 年）进一步封王审知为中书令，封号为闽王。至同光三年（公元 925 年），王审知去世，享年 63 岁，追封谥号为忠懿，其在位期间长达二十九年。随后，他的长子王延翰、次子王延钧、孙王继鹏（为王延钧之子）、三子王延羲、四子王延政相继继位，闽国历经七位君主，持续了五十三年，直到天德三年（公元 945 年）被南唐灭亡。

（二）五代闽国货币的历史沿革

闽国是福建历史上的第一个独立政权，在王氏家族统治期间，先后铸造了地方性的铜、铁、铅钱，用于市场流通。闽地的货币铸造可以分为几个不同的时期：王审知、王璘和王昶父子、王曦（永隆）、王延政（天德）、南唐和宋初。

1. 王审知的闽国开元通宝

闽国王审知所铸的开元通宝钱币，见图 2 - 1，简称"闽开元"，按照钱币主材质可将开元通宝划分为三种。

图 2 - 1　开元通宝

第一种是铜钱。根据《古泉丛话》的记载，王审知在他称王后的第八年（公元 916 年）铸造了名为"开元通宝"的铜钱。这些铜钱的范式模仿了会昌时期的钱币样式，背面刻有一个"闽"字。铜钱分为"小平"和"当十"两种，钱文采用隶书字体，背面有星纹、月纹和"闽"字。

第二种是铅钱。公元 916 年，为了补充流通钱币的不足，王审知利用铅作为材料，铸造了铅质的开元通宝钱币。这被认为是世界上最早的铅币。铅钱与铜钱同时流通，其钱币形式仍以会昌时期的开元通宝为样式，但币值为铜钱的十分之一。已经发现的闽国铅质开元钱有两种，大小略同会昌开元钱，只是背面铭文分别为一个"闽"字和一个"福"字。

第三种是铁钱。在闽国二年（公元 922 年），为了节省成本和工艺，闽国铸造了一种大铁钱。这些铁钱工艺粗糙，大小差异很大，直径约为 40±3 毫米，重量从约 22 克到 33 克不等，差距超过 10 克。然而，无论大小，这些铁钱的价值保持不变，史料称其为"以五百文为贯"，即 500 枚铁钱相当于 1000 枚小铜开元钱。其中大铁钱 1 文等于小铜钱 2 文，而小铅钱则等于 20 文。王审知不仅铸造了小铅钱，而且随后执政福建的其他王室成员也继续铸造了开元通宝的小铅钱。

从现存的传世钱币和考古出土的闽国开元通宝来看，铁钱和铅钱的发现相对较多，而铜钱则罕见。这是因为福建地区缺乏铜矿资源，但却富有铁矿和铅矿。为了建立独立的货币体系，在缺乏铜材的情况下，王审知采取了适应当地资源丰富的铁和铅，铸造了铁钱和铅钱，并确定了它们之间的兑换比率。这样三种不同材质的货币同时在市场上流通，便利了民间贸易和经济往来，促进了经济的发展。同时，这也是为了满足庞大的财政开支需求。

2. 闽惠宗王璘、康宗王昶父子铸币

后唐同光三年（公元 925 年），王审知病逝。长子王延翰继位，于唐明宗天成元年（公元 926 年），自称大闽国王。同年十二月，被其弟延钧（泉州刺史）与王审知养子延禀（建州刺史）起兵攻福州，延禀杀延翰，立延钧。延钧更名璘。后唐长兴四年（公元 933 年）正月称帝，国号大闽，庙号惠宗，建元龙启。龙启三年又改元永和，十月其子继鹏弑父自立，庙号康宗，更名昶，次年（公元 936 年）三月，改元通文。

王延钧、王继鹏父子主政十四年间，虽然延续了王审知货币政策，也铸造有"开元通宝"大铅钱，但是铸钱质量却在不断下降，铅质的开元通宝背闽月大钱出现了明显的减重，字体、笔画多有变化，大小错杂，厚薄不一。字迹模糊现象，小平钱还出现了省笔的返童体，显然没有了之前的昌盛之气。

3. 闽景宗王延羲铸永隆通宝

通文四年（公元 939 年）闽发生内乱，侍卫亲军将领杀掉王昶，把王昶的叔父、王审知的少子王延羲推上王位。王延羲改名王曦，改元永隆。王曦于永隆四年（后晋天福七年，942 年）铸造"永隆通宝"大钱。币材有铜、铁、铅三种。

"永隆通宝"大铜钱：如图 2－2 所示，大钱正面上刻有"永隆通宝"四个字，书写风格古拙。背面则镂刻了"闽"字，并饰以星、月纹样式。字体显得古朴，制作工艺并不精致，整体质感沉稳厚实。这样的一枚钱币，价值相当于 100 枚"开元通宝"的铅钱。"永隆通宝"大铁钱：面文书体似隶而不工，尤其隆字潦草，别具风格，径 3.5 厘米，背有右星、穿上闽和穿上闽下仰月右星三品。"永隆通宝"大铅钱：制作与铜、铁相似，背穿上闽、下仰月。

图 2－2　永隆通宝

王曦用阴谋夺侄子昶的政权后，淫侈无度，生杀惟命，并与镇守建州的四弟延政不和，连年战争，致使闽江两岸"暴骨如莽"，为了支付庞大的军费开支和生活上挥霍浪费，财政拮据，实行"竭泽而渔"的虐民政策，反映在货币政策上，就专铸大钱，提高铁钱比值。永隆通宝大铁钱与闽开元当十大铁钱的直径与厚度大体接近，钱重相差无几。闽开元当十大铁钱只能兑换铅小平钱 20 枚。而永隆通宝大铁钱 1 枚则兑换铅小平钱 100 枚。永隆通宝的比值提高了 4 倍，这实质是通货膨胀率达百分之四百，这加速了闽政权的覆灭。

4. 闽天德帝王延羲铸天德重宝、天德通宝

公元 942 年，王曦的弟弟王延政担任建州刺史。由于王延政谏阻兄长王曦的淫虐行为，王曦愤怒地发动战争，但最终在与王延政的战斗中失败。公元 943 年，后晋天福八年，王延政在建州建立了自己的国家，自称为殷国，并改元为"天德"。在这个时候，福建地区同时存在着福州和建州两个并存的政权，被称为"闽"和"殷闽"。随后的一年，公元 944 年，王曦被自己的部将所杀，王延政派兵攻占福州，恢复国号为"闽"。在王延政的统治下，相继铸造了"天德通宝""天德重宝"等钱币。

"天德重宝"和"天德通宝"如图 2 - 3 和图 2 - 4 所示，其正面采用隶体书写，直径约 3.5 厘米，背面光滑，并有铜和铁两种材质。天德重宝则还有铅的材质。天德通宝的正面刻有清晰的文字，书写风格结合了隶书和楷书的特点。背面刻有"殷"字，作为纪国号的象征。根据出土实物，还发现天德帝王延政铸造了"开元通宝"背面有"殷"字的大铁钱，以及背面刻有"殷""建"字的小平铅钱。

图 2 - 3 天德重宝

图 2 - 4 天德通宝

59

　　王延政虽谏其兄长淫虐，但在建州亦大兴土木，极力布置楼台宫阙，并与兄残杀，军费庞大，亦竭力推行通货膨胀政策。其所铸天德通宝大铁钱一当百与永隆通宝以一当十对比，铁钱比值又提高九倍，天德通宝大铁钱的直径又小于永隆通宝大铁钱，其通货膨胀率高达百分之九百至一千。这些钱币不仅仅是一种经济工具，更是历史遗存，反映了当时政权的权威和政治意图。同时，它们也是研究历史和文化的重要资源，对于了解天德帝王延政时期的经济状况和政治局势具有重要价值。

5. 南唐

三年后（公元945年），南唐入闽，王延政出城降唐，王氏主闽的历史也在这画上句号。不久后，南唐在建州设立永丰监铸钱。南唐自以为唐朝后代，以"开元"为钱文，在闽地铸行"开元通宝"背巨星大铁钱，见图2-5。

图2-5 开元通宝

6. 宋初

宋朝初年（公元983年），福建建州铸造太平通宝，该币为背穿巨星大铁钱形制，直径超过4厘米，见图2-6。

图2-6 太平通宝

总而言之,闽国的货币发展经历了多个阶段。在初期,从景福二年(公元893年)至贞明二年(公元916年),闽境内主要使用唐朝的"开元"铜钱作为主要流通货币。随后的七年间,铜钱与铅钱同时流通。到了天德三年(公元945年)国灭前,闽国内部出现了铜、铁、铅三种钱币的并行,其中铁钱以大钱为主,其价值高于铜钱和铅钱。南唐统治结束后,闽地归属于宋朝,从王审知开始铸造的开元通宝也停止流通,太平通宝大铁钱取而代之。这些历史变迁和货币演进反映了闽国的政治、经济和文化发展,同时也展现了闽国在货币文化方面的多样性和独特性。

(三)"五代闽国货币文化"的源流追溯

狭义上的货币文化体现为钱币文化,指的是人类思想的意识形态在钱币上的体现,包括钱币本身的形制、制作、文字书法、图案设计等,它内容广泛、形式多样、底蕴深厚。广义上的货币文化则更体现为一种成熟的、健康的货币观,它不仅仅局限于货币的经济功能,而是将货币置于广阔的社会文化环境中,从货币与社会整体结构变迁的关系、货币经济的文化效应等方面透析货币的精神意义,它既以传统钱币文化的变革为基础和指引,又在人类文明的发展和演进中推陈出新。货币文化的时代性特色与多样性、民族性、继承性、融合性,形成一个有机统一的整体。闽国货币文化是多元一体文化,尤其以儒家文化、中原文化、海洋文化为代表的三种文化,相互影响、相互渗透与交融。

1. 儒学文化

王审知深切意识到福建文化的落后现状,因此他采取了礼贤下士的举措，甚至设立了专门的机构——招贤院，用以吸纳天下英才。他招纳了许多才俊，如唐朝宰相王溥之子王淡、宰相杨涉的堂弟杨沂，以及著名的进士徐寅等人。根据考证，历代产生的福州进士4073名，其中唐、五代43名，宋代2625名，元代19名，明代654名，清代732名；文状元19名，武状元7名①。此外，王审知还大力兴办"四门学"，选用知名人士如黄滔等担任"四门博士"。在他的倡导下，州设有州学，县设有县学，乡村之间还设有私塾。从幼年起，人们就受到师长的教诲，长大后国家设立国学，这样闽国的学风大为振兴起来。

根据《新唐书》的记载，王审知的仲兄审邽（858～904年）曾担任泉州刺史和检校司徒，他热衷于儒学，善于治理。宗教文化在福建也非常盛行，闽王崇奉佛教。福州的寺庙非常繁盛，"城里三山千簇寺，夜间七塔万枝灯"。此外，除了许多著名的僧人外，禅宗五宗的创始人几乎都与福州有关。王审知的儿子甚至信奉道教，而陈靖姑的"三奶教"在五代闽国时期达到了盛极一时的地位。

2. 中原文化

据史书记载，自汉朝以后，闽国与中原人民发生了三次大规模融合。第一次融合发生在西晋末年，第二次发生在五代时期，而第三次则发生在北宋末年至南宋时期。在王审知的管辖下，福建人口从西晋时不足4万户增长到后来的46万户。仅王审知带领的部将张睦入闽，就带来了二十四个姓氏。王审知在其统治期间广泛传播了黄河流域中原文化的政治理念。他参照中原

---

① 陈炘．"进士文化"应是闽都文化中最具特色的一枝奇葩［J］．孔庙国子监论丛，2014（00）：291－295.

王朝的体制，推行法治，重视科举选拔人才，任用贤士。他还实行了汉蛮通婚政策，促进商业和农业的发展，办学兴闽，大力推行中原文化中"仁爱"和"一统"的理念。在动荡的中原时期，许多公卿士人纷纷前往福建投奔王审知。王审邽还派遣其子王延彬设立招贤院，接纳这些人，并让他们在当地传授中华文化和根亲礼仪。到了五代末年，福建的政治、军事和文化等方面已经与中原同源共同发展。在王审知的治理下，福建的东南边陲得到了开发，不同民族逐渐融合，朝廷的行政能力大大提高，东南海防也得到巩固。王审知治理福建时铲除了各种弊端，整顿了章程，使得三军无哗动，万姓有安居之地。他推行中原文化、农耕文明和"修齐治平"的仁风德政与经世方略，改变了福建这个乱世蛮荒之地的历史，消除了军阀割据、盗匪横行、饥荒流民的困扰，开创了八闽大地的新纪元。

3. 海洋文化

五代以前，福建海上交通"北仅通会稽，南惟迄广州"，并不发达。王审知巩固海防、发展海上贸易、保护台澎，免除杂税，奖励海上通商。他躬身踏察海湾，疏通百余里的闽江水道，制造出可载六七百人的大船，行驶台湾海峡两岸。修建码头，辟建港口。甘棠港开辟后，港内"帆樯云集，商旅相继"。港外"潮通番舶，地接榕都，连五寨而接二茭，控东瓯而引南粤"。福州由此成为我国东南沿海的重要港口，也是当时中国最大的一个港口。海上航线北至新罗（今朝鲜），南至南海诸岛，以及印度和阿拉伯地区。至南宋时，福州城垣经闽王两度拓宽城池，奠定都市规模。福州已与大名（今北京）、江宁（今南京）、苏州、临安（今杭州）并列为全盛之邦。泉州城市规模也一再扩大，吸引很多阿拉伯商人和伊斯兰教徒来此经商或定居。福州、泉州两港贸易超过了杭州、广州。闽国人远涉重洋，旅居海外，去印度尼西亚、越南、印度经商、做工的人增多。闽王根据当时佛教盛行的情况，还在福州召开了"万人大佛会"，藏佛经于寿山，吸引南海三佛齐国（现苏门答腊岛一带）等小国前来观瞻和进贡。依托海洋的特殊地理优势，大力推动和发展海上丝绸之路，往北可至日本、新罗等国家，往南可与东南亚、南亚甚至中亚阿拉伯等国交往。各地珍稀的商品泛波于海洋之上，奠定了福建"海丝之路"对外贸易的格局。而泉州在唐代已有所开发，但在王审知时，发展更为迅速。到宋元时期，泉州已成为与亚历山大港齐名的东方第一大港。

伴水而居，丰富的海洋资源，一直诱惑着闽人漂泊创造财富的冲动，也造就了闽地经济的兴盛与发展。受海洋文化熏陶，闽国人勤劳勇敢，敢于冒险，极富开拓精神。闽人航海工具和技术有限，有的海洋环境非常凶险，气候条件难以预测，但这一切都没能阻挡闽人的航海冲动，这种冲动造就了闽人的冒险和开拓性格。眼界更开阔，胆略更大，也更富有创新精神。

二、"五代闽国货币文化"的内涵特质

五代十国大分裂时期，除了中原地区的后梁、后唐、后晋、后汉、后周五代还在维系唐代货币制度之外，其他割据势力的币制相当混乱。闽国货币文化是一个丰富多元、具有历史继承性和创新性的文化体系，它在经济交流、文化传承和社会发展中发挥了重要作用，成为闽国历史和文化的重要组成部分。总

体来说,五代闽国的钱币反映出古代闽人以下几个独特精神与文化内涵:

(一)"敢为人先"的创造精神

由于矿业破坏,铜源缺乏,各割据政权无法铸造铜钱,通货不足一直困扰各方。当时占据中原的五代政权,曾一再申令禁止铅、铁钱流通,但无具体补救办法。被称为十国的割据政权,就先后铸造大量的铅钱、铁钱作为正式通货,与铜钱并行流通。王审知就是在十国中率先铸造铅钱、铁钱的勇敢开拓者。在对外文化交流和经济贸易中,闽国接受外来新事物,敢于吸收、模仿和学习各地的先进文化,具有"敢为人先"的创造精神。

1. 中国货币史上见于史籍记载的最早的官铸铅钱

考古发掘及传世实物中发现,战国时代就已经有了以铅料铸制的钱币。有铅贝、铅质布币、铅质明刀币和一化圆钱以及铅质鬼脸钱、铅质郢爰版等。这些铅质钱币可能只是随葬用的冥币,而非正式流通使用的钱币。我国历史上由官方公开铸造发行铅质钱币参与市场流通始于五代十国时期。后梁贞明二年(916年)闽王王审知铸造的背有"福""闽"字样的铅质"开元通宝"小平钱,则是中国货币史上见于史籍记载的最早的官铸铅钱。

2. 填补了中国钱币铸造史的空白

王审知铸的开元通宝,开创了闽钱风格,即钱背有"闽"字或巨星、月文,其文字粗犷深厚,笔画稳健沉着,耐人寻味,伪造者很难做到神似。闽国货币文化中的开放意识、开拓精神和对传统中华文化"重农轻商"思想的突破,对货币发展兴盛起了积极的作用。如古人评价的那样，"王审知、李璟分据，八闽始盛"。五代十国起，唐末及唐后的福建在王审知统治时期，"三十年间，一境晏然"。古代福建在短时期内，能够迅速得到发展和繁荣起来，在一定意义上应归功于王审知治闽的贡献。

当时的中原混乱局势之下，出于军事和财政的需要，迫使王氏政权在闽中自行铸造货币。尽管用铅作为铸币有诸多弊端，由于以下原因，不得已用铅铸币：其一，福建历来缺乏铜铁矿产资源；其二，中原混乱，福建不易从境外运进铁矿产；其三，在王审知执政期间，沿用唐朝钱币和福建历史最早的铜币会昌开元背福字，钱不能满足市场流通需求；其四，闽国海外、境外贸易也急需货币的流通；其五，王审知晚年广建佛寺、兴铸佛像，造成铜材枯竭。仅天祐三年为铸九仙开光多宝塔的佛像，用铜六万斤，黄金三百两。王审知在贞明元年宁化发现铅之后，即于第二年铸铅钱与铜钱并行。

"永隆通宝"大铁钱是五代闽国第六任执政者王曦，于永隆四年（942 年）八月始铸的年号钱，前后仅铸 1 年 7 个月。"永隆通宝"钱有铜、铁、铅三种，而常见实物以大铁钱为主。福州虽为闽国首邑，但往北战事不断，实为前线，而泉州是后方，局势相对稳定。泉州作为闽国中心城市，商品贸易发达，需要的货币量大，铸造货币便于流通，在此铸钱，可节省运送的费用。同时，泉州置场铸造铁钱有得天独厚的条件，南安、安溪、永春有丰富的铁矿，可以就近采矿炼铁以供铸钱之用。泉州是"永隆通宝"的铸造地，填补了中国钱币铸造史的空白①。

---

① 刘英英."永隆通宝"钱与泉州的渊源［J］.东方收藏，2011（01）：96 - 97.

(二) 开放、包容的精神

闽国是最早与海外交流的多移民区域之一,《山海经·海内南经》记载有"瓯居海中。闽在海中,其西北有山。一曰闽中山在海中",闽江口的福州市古称"东冶",古时已成为对内连通南北,对外招徕"番舶"的重要港口,"旧交趾七郡贡献转运,皆从东冶泛海而至"。唐时福州港是仅次于广州、扬州的三大贸易港口。

王审知在福建执政 29 年,正是唐末群雄纷争、五代十国并立的时期,从王审知兄弟进入福建建立政权开始,到其后所建立的闽国,前后经历了六十余年。在这期间王审知兄弟在位时可以看作是与中原王朝关系密切的时期。即使军阀杨行密占据江淮地区,阻挡了进贡的通道,他也让人走海上到达山东的登州或莱州,再到开封,进贡没有间断。开辟位于闽江口的甘棠港(今连江黄岐),便于将贡品通过海道献给中央统治者①。奉行"保境安民"政策,宁当开门节度使,不当关门小天子。所铸"开元通宝"币在铸币名称上没有称帝,没有国号。仍然使用开元年号作钱币名称,取"开辟新纪元"之意。铸开元通宝钱既符合统治者把自己标榜为开天辟地的创始人之意,又不会给残存的唐王朝以什么把柄,为五代十国时期地方割据政权自行铸币的一大特例。

与其他地域货币文化相比较,它们比较明显地带有传统亲情文化和狭隘封闭的地域文化的意味,而闽国货币文化更具有包

---

① 陈榕三."开疆闽王"王审知与中原密切关系研究 [J].台湾研究,2011 (01):45–49.

容性。在漫长的区域历史演进过程中，由于特定的地理环境和历史文化传承上的多元性，它表现出更大的包容性，王审知提出的"宁当开门节度使，不当关门小天子"正是福州人对当地文化特质的一个概括。这种文化的包容性浸透着适应社会、经济发展要求的思想诉求，是社会和谐稳定、经济有序运行的积极因素。

（三）"福"文化与信仰

闽国文化的发展与繁荣，提升了闽国货币文化的艺术性。王审知铸币喜欢用星、月、日图像作钱背的装饰，背后一般都有星月文，古代传说星月文寓意"进步"和"成功"。想得吉利，故在钱币上铸星月。漳州新发现的版别有小平大样和面星小平钱，而星又分上、下、左、右四种，背文福字也有多种字体。从整体上看几乎每枚钱币都配有一颗小星绕着闽、月运转，正如宇宙间一颗行星永远不息环绕着圆形轨道旋转一样。永隆通宝钱，在钱背，"上闽下月"的圆天方地之间有一颗星辰或一轮红日运转。星点的位置并不只是固定在穿孔的右边或左边两种版式。先人们利用了一钱一范的优势，不断变幻星点的位置，营造了一幅动与静巧妙结合的图景，提示了"门转星移""天长地久""日月昭示光明"等古代哲理，似乎暗示着希望铸造的钱币在闽的国土上能永远畅通无阻，流通不息。

"福"这个字，在我国流传使用上千年，可谓家喻户晓。它具有富足、圆满、康乐之意，表达了一种挚诚善意的祝愿，饱含着世代人民对未来美好生活的憧憬。古往今来，老百姓们对福的向往与追求，造就了多姿多彩承载"福气"的器物。而这种愿景在闽国货币上也得到了充分体现。唐朝会昌开始铸造的"开元通宝",其中有一种背"福"字品种。王审知铸造铅质"开元通宝",背也带有"福"字,倾注了古人的智慧,展现了精湛的雕刻工艺,体现中国流传千年的"福"文化。"五福临门""福禄双全""魁星点斗"等这些吉语都蕴含着人们对美好生活的期盼。

第二节 "五代闽国货币文化"与福建早期金融活动

随着生产力水平的提高和社会进步,人类发明了货币。货币促进了生产分工和专业化,推动了技术进步和社会发展。货币文化是历代社会在政治、经济、科技、文化等发展过程中,货币的铸造或印制、使用和流通及其制度建设,以及对外交往过程中所涉及的物质和精神财富的综合反映。从五代十国时期闽国的货币形态、货币流通以及货币管理视角可体察福建早期金融活动情况。

一、"五代闽国货币文化" 与福建早期金融活动

(一) 货币形态的多元性

唐末五代十国处在十分混乱的期间,政治大分裂导致币值混乱,形成多头币制和区域性的货币贬值,金属货币与实物货

币并存，布帛、铜、铁、铅、锡、低质合金、堇泥等都做过币材，金银的货币性有所增强，吴越国主杨溥曾经规定商民可以用金银代替钱币来缴纳租税。在五代十国这段较为特殊的历史时期里，几乎每一个曾经独立过的政权都发行过自己的货币以维持军政开支，如后梁"开平通宝"、后唐"天成元宝"、后晋"天福元宝"、后汉"汉元通宝"、后周"周通元宝"等。十国铸币情况具体见表 2 - 1。五代十国的钱币因为受到国家分裂的影响，种类繁多，各国统治者都曾经铸钱，甚至不惜铸面额大的钱币，且改用低级金属制造，倒也是对当时征伐不断的反映。

表 2 - 1　　　　　　　　　　五代十国铸币情况

国名	地域	年代	国亡	铸币
前蜀	今四川、陕甘南部	907 ~ 925 年	亡于后唐	永平元宝、通正元宝、天汉元宝、乾德元宝
后蜀	今四川、陕甘南部	934 ~ 965 年	亡于北宋	大蜀通宝
吴	扬州至鄂州间长江、赣江沿岸	902 ~ 937 年	亡于南唐	无
闽国	今福建	909 ~ 945 年	亡于南唐	开元通宝、永隆通宝、天德重宝、天德通宝
南楚	今湖南	907 ~ 951 年	亡于南唐	马楚铅开元通宝钱
南汉	今两广	907 ~ 971 年	亡于北宋	乾亨重宝铅钱
南平	今湖北荆州至湖南北部	924 ~ 963 年	亡于北宋	无

国名	地域	年代	国亡	铸币
南唐	今苏皖南部、闽赣及鄂湘东部	937~975 年	亡于北宋	南唐开元通宝钱、大唐通宝、唐国通宝
吴越	今浙江及江苏一部	907~978 年	亡于北宋	吴越铅开元通宝钱
燕	今北京、冀北	911~913 年	亡于晋王	应圣元宝
北汉	今山西北部及陕冀部分	951~979 年	亡于北宋	无

(二) 大额钱币盛行，多以当十、当百、当千，钱币减重

一般王朝开国时所铸钱币，面值和材质市值基本相符。在社会稳定、社会经济恢复过程中，随着经济发展，货币需求增大，遂出现铸币减值现象。当统治者尝到铸币减值、减成色的好处，各种伪劣钱开始出现，于是铸大钱、恶钱、伪劣币，依赖政府信用强制流通，社会动乱。大钱、恶钱失信，退出流通。市场上以物易物，贵重金属（金银，所谓乱世黄金）重出市场。

闽国王审知时代，后梁贞明三年（918 年），"铸铅钱与铜钱并行"。后梁龙德二年（922 年），"铸大铁钱，以开元通宝为文，仍以五百文为贯"。永隆四年（942 年）八月，王延义"铸永隆通宝大铁钱，一当铅钱百"。闽国不断铸造成色不足的劣币，饮鸩止渴，财政状况恶化。在建州建国称帝的王延政，也于天德二年（944 年）正月"铸天德通宝大铁钱，一当百"，试图弥补财政亏空①。

---

① 王明前. 五代时期十国割据政权财政体系与货币政策初探 [J]. 浙江工贸职业技术学院学报，2012，12 (01)：49-53.

71

（三）铸行铅钱、铁钱，补充铜钱不足

由于经济稳定，社会繁荣，虽然福建地区被发现有大量铅矿，铸币仍然使用别处铜材。唐亡，割据在福建地区的王审知已无法获得外部铜材，遂因地制宜，以铅铸币。王审知铸造铅钱是有史料记载的中国货币史上最早的官铸铅钱。

从传世和出土的闽开元种类看，铁钱和铅钱时有发现，而铜钱极为罕见。当时福建缺铜而多产铁、铅。为建立独立的货币体系，少铸铜钱，多铸铁、铅钱，沿袭历代铜铸钱的货币政策同时就地取材，铸造铁、铅钱，厘定相互兑换比价。三种材质在市场同时流通，便利民间贸易和经济交往，促进了经济发展。

（四）货币成为统治者弥补巨额财政亏空的工具

开元末期至五代十国，社会状况急剧变化，为解决财政危机，保障开支用度，国家推行调整禁榷、厘定赋税、铸造杂钱、申严铜禁等措施。

王潮、王审知统治时代，闽国尚属轻徭薄赋，但后世诸王重商，对百姓横征暴敛。闽王王延羲，"国用不足，以中军使薛文杰为国计使。文杰多察民间阴事，致富人以罪，而籍没其赀以佐用，闽人皆怨"。王曦先后任用陈匡范和黄绍颇为国计使。陈匡范"增商算之法，请曰进万金……已而岁入不登，匡范贷省务钱足之"。黄绍颇则"请令人输钱除官"。黄绍颇"请令：欲仕者自非荫，皆听输钱授官，以资望高下及州县户口多寡为差，自百缗至千缗，量增减其直焉"。康宗王继鹏即王昶通文二年（公元

937 年）六月，诏令"果蔬鸡豚皆重征之"①。闽后期国家分裂。王延政在建州独立建国称帝，史称殷国。王延政任用杨思恭理财，横征暴敛。"殷虽建国，实一州也，土狭民贫，军旅不息。思恭以善聚敛得幸，由是累增田亩山泽之税，至鱼盐蔬果，无不倍征，国人号曰杨剥皮。"由其吏部尚书潘承祐所指摘涉及财政者便有"赋敛烦重，力役无节""括高资户，财多者补官，逋负者被刑"，以及"延平诸津，征菜鱼米，获利至微，敛怨甚大"数端②。

王审知虽常着麻履，府舍卑陋，生活简朴，却迷信，大肆兴建佛寺，多至 267 座。为追荐王氏祖先而建的定光宝塔（今白塔，原塔身比现在的白塔还高四分之一，明嘉靖十三年为雷震倒），搭殿堂、库房就花费六万余贯。他采用就地可取的铁、铅铸币，特别是铸大钱，是为了应付庞大的财政开支，货币成为统治者弥补巨额财政亏空的工具。

二、五代十国时期福建早期金融活动特点

五代十国时期，与中央王朝并存的几个割据政权，虽辖区不大、持续时间不长，但在货币发行方面却花样繁多，不拘一格。其铸行的钱币有虚额大钱、铁钱、铅钱、铜钱，还有泥钱、布币及镇库巨钱等。五代十国时期的早期金融活动，总结起来有几大特点：一是大额钱币盛行，钱币减重，唐朝除了在短期内发行

---

① 段振文. 王闽灭亡原因探究［D］. 郑州：郑州大学，2012：24 - 25.

② 王明前. 五代时期十国割据政权财政体系与货币政策初探［J］. 浙江工贸职业技术学院学报，2012，12（01）：49 - 53.

过大额钱币外，一直使用的都是小平钱，而五代十国的钱币多为当十、当百或是当千的大钱；二是币材纷乱且低劣。铸币大部分采用最为普通的"铁"金属，铁钱流通量较大，铸币的质量也不高；三是币值混乱，流通货币多达三十几种，货币流通具有地方性和封闭性。

由于铜钱缺乏，五代十国的货币及流通状况，大多出现民间销熔铜钱制作器皿、铜钱外流以及私铸铅锡劣钱，屡禁不止。各国官府也自铸大钱、铁、铅或锡钱，铜钱退藏、私铸猖獗、劣钱泛滥。十国后期，由于战争频繁、军费增加、政治腐败、府库枯竭、财政困难，通货膨胀。闽国小民贫，统治者穷奢极欲，内乱不断，财政拮据，故统治者铸造虚值大钱及铅、铁劣币，货币滥恶。

从当时的另一个地区，可以得到对该时期货币影响的思考。公元946年秋，吴越国王曾经想要在闽国与吴越之间建立一个缓冲国，提议铸造铁钱、发放军饷。钱弘亿劝谏：如果新钱既行，旧钱皆流入邻国，"可用于吾国而不可用于它国，则商贾不行，百货不通"。如果禁用铜钱，由于铁器到处都有，老百姓就会私自铸铁钱。闽国就是由于使用铁钱，导致国乱，"钱者国姓，易之不详"。总之，他认为当前铸钱会使本来运转正常的经济秩序出现波动，特别是现行货币信用尚佳，一旦贸然铸新币造成信用危机将得不偿失。吴越国王遂弃计划。总之，五代十国的币制倒退，货币本位不统一，币材劣化，价值尺度混乱，货币形态没有实质性发展。

隋唐五代是我国中古时期货币法制发展和运行的重要阶段，由地方铸币向中央铸币的演变；由文书重量向通宝、元宝的演变；由金属货币向纸币交子的演变。这一时期是传统铸币本位体制逐步向纸币本位时代过渡的关键时期。各阶段货币法制呈现出鲜明的时代特色。隋初至开元中期，承接秦汉以来货币法制传统与货币政策理论，实行开铸新币、法禁私铸、钱货兼用、驱逐恶钱等政策。

第三节 "五代闽国货币文化"的历史意义与当代启示

一、"五代闽国货币文化"的历史意义

（一）开元通宝背"福"钱拉开了福建铸钱史的序幕

会昌开元通宝背"福"揭开了福建货币铸造史的序幕，是目前发现且能找到相关记载的最早由福建铸造的钱币。它由佛铜所铸，虽铸期较短，但其形制却延续影响直至闽国时期。后梁贞明二年（916 年）闽王王审知铸造的背有"福""闽"字样的铅质"开元通宝"小平钱，则是中国货币史上见于史籍记载的最早的官铸铅钱。泉州承天寺为五代十国时期闽国"永隆通宝"铁钱的锻造地。闽国铸钱遗址的发现，填补中国钱币铸造史空白。泉州出土的古货币，在福建乃至中国铸钱史上都扮演着举足轻重的角色。福州地区金属矿产资源较为贫乏，故金属货币铸造的历史与中原、长江流域地区相比，显得落后些。但是，从

目前公认的会昌开元背福字钱算起，至少也有一千一百多年的铸币历史。福州的货币产生、发展亦有鲜明的地方特色，王审知治闽时期，给福州铸币历史翻开了新的一页。

（二）铅质货币流通区域地带经济出现繁荣与昌盛

五代十国初期，南方各国铜钱铸量严重不足，无法满足市场流通，商业发展受到影响。实行铜、铅兼用是当时各国货币政策。各国统治者为保护本国利益，防止铜钱外流，禁止铅钱流入，同时又大量吸纳别国铜钱。结果是同时流通两种实际价值不同，而名义相同的通用货币时，实际价值较高的铜质货币，必然要退出流通领域，而实际价值较低的铅质货币反而充斥于市场。铜、铅兼用事实上就会形成劣币驱逐良币，即铅质钱驱逐了铜质钱。在这货币规律的必然反映下，铅质铸币成了一统市场主流的流通货币。

王审知为补充铜钱不足，铸行铅、铁钱，方便市场流通，却得到意想不到的特殊效果。王审知治闽，十分重视发展工商贸易，他采取"尽去繁苛，纵其交易"，"招徕蛮夷商贾"，对外来商货贸易，"敛不加暴"，设榷货务，事买卖"抽解"（征收实物商税），以致"遐尔怀来，商旅相继"。由于市场使用的铅钱、铁钱是地区性货币，外地商人卖出商货而得到的铅钱、铁钱不便运出，于是又用来购买市场丰富繁多的商货、洋货运往各地。这样，进来的外地商货等于又换回本地的商货，而闽商运出的本地商货或舶来品，输入中原后得来的却是金银、钱币。如此往来，市场繁荣、财源充足，"国用日以富饶"，经济贸易得到进一步发展。

随着经济的进一步发展,与邻国贸易往来的加深,五代闽国也相应多铸行铅质货币。此时,南方相邻国也先后铸行了同质地的铅质铸币。南方各国的流通货币,之所以选择同质地的铅质铸币,自出于各国各自的利益所需。南方各国流通铅质铸币,它们在内容上则多数以唐旧制,以"开元通宝"为文。它的特性都以铅为铸钱材料,它们所含价值等同。这一形式上统一的铅质铸币,则有助于各邻国之间货币的跨区域流通,有利于当时国与国之间的商品交换及商品经济的发展。铸币属性的相同,消除了原来各国货币性质(铜、铅)所不同而产生的阻隔与不便。从现今吴越境内时有出土的闽国所铸铅质"开元"背"福"字钱来看,可见当时各国之间的商品扩大与交换中,各国相互流通的铅制铸币起了明显的货币媒介功能,一度使得铅质货币流通区域地带的经济出现繁荣与昌盛。

(三) 对宋代货币制度产生深远影响

五代十国处在唐宋之交,封建割据给当时的农业生产和手工业生产带来了困难,经济落后甚至倒退、混乱,生产停滞。反映到货币上,货币贬值、通货膨胀、币制混乱。五代十国货币制度的影响直接造成了宋以后形成铜铁区、铁钱区的流通格局,出现以后一千多年的货币割据性。如宋、元、明、清各地都有造钱处,直至民国时期还有察哈尔银行、冀东银行、四川银行等。十国时期铜矿的大量开采,为宋代在南方建立铜铁监,铸造大量铜钱奠定基础。江、池、饶、建等宋代主要铸钱监在五代十国已经建立。五代十国白银主要用于进贡、赏赐等非一般流通领域,宋代白银使用范围更加广泛。

77

（四）继续为自唐以来逐渐形成的富含独特东亚货币文化体系奠定基础

唐代开元通宝发行之后，开元钱制随之确立。作为中国最早的通宝钱，"开元通宝"的铸造极具时代意义，直到辛亥革命后的"民国通宝"，流行达一千三百年之久。开元钱制的建立是我国货币史上的一件大事，在商品经济领域产生了重要影响。

创造了新的重量单位"钱"。从此人们牢固地建立起 10 个钱重 1 两的概念，钱成为约定俗成的权衡单位，欲求两以下的细分数值，用十进制的钱代替非十进的铢、絫，简便直观了很多，推进了我国古代重量单位的换算进程，并延续使用至今。

开启了我国货币史中的"宝文时代"。它一直存在至宣统三年（1911），清王朝灭亡后宝文时代才宣告结束，历经一千二百九十年，产生了深刻的影响。此外，开元通宝钱文系欧阳询所书，也体现出唐王朝的重视程度，这种由名家题写钱文的现象也被东亚国家所模仿。

推进了铸钱技术的快速进步。翻砂铸钱技术起源于北朝，却在唐朝得到发扬和光大，开元通宝继承了翻砂法这一中国传统铸币工艺，运用母钱成型、合范浇注的方式提高了生产效率，降低了生产成本。铸钱技术传播到海外，成为整个东亚国家铸币主要手段。

五代十国时期的后梁、后晋、闽、南汉、南唐、吴越等政权皆铸造和流通"开元通宝"，并在形制方面继续发扬光大。闽国王审知所铸"开元通宝"，比之唐代开元字体更为雄劲豪迈。南唐还铸出"开元通宝"对钱（即两枚钱币除书体不同外，在材质、大小、穿孔等方面完全一致，成双配对）分隶、篆两种钱文，是为中国对钱鼻祖。而吴越则铸出馏金"开元通宝"。迟至宋初仍有铸造"开元通宝"。如清源节度使陈洪进，一方面清源不铸宋廷钱币以示其独立性，另一方面清源铸造开元钱又可在宋、吴越境内和海外贸易中通行无阻。此后，历代都有铸造所谓开元大钱，但这类开元钱主要是开炉钱或戏铸钱性质，类似近代纪念币的功能，不用于流通。清雍正年间两广偏远地区的市面上还有大量"开元通宝"流通，时清廷特准以"雍正通宝"兑换。事实上，开元钱的流通一直持续到清末。

日本奈良时代和越南吴朝皆仿制唐"开元通宝"铸造货币，陆续形成一整套以唐制为主体的货币制度。铸有"治平通宝""元丰通宝""祥符通宝""洪武通宝""永乐通宝""天正通宝""宽永通宝""天保通宝""文久永宝"以及地方铸币的"仙台通宝"等直到明治维新时期。可以说，开元钱制深刻地影响到日本货币制度的建立与发展进程。朝鲜的铸币虽钱文不一，但皆仿开元形制。日本、越南等古代东亚国家纷纷以此为蓝本，在货币形态、钱文设计、铸造技术、流通管理等方面模仿开元钱制，并结合本国实际情况创立自己的货币制度。由于开元钱制产生的深刻影响，古代东亚国家逐渐形成一种普遍的货币认同，"东亚货币文化圈"由此出现，并持续影响了千年之久，对古代东亚世界文化、经济、政治一体化的形成起到了至关重要的作用。

一千多年过去了，闽国的货币历史，后人大多仅能从历史文献记载中去凭吊。闽国文物大多荡然无存，那斑斑闽国古铸币成为见睹王审知治国活动的历史见证，从中仿佛查溯到一代闽王的履痕。闽国货币在历史发展中所形成的博大完美的货币文化体系，其历史文化渊源悠久，文化艺术特色鲜明，体系结构严谨而科学，在我国货币史上独树一帜，具有重要的历史地位。在不同的历史背景下有着其自身的存在价值，对推动商品经济发展和社会进步有很大帮助。通过研究中国古代货币的演变与发展历程，发现其流通效果和国家兴衰之间的关联，给后人带来启迪作用。

二、"五代闽国货币文化"的当代价值

五代闽国人民勤劳智慧、自强不息、开拓创新，创造并发展了灿烂的闽国货币文化。认识五代闽国货币文化价值含量，明确中华传统文化的价值指向，有助夯实民族凝聚力和民族自信心。分析五代闽国货币文化当代价值，以古鉴今，客观认识、分析并把握福建正确发展方向。

（一）金融要以最好的形式服务实体经济

金融是货币流通和信用功能及与之相关的经济活动。货币的运行直接影响经济建设进程，关系社会发展状况，是经济社会资源配置的中枢神经。

五代时期，福建商品经济在隋唐基础上有了长足发展。闽国劝民农桑，筑堤溉田。遍植茶叶、龙眼、荔枝、橄榄、甘蔗等经济作物。农业、矿冶、制茶、纺织等手工业方面均有突出发展，城市商业繁荣。添设了六县三镇二州，农村商品经济也有起色。利用地理优势，辟甘棠港，建泉州港，奖励海外贸易。福建出产

的陶器、铁器销于国外，外邦的象牙、犀角、珍珠、香药等返销中国。福州、泉州成为当时中国最大的两个港口。泉州因而闻名于世，成为海上丝绸之路的起点城市。王审知在位三十多年间，福建经济、社会获得健康发展。为后来北宋设置福建路，元代设置福建行省打下坚实基础。福建成为了社会稳定和谐，人民安居乐业，经济繁荣昌盛，文风蜚声四海的海滨邹鲁。

货币随着科技发展，从金属货币到纸币，从实物货币到数字货币，实现途径、形式变化，但本质不变，始终要以最好的形式服务实体经济。以古鉴今，货币根据当前经济需求，实现稳定社会发展、服务国民经济。党的二十大报告提出，"坚持把发展经济的着力点放在实体经济上，推进新型工业化，加快建设制造强国、质量强国、航天强国、交通强国、网络强国、数字中国。这一重要部署，为加快建设现代化产业体系指明了方向"。

金融活则经济活。实体经济的血脉在金融。多年来，福建推动金融与经济深度融合，良性互动，有力支撑了经济发展。福建是最早发展资本市场的省份之一，有我国第一家中外合资银行——厦门国际银行，首批股份制商业银行——兴业银行，全省创投公司——华兴创投……当前，福建致力于畅通金融资本与实体经济互联互通渠道，推动更多优质金融资本赋能实体经济。鼓励金融机构为中小微企业、民营企业提供更多普惠性金融服务，加大数字经济、海洋经济、绿色经济、文旅经济金融支持，引导更多优质企业把握机遇，发展壮大。

我们要发挥好货币功能，高质量支持实体经济、市场主体和居民部门。助力保持经济运行在合理区间，做到投资、消费、就业、汇率等宏观政策合理协调，有效防范区域性、系统性金融风

81

险和通胀的可能。新时代下，货币金银工作将深度转型，切实服务实体经济。

（二）为"海丝"核心区建设提供有力的金融支持

为了生存，王审知及其后裔治闽期间采取海贸立国政策，撤除各种限制交通、贸易关卡，设立市舶司作为管理海外贸易的专门机构。"尽去繁苛，纵其交易"，商旅往来，商业兴盛。闽、吴越等国繁荣海外贸易，为宋以后东南沿海海上丝绸之路贸易的蓬勃发展奠定了重要基础。五代十国成为早期经济全球化时期的重要阶段。它推动了海上丝绸之路贸易的全球化进程。福州、泉州是当时"海上丝绸之路"的重要港口城市和经济、文化中心。

2015 年，经国务院授权、国家发展改革委、外交部、商务部发布《推动共建丝绸之路经济带和 21 世纪海上丝绸之路的远景与行动》，明确提出支持福建建设 21 世纪海上丝绸之路核心区。近年来福建省着力打造互联互通的重要枢纽、经贸合作的前沿平台、体制机制创新的先行区域、人文交流的重要纽带，在建设"海丝"核心区方面取得了显著成效。根据 2022 年福建省政府工作报告的数据，福建与沿线国家和地区贸易额增长 31.8%，"丝路海运"联盟成员突破 220 家，国际友城达 120 对。

稳住经济基本盘，兜住民生底线，事关经济发展和社会稳定大局。未来，金融将围绕高质量建设"海丝"核心区的战略方向，支持紫金矿业、福耀玻璃等大型跨国企业集团深耕"一带一路"市场；支持福建民营企业"走出去"参与"一带一路"重要产业建设；支持福建特色优势产业——远洋渔业发展；支持市场采购、跨境电商等贸易新业态健康发展；支持"引进来"产业合作投资项目；强化"一带一路"贸易结算、贸易融资和贸易保险服务；持续优化外汇管理服务，全方位提升金融服务质量，助力"海丝"核心区高质量建设不断迈上新台阶。为加快现代化经济体系建设、构建更高水平的开放型经济新体制打下坚实的基础。

（三）弘扬货币文化，增强文化自信

习近平总书记指出，"文化是一个国家、一个民族的灵魂。文化兴国运兴，文化强民族强。没有高度的文化自信，没有文化的繁荣兴盛，就没有中华民族的伟大复兴"[①]。加强中国货币史研究，有利于准确把握我国源远流长的货币文化，坚定文化自信。

闽国货币文化是多元一体文化，集儒家文化、中原文化、海洋文化相互影响、相互渗透与交融。它传承了儒家文化、中原文化、海洋文化的优秀传统，它积淀着中华民族最深层次的精神追求，当代中国最根本的文化遗传和精神基因，形成了"海纳百川、开拓永福"核心人文特质，"开放包容、团结开拓、务实创新、居安思危、为天下人谋永福"的现代精神。我们应吸收中国古代货币文化的精粹，更好地服务于现代货币文化的深化发展。

货币是人类经济活动的主要媒介，也是经济财富的象征，在历史文化中占据重要位置。从钱币图文、铸造技术等可以看出

---

① 习近平在中国共产党第十九次全国代表大会上的报告. 新华网，http://www. xinhuanet. com/politics/19cpcnc/2017 – 10/18/c_1121822489. htm.

国家盛衰，反映人民的生活现状。璀璨的货币史不仅体现于货币实物，还体现于从先秦到宋元时期近两千年间许多领先世界的货币思想。邻近我国的朝鲜、日本、越南等周边国家和地区，最初都使用中国钱币，而后仿制圆形方孔汉文钱。可以说，一部中国钱币史所呈现的也是中国钱币文化走进中外文化交流的一个侧影，体现了中国钱币的世界性融合。加强传承货币文化，努力构建有中国特色的货币文化以提升民族自信心，增强文化自信。

（四）提高支付安全性，维护国家货币发行权和金融市场秩序

五代十国后期货币流通情况并不理想，由于战争频繁，政治腐败，开支浩大，财政危机。由于铜钱匮乏，都出现民间销熔铜钱制作器皿、各国政府自铸大钱、铁钱、铅钱、锡钱。铜钱外流以及私铸铅锡劣钱，并屡禁不止。造成铜钱退藏，私铸猖獗，劣钱泛滥。通货膨胀、人民受损。五代十国货币发行不一，产生贸易保护主义，妨碍市场一体化发展，给北宋初期货币流通和管理留下很多困难，这些可作为今人的历史教训。

回望历史，货币形态多种多样，由民间货币到法定货币，由分散发行到集中统一发行。未来这一规律是否仍然适用，值得深入研究。我国在数千年中通过不断创新引领货币形制和货币思想的发展，取得了举世瞩目的成就。我们可以更加理性、客观地直面其中的问题：我国历史上官定铜铸货币因形制、规格、重量、成色等纷繁杂乱，导致使用不便。私铸货币更是五花八门、减重掺假，长期难以绝禁；集中发行、重量规格规范统一的金银铸币很晚才出现，这与古希腊、古罗马很早就铸行金银币形成

鲜明对比。

党的二十大报告提出，要加快发展数字经济，促进数字经济和实体经济深度融合，让数字经济成为中国经济增长的新动能。发行法定数字货币是中国建设现代中央银行制度不可或缺的环节。当前，我国推动数字货币、电子支付研发具有重要意义，有利于进一步降低实物现金运行成本，提高支付安全性，维护国家货币发行权和金融市场秩序，在大国货币竞争中抢占先机等。历史上每当货币发行和流通出现问题，都会对经济发展带来不利影响，甚至引起巨大社会动荡。因此，应建立合理的数字货币与电子支付发行机制，借鉴古今中外成熟的货币管理经验，防止货币超发，防范技术、支付等相关风险。通过切实维护正常合理的货币流通秩序，为数字货币、电子支付的发行创造良好环境。

85

（五）"五代闽国货币文化"在金融支持经济建设进程中的传承与创新

党的二十大报告指出，"必须坚持守正创新。我们从事的是前无古人的伟大事业，守正才能不迷失方向、不犯颠覆性错误，创新才能把握时代、引领时代"，"紧跟时代步伐，顺应实践发展，以满腔热忱对待一切新生事物，不断拓展认识的广度和深度，敢于说前人没有说过的话，敢于干前人没有干过的事情，以新的理论指导新的实践"。

五代十国动乱时期，连年征战，政治分裂，经济衰落。由于矿业破坏，铜源缺乏，无法铸造铜钱，通货不足。闽国王审知在十国中率先铸铅钱、与铜钱并行流通。从铸币材料来说，王审知的铅钱，在中国货币史上确实是首创之始。史书没有他关于货币问题的言论记载，但铅钱的铸行实际"效果"，却给后人留下众多的思考与评议。

今天，福建人民继续发扬"敢为人先"的创新精神。四项创新工作获中国改革 2022 年度地方全面深化改革典型案例：福建省南平市首创绿色发展集成改革，为深化国家生态文明实验区和生态省建设提供更多南平经验；福建政和县成立科技特派员学院，搭建茶科技公司平台，创立"非特联茗"公益品牌，将政府信用与专家影响力推动产业发展；2021 年全国首单林业碳汇指数保险在福建龙岩新罗区签单落地，探索金融保险支持林业碳汇途径，推进龙岩国家普惠金融试验区建设；宁德市开展农村产权直接抵押融资、动产仓单质押融资、农业设施抵押登记融资、"非标"资产融资、大数据溯源平台融资等生产要素融资模式的探索，打通金融供给与农村产业资金需求梗阻。福建人民以普惠金融、绿色金融改革创新试验区建设为契机创新绿色金融产品、助力普惠金融发展探索出了一批有成效、可复制的福建经验。

创新在我国现代化建设全局中处于核心地位，而金融对于优化创新要素资源配置、培育创新主体、催化创新成果产出应用、提高创新的风险应对能力至关重要。各国在金融支持创新方面的经验做法，为我国金融支持创新发展提供经验借鉴。

第三章 从"闽中银元文化"看福建区域性金融市场创新与发展

闽中的地理概念有广义与狭义之分。广义的闽中是指整个福建地区。《山海经》海内南经篇记载：闽在海中，其西北有山①。一曰：闽中山在海中。《史记·东越列传》记载：秦已并天下，皆废为郡长，以其地为闽中郡②。所以广义的闽中，即福建，目前福建下辖福州、厦门、泉州、漳州、宁德、龙岩、莆田、三明、南平9个地级市。而狭义的闽中是指福建省中部，即以尤溪县为中心，介于闽东、闽南、闽西、闽北之间的三元区、沙县区、尤溪县、大田县、永安市等部分。

本章所讨论的地理区位为狭义的闽中地区，主要指福建的三明地区，而本章所研究的闽中银元文化是指福建闽中地区的民间古银元所体现的人文价值、历史价值与社会价值，包括物质文化和精神文化。

---

① （西汉）刘向编. 山海经·海内南经［M］. 秋泉译注. 长春：吉林文史出版社，2017（7）：289－296.

② （西汉）司马迁. 史记·东越列传［M］. 李翰文译注. 北京：联合出版社，2016（6）：114.

第一节 福建区域性金融市场
——闽中古银币市场的兴起

闽中古银币市场是极具特色的福建区域性金融市场，研究其产生与演进对于了解闽中银元文化并梳理其对当代金融创新的影响具有重要意义。

一、闽中古银币市场的产生与发展

中国使用白银作为货币历史悠久。早期主要是碎银；三国和南北朝时期出现银铤；唐宋时期白银作为货币大量使用；元代的银锭"元宝"出现，白银定位为硬通货；明清时期，银币成为法定货币；19世纪初，国外大量银元随着列强的入侵一起进入我国民间流通，到了清朝末年，外国银元在中国所占的货币比重高达43%；直到1935年，国民政府发行法币，银元逐渐退出主流货币行列。但银元在民间一直流通到1949年。在四千多年的历史长河中，白银见证了中华民族的沧桑岁月和繁荣富强（见表3-1）。

在银元的流通过程中，闽中地区逐渐形成了独具特色的古银币市场，为闽中银元文化的产生与发展奠定了物质基础，也为福建区域性金融市场的开拓与创新提供了经验与样板，目前闽中古银币市场已成为除上海外全国第二大民间古银币交易市场。

表 3 - 1 　　　　　　　**闽中古银币市场的发展脉络**

时间	进程	事件及意义
20 世纪 50 年代至 70 年代初	古银币进入地下交易	为闽中古银币市场的产生提供了契机
20 世纪 70 年代中期	出现了专门从外地收购银元的商人，形成了最初的银元商贩市场	是闽中古银币市场的"无形状态"的体现。随着市场银元需求量的大幅度上升，银元商贩的贩收范围日益扩大，从最初的周边"游收"银元逐渐拓展到全国各地，甚至远至日本和东南亚地区
20 世纪 80 年代	国家逐步放开银元市场	古银币开始公开交易，闽中古银币市场开始向"有形状态"转变，此时的古银币市场方兴未艾，很快就初具规模
20 世纪 90 年代初期	闽中古银币市场繁荣发展	随着收藏热的大幅升温，闽中古银币形成了一个较为完整的产业链
1997 年	闽中古银币市场陷入低迷	发生亚洲金融风暴，中国整个银币交易市场低迷不振，也波及闽中地区的银币交易市场
2000 年以后	闽中古银币市场逐步恢复	古银币爱好者的加入带动了古银币市场的发展，市场处于比较健康的、自发的发展状态
2008 年	闽中古银币市场稳定发展	在由美国次贷危机引发的全球金融危机的背景下，闽中古银币交易仍然保持上升势头，银元的价值被进一步挖掘
2011 年	闽中古银币市场发展出现滞涨	由于前期古银币市场过于火爆，整个市场行情出现滞涨现象，交易不旺，价格不低
2012 年	闽中古银币市场发展更加规范	随着对古银币收藏认识的加深，闽中古银币市场人气开始聚集，古银币交易逐步走向正轨
2019 年以来	闽中古银币市场快速发展	闽中古银币市场开始快速发展，古银币交易价格上涨速度加快

二、闽中古银币市场建设实例

乱世藏金，盛世收藏，古银币是中华民族传统文化的艺术瑰宝。近年来，古银币的交易量节节攀升，闽中地区民间银元的保有量巨大，也吸引了全国各地的古银币收藏爱好者、交易商，为满足民间不断增长的古银币收藏的需求，在三明大田建设镇、三明永安槐南镇分别成立了古银币交易市场，成为福建省最主要的古银币交易市场，成为继上海之外的我国重要的民间古银币交易市场。

（一）三明大田建设镇古银币市场

建设镇位于大田县西北部处于三明市区与大田县城中间节点，与永安市、尤溪县、三元和沙县等四县市区接壤或毗邻，交通区位优势明显，2019 年被评为"省级商务特色镇"，并有"大田小香港""大田第二城关"的美称。

近年来，随着古银币收藏热的大幅升温，建设镇吸引了大量古银币商人前来，每个墟日古银币成交额超百万元。在此背景下，2016 年 1 月 6 日，大田古银币交易市场——中国（大田）古银币交易中心在大田县建设镇三宝商业广场 5 号楼正式建成开业。该市场规划总面积 2000 平方米，现有两层 26 间商铺，总投资 3000 万元，增加就业近百个。开业当天，该市场就创下了 500 多万元的交易额，开业半年时间市场总交易量就高达 3300 万元、年交易总额达到 5000 余万元，市场辐射范围达全国 10 多个省（区、市）。2020 年 11 月 21 日，建设镇成功举办了第六届福建大田建设镇古玩钱币交流会，到会客商来自 7 个省（市）200 余人，当日交易金额超 1000 万元。该市场的建立不仅适应了古银币的交易需求，还推动了古银币交易的高效率与规范化发展，为众多交易者提供商机，为当地经济文化的繁荣发展创造了动力。

（二）三明永安槐南镇西华古银币市场

槐南镇位于福建省永安市东部，与三元区中村镇、大田县建设、广平、太华镇毗邻，自古以来几乎家家都收藏有古银币，因此古银币交易在永安槐南民间非常活跃，尤其是每到墟日（每逢农历初二、初七），全国各地古银币爱好者和古银币商赶到槐南镇，交易市场的生意都格外红火。

永安槐南镇西华古银币市场的发展可以追溯到 20 世纪 80 年代，国家逐步放开银元市场，于是当地的银元商贩经常组团参加全国各大城市银元拍卖会，甚至还专门到香港、澳门等地开展银元交易活动。20 世纪 90 年代初期，随着收藏热的大幅升温，当地银元商人凭借传统精湛的打银工艺和灵活的经商理念，在多年实践过程中逐渐形成了一个较为完整的收购、销售一条龙的产业链。2017 年 1 月 1 日，永安槐南西华古银币交易市场——安贞（中国）古银币交易市场正式开张，该市场位于永安市槐南镇洋尾村，项目规划占地 30 亩，总投资 1 亿元，建筑面积约 12000 平方米，设计店面 100 余间，临时摊点 80 个，可供 300 个摊位同时交易，设有银元展示馆、银元体验区、银元拍卖馆、银元主题酒店等。如今的槐南西华古银币交易市场与全国二十多个省（市）、中国港澳台地区，以及日本、东南亚都有交易往来，年交易额达 2 亿元以上。

三、闽中古银币市场的构成要素及功能

（一）闽中古银币市场的构成要素

闽中古银币市场既包括有形市场，也包括无形市场。三明大田建设镇古银币市场、永安槐南镇西华古银币市场是典型的有形市场，具有固定的交易场所及交易时间。而伴随着互联网交易平台的兴起，越来越多闽中古银币开始实现网上交易，从而逐渐形成了无形市场。闽中古银币市场的构成要素包括四个方面。

一是闽中古银币市场的参与者。其中既有来自全国各地的收藏爱好者、古银币交易商，又有资深的收藏家，近年来还吸引了越来越多的年轻人参与"淘宝"。

二是闽中古银币市场的交易对象。主要是中国各个时期的古银币、银锭以及外国银元，例如龙洋、光绪元宝、宣统元宝、铸造孙中山像的中华民国开国纪念币、孙像帆船币、袁大头、上海银饼、漳州军饷银饼、台湾银饼、本洋（西班牙元）、鹰洋等。此外市场交易对象中还包含有纸币、铜钱等其他币种以及古书刊、老家具、古瓷器等收藏品。

三是闽中古银币市场的交易价格。闽中古银币市场的交易价格主要取决于古银币的存世量、品相和市场热度。其中，古银币存世量反映了古银币的稀缺程度，越是珍稀的古银币价格越高，一个银元品种数量的多少将直接决定它的市场价格；古银币品

相指的是古银币的磨损程度、腐蚀状况以及铸造的精准度等，这些会对银元的完整度、清晰度、美观度造成影响，从而直接影响银元的价格；市场热度指的是那些具有某种特色的古银币由于受到收藏者的追捧而导致需求增长、价格上涨。

四是闽中古银币市场的鉴定机构及人员。闽中古银币市场设立有古银币鉴定处，同时还聘请了当地古银币鉴定专家，通过"一看二摸三听"分辨银元真伪，从而规范古银币交易、保障市场交易秩序。

（二）闽中古银币市场的功能

1. 集散功能

古银币商人从全国各地收来的银元中，有相当一部分要通过闽中古银币市场往上海、北京、广州等地进行调转，闽中古银币市场由此成为了银元的集散和流转中心，辐射向全国20多个省（区、市）。

2. 交易功能

闽中古银币市场为银元提供了公开、公平、公正的交易平台，同时也为古银币提供了合理的市场估值，从而推动古银币交易规范化、高效率地进行。例如，1932年造鄂豫皖省苏维埃政府壹元银币，价值约为10万元；咸丰六年足纹银饼，品级高的价值约为30万元；清光绪二十九年（1903年）铸奉天癸卯光绪元宝一两，市场估价高达约1000万元；清宣统二年（1910年）铸庚戌春季云南造，市场估价约为200万元。

3. 收藏与交流功能

闽中古银币市场除了日常交易外，还通过举办展览、鉴宝、

93

拍卖会、洽购会、交流会等活动，吸引来自全国各地的收藏机构和收藏爱好者在此聚集和交流，收藏者们在市场上既可以淘到喜欢的品种，也可以出售收藏的银币。

4. 反馈功能

闽中古银币市场除提供古银币等古玩交易外，还提供全国古银币行情资讯、各种活动的信息发布，为古银币爱好者提供信息咨询服务。

第二节　从闽中古银币市场到"闽中银元文化"

闽中地区在中国历史上一直是商贸繁荣、货币流通频繁的地区，从明清时期开始，该地区就成为了中国银元的主要产区之一。因此，闽中银元文化承载了丰富的历史渊源和文化积淀。

闽中银元文化的产生与发展始终伴随着闽中古银币市场的兴起和繁荣，二者相辅相成、不可分割。

一、闽中银元文化的产生与发展

清朝中期，闽中地区的民间盛行把银元作为积累财富的方式。以清末大田建设镇著名茶商高明格为例，他将茶叶从大田建设镇贩运至福州再销至海外，由陆路至水路、由人力转海运，贩卖茶叶所得财富皆转换为银元流回大田。此类商贸往来不胜枚举，这不仅给当地人换来了无数财富，还使得富商豪贾积攒了大量的银元，闽中银元文化初见雏形。

20 世纪 30 年代，银元作为货币逐渐退出了流通领域，但是在大田建设镇及周边地区依然使用广泛，尤其在闽中地区民间的婚嫁、乔迁、添丁、建房等传统习俗活动中被广泛使用，长辈们甚至还会把银元当作一种贵重礼物，赠予子孙作为"传家宝"，在三明永安槐南镇、大田建设镇等乡镇，各家各户都有银元传世。这些不可打破的传统风俗，为闽中古银币贸易持续发展提供了坚实基础，也为闽中银元文化的进一步发展提供了土壤。

20 世纪 70 年代中期，银元商贩的带动催生了实体市场的产生，到 20 世纪 80 年代，随着古银币的公开交易，大田建设镇的古银币贸易市场建成并初具规模，成为了闽中银元文化传播与传承的坚实载体。

随后，受到外部贸易环境的影响，闽中古银币市场也随之波动发展。如今，大田建设镇的古银币商人遍天下，从全国各地收来的银元相当一部分要通过建设镇再往上海、北京、广州等地进行调转。为了进一步适应古银币交易多元化的发展需求，现今的古银币交易市场除提供古银币等古玩交易外，还提供行情资讯、信息发布、藏品鉴评、仓储托管、物流配送及投资融资等多项增值服务，从而形成一个新兴的古玩商业圈，使得闽中银元文化得到了进一步的推广，闽中银元文化在闽中古银币市场的创新与繁荣中不断焕发出新的生机和活力。

二、闽中银元文化的精神内涵与外延

（一）闽中银元文化的基本内涵

闽中银元在形制和使用中蕴含了丰富的民俗文化与红色文化。

1. 民俗文化

（1）镇宅、辟邪。白银的比重较大，民间认为银元可以镇宅、辟邪，因此在建造新房时，正堂的每个柱础石（承受屋柱压力的奠基石）下均要用银元奠基；上梁时，在大梁上方正中间小方口里放入银元、大米、红豆、茶叶、花生等象征"七宝"的物品；迁入新居时，岳父要用2块银元交给女婿，由女婿放在新屋的正厅头。

（2）聘金、陪嫁。银元等于姻缘，寓意好。订婚时，男女家长双方订立婚约，在聘金项上写明银元的品种、数量；有的家庭在女儿出嫁时，要拿出若干枚银元用红纸密封放入陪嫁的箱底里，俗称"压箱底"，取"金玉满堂""财源滚滚"之意，让出嫁的女儿"图个吉利，留个念想"。在新房的大衣橱里，新娘、新郎的衣服里也要放一些银元。

（3）祝福、平安。结婚满月时，女婿家安排长桌宴，在吃完第一碗汤时，岳父要将银元放入碗中。结婚的满月酒结束后，女婿要挑一担子，用青布袋装猪肉、米粿等送给岳父，在路口交接担子时，岳父要用银元红包馈赠，感谢女婿辛苦相送。女儿生孩子时，办满月酒时，作为外公或舅舅要用银元当红包和长命锁等银饰送给小孩。

（4）彩头、念想。当地每年民间庙会、舞龙等活动中，银元都被人们作为最珍贵的"彩头"相互赠送。长辈去世遗产留有银元，分发给子孙做"手尾"，当作纪念。

2. 红色文化

闽中地区曾是中央苏区的核心区、中央红军长征的出发地、红旗不倒的革命根据地和伟人革命的重要实践地，福建宁化是当年中央红军长征的四个出发地之一，建宁县曾是闽赣省苏维埃政府和红一方面军总司令部、总前委、总政治部驻地，毛泽东、周恩来等老一辈无产阶级革命家曾经在这里战斗生活过。因此，闽中地区有着光荣的革命历史，其红色文化由来已久、经久不衰。

银元是闽中地区原革命苏区流通的货币，虽然不是在闽中地区革命根据地铸造，但是它在闽中苏区经济发展、红军供给保障和红色政权建设中发挥出了重要作用，因此具有极为深厚的红色文化底蕴。

银元的红色文化是物质文化与非物质文化的统一。

一方面，闽中银元是一件珍贵而不可多得的革命文物。以苏维埃银币为例，1931 年，鄂豫皖苏维埃政府在安徽省金家寨附近的麻埠成立了造币厂，自制模具，采用土法冲压，铸造苏维埃银币，币材来源于土改中没收以及红军战斗中缴获的银元、银锭、和银饰品，凸显了当时中国共产党"因地制宜、就地取材"的造币理念。1932 年五六月间，正式发行"鄂豫皖省苏维埃政府工农银行"壹圆银币，该银币背面刻有镰刀铁锤，代表着工人阶级和农民阶级登上政治舞台，是中国共产党党旗的构成；外圈环刻"全世界无产阶级联合起来啊（呵）"宣传标语，代表着全世界无产者的联合，具有重要的文物价值和研究价值。

另一方面，闽中银元又承载着革命精神，是中国人民前仆后继、流血牺牲、可歌可泣的革命史的见证，它使抽象的革命精神具象化，在历史长河中始终服务于中国人民不屈不挠的革命斗争实践。以"鄂豫皖省苏维埃政府工农银行"壹圆银币为例，在闽中苏区给养困难、物质条件极其困苦的情况下，该银币的发行改变了当时苏区金融市场的混乱状况，巩固了工农政权，发展了根据地的经济，为红军经费的筹措和革命战争的进行提供了有力保障。此外，银元的发行还起到了传播革命理论、鼓舞动员人民的作用，使更多共产党人树立起"一手抓钱袋子，一手抓枪杆子"的务实理念。

（二）闽中银元文化的金融内涵

在闽中古银币市场的发展助推下，闽中银元文化在福建地区得到了广泛的传承和发展，这不仅彰显了当地的历史文脉，也对现代金融领域，尤其是创新区域性金融市场产生了积极的影响。当前，闽中银元文化除了自身的文化内涵——闽中银元的民俗价值和红色意义外，还包含有丰富的金融内涵，它在丰富金融市场功能、推动金融市场规范化发展、创新金融市场行为、加强金融市场风险管理等方面都具有独特的内涵与意义。

1. 体现了金融市场功能的拓展

闽中银元文化在金融市场中具有多重功能。首先，作为一种历史文化遗产，闽中银元成为投资者的一种选择，扩展了金融市场的产品种类，满足了投资者对文化收藏与投资的需求。其次，闽中银元文化也增加了金融市场的文化内涵，为金融交易赋予了独特的历史价值和情感认同。最后，闽中银元文化的传承促进了金融市场的活跃，为投资者提供了新的投资机会，推动了市场的发展。

2. 推动了金融市场的规范化发展

闽中银元文化的传承与发展为区域性金融市场的规范化发展提供了契机，金融机构和监管部门需要不断创新规则与监管措施，以适应新型金融产品的特点和市场需求。通过规范制定与监管，可以保障投资者的权益，维护市场秩序，提高金融市场的透明度与稳定性。

3. 促进了金融市场的创新发展

闽中银元文化的传承也为金融市场创新发展提供了动力。金融市场的参与者在传承与利用闽中银元文化的过程中，不断尝试创新金融产品和服务，以满足投资者对多样化投资的需求。这种创新有助于拓展金融市场的边界，为投资者提供更多元化的选择，同时也促进了区域性金融市场的竞争与发展。

4. 加强了金融市场的风险管理

闽中银元文化在金融市场中也存在一定的风险管理挑战。由于其特殊的历史文化价值，闽中银元的价格可能受到市场情绪、投资者情感等非经济因素的影响，存在价格波动较大的情况。因此，需要投资者增强风险意识，合理配置投资组合，降低市场波动性对投资者的影响。同时，市场监管部门也需要加强监管力度，防范闽中银元文化市场上的潜在风险，保护投资者的合法权益。

99

第三节 "闽中银元文化"的历史地位 与时代价值

一、"闽中银元文化"的历史地位

(一)"闽中银元文化"在福建货币文化发展中的价值

闽中银元文化在福建货币文化发展中具有重要的历史和文化

价值。

1. 闽中银元文化是历史记忆的载体

闽中银元作为一种具有历史特色和象征意义的货币形式，记录了福建地区的货币历史。它们反映了不同历史时期的社会经济状况、政治变迁和文化演变，是研究福建地区历史的重要物证。

2. 闽中银元具有极高的艺术收藏价值

闽中银元以其独特的图案、纹饰和铸造工艺，具有一定的艺术品收藏价值。这些银元代表了当时的艺术风格和审美观念，可以作为珍贵的艺术品进行收藏和研究。

3. 闽中银元是福建区域金融文化传承的重要媒介

闽中银元承载着福建地区的历史文化传统，是文化传承的重要媒介，通过研究和展示闽中银元，可以向后人传承福建的货币文化、铸币技艺和历史知识，加深对福建文化的认知和理解。

4. 深刻认识闽中银元文化有助于加深国家认同与民族自豪感

闽中银元作为一种特定地区的货币，代表了当地的历史和文化，它们不仅体现了福建地区的独特性，也是中国货币文化的重要组成部分。通过对闽中银元的研究和传承，可以加强国家认同感和民族自豪感。

总的来说，闽中银元文化在福建货币文化发展中有着重要的历史和文化价值，同时也对于学术研究、艺术品收藏、文化传承以及国家认同产生积极的影响。

（二）"闽中银元文化"在中国货币发展史的地位

闽中银元文化反映了中国近代史、经济和金融的变迁，在中国货币发展史具有重要的地位和意义。

1. 闽中银元是货币多样性的代表

中国是一个历史悠久、文化多元的国家，货币形式也因地区和历史的不同而多种多样。闽中银元作为一种特定的货币形式，记录了福建地区货币制度的发展演变。它们代表了不同历史时期的货币设计和功能，并体现了货币制度在经济发展中的角色和变迁。通过研究闽中银元的铸造年号、纹饰和文字等信息，可以了解福建地区货币制度的历史轨迹和演变过程。

2. 闽中银元文化是经济交流与区域特色的体现

作为福建地区的货币形式，闽中银元反映了福建历史上的经济交流和商业活动。福建地处海上丝绸之路的重要节点，自古以来就是对外贸易的重要门户。闽中银元作为当地流通的货币，在经济交流和商业活动中发挥了重要的作用。同时，闽中银元的设计和铸造也展示了福建地区特有的文化特色和地域风情。

3. 闽中银元是铸币技艺和历史记载的重要证据

闽中银元作为实物，是中国铸币技艺的重要证据之一。它们记录了铸币技艺的发展过程、制作工艺和货币形式的变迁。同时，闽中银元所铸造的年号、纹饰和文字等信息也提供了研究中国历史和考古学的重要资料。

4. 闽中银元文化是文化传承与国家认同的重要载体

闽中银元文化代表了中国货币文化的一部分，通过对它的传承和研究，可以增强对中国货币文化的认知和理解。这有助于加强国家认同感、文化自信和民族自豪感，推动中华文明的传承和发展。

总体而言，"闽中银元文化"在中国货币发展史中具有重要的地位，既是当地经济交流和商业发展的见证，也是中国货币多样性和铸币技艺发展的重要组成部分，同时还承载着福建地区的历史文化传统，为中国货币文化的传承和发展作出了贡献。

二、"闽中银元文化"的时代价值

（一）从闽中古银币市场看福建区域性金融市场的发展特征

闽中古银币市场是福建地区金融市场创新与发展的重要组成部分，其在发展过程中不断适应当代金融市场的发展需求，同时融合当地金融文化、丰富金融产品，从而赋予了它旺盛的生命力。从闽中古银币市场的发展沿革中，我们也不难总结出福建区域性金融市场的发展特征。

1. 闽中银元文化驱动

闽中银元文化是闽中古银币市场的精神内核，闽中古银币市场是闽中银元文化的物质载体，二者相辅相成，在不断发展中得以传承和创新。闽中银元文化悠久的历史传承、世代相传的传统风俗等，形成了福建地区独特的金融文化，该文化带动了福建区域性金融市场的发展和创新，是闽中古银币市场发展的内在驱动力。

2. 市场交易品种齐全

在闽中两大古银币市场交易的银元品种繁多，有 300 多类，涵盖了清朝、民国和苏区苏维埃等银元 100 多类。其中，晚清福建流通的外国银元主要有西班牙本洋、葡萄牙"十"字币、西班牙"双柱"银元、英国"站洋"和东印度银元、荷兰马剑银

币和女神站像银币和帆船双狮银币和威廉一世头像银币、法国
"座洋"和路易十四和路易十五头像银币、美国本土银币和贸易
银元（"一枝花"或称"拿花"）、墨西哥"鹰洋"、日本龙洋
等；民国福建流通银元以本国龙洋（光绪元宝、宣统元宝）、
"袁头"（袁世凯头像的银元）、"孙头"（孙中山头像的银元）、
香港银元、墨西哥"鹰洋"、日本龙洋为主；苏区苏维埃流通的
银元则主要包括鄂赣苏区铸造的湖南省苏维埃政府银币、鄂豫
皖省苏维埃政府 1932 年造壹圆银币、鄂西北苏区铸造的中华苏
维埃列宁像一元银币、湘鄂西苏维埃政府铸造的刻有"苏维埃"
三个字民国三年"袁头"像一元银币、1934 年川陕省造中华苏
维埃共和国壹圆银币等。市场交易品质齐全，是福建地区金融
文化多元发展的现实映射。

3. 市场辐射范围广、影响大

以闽中古银币市场为代表的福建区域性金融市场具有较为广
泛的影响力。以闽中两大古银币市场为例，其辐射范围广，影响
范围包括了全国 10 多个省（区、市）、港澳台地区以及日本、
东南亚等，在全国乃至东南亚古币贸易中占有一席之位。三明
大田建设镇还连续举办六届大型古玩钱币交流会，与会者均为
全国各地的收藏组织、古银币收藏爱好者，同时鼓励有实力的
商家在北京、上海、广州等地开设专卖店等，这对传承古银币文
化、彰显社会商业价值等都具有重要的意义。

4. 不断探索金融活动创新

闽中古银币市场的发展进程体现了福建区域性金融市场的
金融文化创新、金融产品创新、金融服务创新和经营模式创
新。闽中两大古银币市场在发展过程中不断致力于推动古银币

的规范化、高效率交易，交易市场与全国多家古银币交易市场机构达成战略合作伙伴关系，定期推出洽购会等形式，确保让每一件藏品的成交机会最大化。闽中两大古银币市场除了提供古银币交易外，还将提供行情资讯、藏品鉴评、物流配送、仓储托管、投融资等多项增值服务，从而满足市场全方位、多元化的需求。

5. 发展前景广阔

以闽中古银币市场为代表的福建区域性金融市场为当地新增了几百个就业岗位，推动了地方经济发展，古银币年交易量达10万枚以上，年交易额可达3亿元以上，有望成为中国和亚洲、世界的古银币重要集散中心，发展前景广阔。

（二）从闽中古银币市场发展看当代金融市场的形态转变

作为区域性金融市场，闽中古银币市场从分散的无形市场逐渐发展到集中的有形市场，又随着网络的发展，扩展到无形市场。这一形态变化既体现了当代金融服务功能的拓展，又顺应了金融市场发展的时代要求。

当代金融市场正经历着多个形态的转变，而这些转变并非一蹴而就，闽中古银币市场的形态转变正是当代金融市场形态转变的早期实践。

首先，闽中古银币市场交易方式的变化是当代金融市场向技术驱动转变的早期体现。从最早的"游收"到实体市场的建立再到网络交易的兴起，闽中古银币市场每一次交易方式的革新都伴随着科技的进步，这与当代金融市场发展驱动高度一致。当代金融市场的每一次变迁都是受到了科学技术进步的影响。

随着科技的发展，金融市场正在经历数字化和智能化的转变，金融科技的兴起为金融行业带来了新的业务模式和创新产品，例如移动支付、在线借贷、数字货币等，同时人工智能、大数据、区块链等技术的应用也在改变着金融市场的运作方式和效率。

其次，闽中古银币市场参与者多元、交易品种和需求多样是当代金融市场向多元化的转变的早期映射。当代金融市场正在向更加多元化的方向发展，除了传统的股票、债券、期货等市场之外，还出现了衍生品市场、商品期货市场、外汇市场等各种各样的金融市场。此外，私募股权、风险投资等非公开市场也在壮大，为投资者提供更多选择。

再次，闽中古银币市场的规范化发展是强化当代金融市场监管的早期探索。金融市场形态的转变必然会向金融监管提出更高的要求。为促进闽中古银币市场健康可持续的发展，市场管理机构推出了古银币鉴定处以监管市场交易的公平公正，这种早期探索延伸到当代金融市场就成为了各级金融监管机构。当前，金融监管机构需要跟随市场的发展，制定和调整相应的监管规则和政策，以应对各类金融风险和金融问题。

最后，闽中古银币市场辐射范围的扩大是金融市场全球化的早期实践。闽中古银币市场从最早的偏居一隅到如今能够实现跨境交易，这一转变顺应了金融市场的全球化发展。当前，国际的金融资本流动日益频繁，国际金融市场的互联互通程度不断提高，跨境投资和资金流动更加便利。

总体来说，作为福建区域性金融市场，闽中古银币市场的变迁是当代金融市场发展的缩影，其形态转变是由科技进步、市场需求和政策环境等诸多因素共同推动的，这些转变必将为金融行业带来了新的机遇和挑战。

（三）从闽中古银币市场发展看当代金融市场的建设要求

1. 闽中古银币市场的发展体现了当代金融市场对健全法制环境的要求

当代金融市场要求完善金融法规和监管机制，建立健全的金融法律框架，维护金融市场的公平、透明和有序运行，同时也要求加强对金融市场违法违规行为的监管和打击力度，保护投资者合法权益。这种建立思路与要求早在闽中古银币市场发展过程中就可见端倪。闽中古银币市场在发展过程中意识到古银币真伪的重要影响并为此专门设置鉴定机构、聘请鉴定人员，这正体现了金融市场在发展过程中监管机制的完善，迎合了当代金融市场的发展要求。

2. 闽中古银币市场的发展体现了当代社会对增强金融市场稳定性的要求

当代金融市场发展以稳定为第一要务，因此要求加强金融风险管理，建立风险预警和防范机制，防止金融市场波动对实体经济产生负面影响，同时还要求加强资本市场监管，防范市场操纵、内幕交易等违法行为。这种运行要求与闽中古银币市场的发展要求一脉相承。闽中古银币市场在运行过程中，同样也包含了市场调研和信息收集、交易平台或经纪人选择、古银币真伪核验、市场波动和风险监测、分散投资风险、消费者权益保护等环节，这大大保障了市场的稳健发展，这也正是闽中古银币市场得以沿袭至今的原因所在。

3. 闽中古银币市场的发展体现了当代金融市场对加强金融创新和科技应用的要求

当代金融市场发展越来越重视科技的赋能，要求大力推动金融科技的发展，利用人工智能、大数据、区块链等技术创新，提高金融产品和服务的效率和质量，同时要求加强金融科技监管，防范信息安全和数据隐私风险。而事实上，技术革新运用于金融领域早在中国古代就已经开始了，而闽中古银币市场在发展过程中也始终伴随着科技所带来的改变和进步，其中包括了古银币在铸造技术、设计艺术上的革新以及闽中古银币市场在银币鉴别技术和交易平台技术上的创新等，这些技术创新不仅提升了古银币的制作工艺和品质稳定性，也为投资者提供了更好的交易体验和保障。因此，闽中古银币市场的发展同样也顺应了当代金融市场对加强金融创新和科技应用的要求。

107

4. 闽中古银币市场的发展体现了当代金融市场注重金融服务实体经济的要求

当代金融市场的建设要求服务于实体经济的发展，要求鼓励金融机构支持中小微企业和创新型企业，提供有效的融资支持，同时要求加强金融消费者权益保护，提高金融服务的可得性和普惠性。这种服务理念在闽中古银币市场发展过程中也有所体现：古银币的交易为资金流通提供了渠道，古银币市场的繁荣促进和支持了文化传承和旅游产业，古银币市场的发展为普通投资者提供了参与金融市场的机会、促进了金融服务对民生的普惠性，古银币作为一种非传统投资品，增加了金融市场的多样性，等等。因此，作为福建区域性金融市场，闽中古银币市场为实体经济提供了资金支持和金融服务，推动了地方经济的可持续发展，对当代金融市场的发展具有借鉴意义。

5. 闽中古银币市场的发展体现了当代金融市场对加强区域金融合作的要求

当代金融市场的建设需要与国际接轨，积极参与全球金融治理，因此更加注重跨国跨区域金融合作，对信息共享、跨区域金融基础设施建设、强化监管合作等都提出了较高的要求。这种市场运行机制在闽中古银币市场建设过程中也时刻存在，银元收集与交易、网上交易平台的建立等都是跨区域金融合作的探索与实践。

（四）从闽中银币市场看福建区域性金融市场改革方向

闽中银币市场从分散到集中，从交易品种较单一到以古银币为主的多元化交易市场，逐渐发展成为我国第二大民间古银币交易市场，其成功经验值得参考借鉴，也为福建区域性金融市场改革提供了方向。

1. 建设独具特色的区域性金融市场

闽中银元文化是一种诞生于特定区域、具有鲜明区域特色的货币文化，其现实载体——闽中古银币市场在历史文化底蕴、银币资源、市场活跃度、文化保护和传承等方面都独具特色，甚至随着信息化和全球化的发展，其影响已经超越了地域范围，吸引了来自全国甚至国际范围内的投资者和收藏家的关注。

这启示我们，在建设区域性金融市场时，也应传承区域文化、打造区域特色。一方面，可发展与完善区域性股权市场。把海峡股权交易中心、厦门两岸股权交易中心打造成为培育海峡两岸创新创业市场主体的聚集地，搭建海峡两岸金融合作的平台；完善展示板、股改板、交易板，设立"专精特新板""青创板"等特色板块，发展排污权、碳排放权等环境权益要素的抵押融资业务、碳排放配额托管业务以及环境权益要素企业的挂牌展示和融资业务，建设成为具有地方特色的新型区域性股权市场。另一方面，充分利用自贸试验区的政策红利和对台区位优势，推动跨境投融资服务和贸易结算方式开放创新，采取多种措施完善金融服务环境，服务实体经济，建立起具有区域特色的金融市场。

2. 提高区域金融市场韧性

所谓区域金融市场韧性是指一个地区的金融市场能够有效抵御外部冲击，并且能够迅速复苏的一种能力。区域金融市场韧性可以从抵抗性、恢复性、适应性和创新性四个方面衡量，是构成整体金融市场韧性的基础。当前，增强区域金融市场韧性是实现区域金融市场高质量发展、缩小区域金融市场发展差距、防范与化解区域金融市场风险、维持区域金融市场可持续发展的重要路径。

闽中银元文化所展现出的多元化投资渠道、增强市场流动性、拓宽价值储备工具等做法，都在一定程度上减轻了对区域性金融市场的冲击，提高了金融市场的韧性。虽然闽中古银币市场只是一个相对小众的领域，其对整个区域金融市场韧性的影响是有限的，但是它启示我们通过更广泛的金融改革和创新措施来打造健全的市场体系、完善的监管机制，加强风险管理和应急措施的建设，从而提高区域性金融市场的韧性。

因此，福建区域金融市场的主体要不断完善风险管理机制、强化风险治理能力，提高事前的防控能力、事中的抵抗能力、事后的恢复能力，坚持金融市场服务于实体经济初衷，坚持金融市场的改革与创新，积极探索增强区域性金融市场韧性的途径，提高应对外部风险冲击的能力。

3. 提高区域性金融市场运行效率

闽中古银币市场为提高运行效率进行了多方面的努力，从而使得这一古老的区域性金融市场至今仍得以持续焕发生命力。例如，闽中古银币市场注重金融基础设施建设、为此建立了专业的古银币交易市场和机构以及相关的信息系统和交易平台；闽中古银币市场充分利用科技创新以提高交易流程的自动化和数字化水平，同时还注重信息的共享与透明化，为市场参与者提供准确、全面的信息，增加交易的透明度和公平性，等等。这些做法为区域性金融市场的建立提供了参考借鉴。

110

一是在区域性金融市场中，需要完善金融基础设施，包括支付结算系统、证券交易所、金融信息服务平台等，提升金融交易的效率和便利性。二是在区域性金融市场改革中必须重视金融科技的引入，如人工智能、区块链等，优化交易流程、风险管理和客户服务，推行无纸化交易与远程终端联网交易方式，提高市场运行效率和安全性。三是在区域性金融市场中，需要建立信息共享的机制，提供及时、可靠的市场数据和信息，加强监管和投资者保护，提升市场参与者的信心和运行效率。四是必须加强金融人才培养，提高从业人员的专业能力和市场意识，培养多元化的金融人才队伍，推动市场的良性发展和运行效率的提升。五是必须持续推进金融创新，丰富金融市场交易品种，增添绿色金融产品、普惠金融产品，扩大市场规模，提高区域性金融市场运行效率。

4. 强化区域金融主体竞争力

闽中古银币市场在发展过程中注重金融主体竞争力的提升，通过不断提升金融产品创新能力，通过不断推出具有特色和竞争力的金融产品，吸引了更多投资者和市场参与者，加强了市场的科技应用与数字化转型，提高业务处理效率和客户体验，拓展了多元化的市场渠道与网络建设，增强了市场覆盖和服务能力，致力于提高服务质量与用户体验，为客户提供个性化、高效和优质的金融服务。这些经验对于当代金融市场的改革依然有借鉴意义。

因此，当代金融市场在改革中，在强化区域金融主体竞争力时，需要注重提升金融产品的创新能力，以市场需求为导向开发创新型金融产品，为客户提供差异化的金融服务，提高吸引力和竞争力，加强人工智能、大数据分析、区块链等科技应用，提升业务处理的效率和准确性，提供更便捷、智能的金融服务。与此同时，还要积极拓展线上线下的销售和服务网络，以更好地满足客户需求，提高市场占有率和竞争力，不断增强优质服务意识，引进先进金融服务新理念，提高金融服务的针对性。这些都将有助于区域金融主体在竞争激烈的市场中取得优势，促进金融体系的发展和区域经济的繁荣。

5. 完善区域性金融监管

闽中古银币市场在建设和发展过程中建立了相应的监管框架，注重信息披露和透明度，及时向投资者和市场公布相关信息，这些金融监管措施为市场的长久可持续发展提供了必要条件，对当代金融市场的建立具有借鉴意义。

因此，福建区域性金融市场在建立过程中要注重健全金融机构内控机制，强化贷款"三查"制度、"审贷"分离等制度。同时金融监管部门也要加强外部监管，强化现场检查与非现场检查，完善金融风险监测机制、突发事件应急处置预案，加大对虚假信息披露、内幕交易等违法行为的查处力度，营造良好的金融市场氛围，维护金融市场的安全稳健运行，防止出现区域性金融市场风险。

此外，还应大力促进福建各地区金融市场的均衡发展。出台欠发达地区金融市场扶持政策，加大欠发达地区金融市场基础设施的建设投入，加快高端金融人才引进，充分利用科技金融、数字金融，实现弯道超车，推进福建区域性金融市场的协调发展。

第四章　福建"民俗文化"影响下的货币衍生

民俗文化是源于一个国家或区域民众在共同的自然与人文环境中相互磨合、影响、认同,形成约定俗成的习惯。民俗的世代传承,规范着民众的意识与行为,是一个国家或地区文化的重要组成部分。本章探讨地区特色"民俗文化"影响下的货币衍生福建古民俗钱和纪念币中凝聚的深厚的历史积淀、丰富的文化内涵和当代价值。

第一节　福建民俗钱的使用与文化内涵

钱币与人们生活关系密不可分,除了作为交换价值的媒介之外,各式钱币还反映了社会、政治、经济和文化等方面的变迁,是传承文化的重要媒介之一。钱币所蕴含的文化内涵丰富多样,反映了人们的智慧与创造力,在人们的日常生活中扮演着重要角色,成为了不可或缺的一部分。

一、承载传统文化的货币衍生——民俗钱

中国钱币分为正用品货币和衍生的货币文化形式——民俗钱。民俗钱和正用品货币具有相似的材质和形制，却不具备流通消费的功能，最初的本义主要是压邪攘灾和喜庆祈福，到了后来，应用的范围越来越广，诸如开炉、祭祀、镇库、馈赠、赏赐、祝福、辟灾、占卜、玩赏、戏作、配饰、生肖等。历朝历代的民俗钱多体现了当时的礼俗时尚，虽然不能用于消费，但由于其讲究的用料、高超的工艺、精湛的艺术性以及独特文物价值和文化价值，因此成为研究我国传统文化的重要实物资料，具有丰富的文化内涵，是民俗文化的一部分，也是各朝代各地区民俗民风的缩影。清代"大吉羊"背"四神兽"民俗钱如图 4－1 所示。

图 4－1　清"大吉羊"背"四神兽"民俗钱

民俗钱具有吉祥的内涵，代表着古人对美好生活的向往和祝福，因此历代铸造不绝。民俗钱被史学界认为是始于西汉时期。在汉代的五铢钱中，一些钱币的正面铸有"脱身易、宜长子孙"

字样(见图4-2),而其他一些正面则铭刻着"辟兵莫当",背面铭文为"除凶去央(殃)",字样和铭文背后反映了当时人们对超自然力量的信仰和崇敬,目的在于辟凶避险,带来吉祥。

图4-2 西汉五铢钱背刻"宜长子孙"

民俗钱又被称为"花钱""压胜钱""厌胜钱""吉语钱"。其中,"花钱"这个称呼源于民俗钱的各种图案、文字及装饰的丰富多样。而厌胜(yā shèng)这个词汇源自汉语词汇,指迷信地使用符咒等法术来辟邪求吉,最早见于《汉书·王莽传》。《后汉书·清河孝王庆传》中记载:"因巫言欲作蛊道祝诅,以菟为厌胜之术。"后来"厌胜"演变成了古代方士的一种巫术——厌胜法,当时人们认为运用厌胜法就可以制服他们想要制服的人和物。古代通常又把厌胜法写作压胜法。唐杜甫《石犀行》云:"自古虽有压胜法,天生江水向东流。"① 清袁枚《新齐谐·滇绵谷秀才半世女妆》:"蜀人滇谦六,富而无子,屡得屡亡,有星家教以压胜之法。"② 清钱泳《履园丛话·笑柄·酱》

115

① 陈伯海. 唐诗汇评(上)[M]. 杭州:浙江教育出版社,1995,1010-1011.
② [清] 袁枚. 子不语 [M]. 上海:上海古籍出版社,1998,27-28.

中有：其制酱时，必书"姜太公在此"五字为压胜。① 吉语钱币面铸有吉利吉祥祝词，具有厌胜的属性，是分布最为广泛的一种民俗钱币。从现存实物来看，历朝历代几乎都铸造过吉语类民俗钱，品种不下数千种。它几乎包含了所有的形制，吉语内容主要来自古代经典名句，包括经、史、子、集等，也有些来自民间俚语。使用包括如：镇库、开炉、宫钱、祝寿、赏赐、符咒、行乐、棋钱、选仙、灯谜、生肖、励志、祈福、凭信、雅玩、科举仕途、市井工商等诸多古代劳动生产和民俗活动。吉语钱反映了古代人民祈求美好生活和追求幸福的朴素感情，它们透射出各个历史时期的民情民俗和宗教信仰，浓缩了典故和传统，仿佛在无声地述说着古代百姓对福禄寿安的生存主题，见证着人们对美好未来的不懈追求。

116

二、福建民俗钱的分类

古民俗货币的符号、形制与民俗文化密不可分，与当时人们的生活习惯、文化背景有着深刻的联系。福建民俗以中原汉文化为主体，融合了上古闽越与吴越文化的沉淀，具有极强的多元性与包容性。由于福建地区背山靠海，交通闭塞，与历代王朝的政治中心相距甚远，因此在历次朝代更替或中原战乱时期，福建总能偏安一隅。这种情况下，福建地区的一些传统民俗文化得以较好地保存下来，并延续至今。福建地方民俗钱币承载着丰富的地方文化信息，具有文化传承和情感交流价值，是文化记

---

① 钱泳. 履园丛话 [M]. 上海：上海古籍出版社，2012，448.

载的载体,在中国民俗文化和货币文化中占据一席之地,也为我们提供了深入了解福建古代社会风貌和人们心理需求的窗口。

福建的民俗钱主要是铸有寓意祝福、长寿、吉祥等字样和图案的吉语钱,一般四字一组。根据民俗钱币上铸刻的吉语和图案所表达的寓意,可将福建民俗钱分为以下几类:

一是祈盼国泰平安、政通人和的爱国吉语钱。家国情怀与良好的品格,是一个人的终极修养,修身齐家,才得国泰民安。清代福建钱局铸造的钱树:"光绪二十省名吉语钱树"(见图 4-3~图 4-9)是一种正面铸刻四字吉语,背面铸各省两字名称的套子钱,将宝贵的爱国精神财富记录在民俗钱上。该钱树顶端为"光绪通宝背面天子万年",然后按左右上下顺序依次是"'皇恩浩荡'背'直隶'""'帝德无疆'背'新疆'""'皇图靳固'背'福建'""'帝道遐昌'背'浙江'""'圣朝熙瑞'背'江苏'""'协和万邦'背'贵州'""'功高泰岱'背'山西'""'勋并斗山'背'广西'""'官居一品'背'广东'""'位列三台'背'湖南'""'心存君国'背'河南'""'志在圣贤'背'湖北'""'忠孝廉节'背'安徽'""'仁义礼智'背'江西'""'仁风载道'背'陕西'""'华国文章'背'山东'""'风敦俗美'背'四川'""'政善民安'背'甘肃'""'海内殷富'背'云南'""'天下太平'背'台湾'",共有 21 枚花钱 20 个省名。之所以形制似树,是因为清代,开炉钱未曾錾切而与槽钢连成一体的一串钱,形似对称的小树,实际上是钱币新鲜出炉时的原始状态;如不需要做成钱树,则将一枚枚从树干上取下,对边缘进行打磨后即可投入流通使用;如是首枝,则有可能作为开炉钱树予以修整保留,以示开炉大吉,祈福大吉大利。因此，多数清代的钱树都呈对称状。如在其底部接上手柄，其则成宝剑状，故又称之为钱剑。其中"皇图靳固"：皇帝所统治的版图必更加爱惜（舍不得丢失）坚决守卫（吝惜固守）；"圣朝熙瑞"意指国家兴盛吉祥；"协和万邦"出自《尚书·虞书·尧典》，指在做好本国事情的基础上，协调各个邦国的利益，让各个邦国都能够和谐合作；"心存君国"：（为官者）心中始终要有君主与国家，忠君爱国；风敦俗美：社会风气厚道诚恳，民风民俗美好可爱；"政善民安"：为政勤勉清廉，人民安居乐业，政通人和；"海内殷富"：出自《史记·孝文本纪》"是以海内殷富，兴於礼义"，意即国境之内殷实富足；全国处处繁盛富足。因此这些钱币蕴含深厚朴素的爱国情怀。

图4-3 光绪通宝：清德宗光绪年间（1875~1908年）福建钱局铸造的钱剑

图4-4 福建钱局铸造："志在圣贤"背"湖北"、"帝道遐昌"背
"浙江"、"仁义礼智"背"江西"、"勳并斗山"背"广西"、
"位列三台"背"湖南"、"协和万邦"背"贵州"

图 4 – 5　福建钱局铸造："皇图靬固"背"福建"、"皇恩浩荡"背
"直隶"、"天下太平"背"台湾"、"圣朝熙瑞"背"江苏"

图 4 – 6　福建钱局铸造："心存君国"背"河南"、"官居一品"背
"广东"、"功高泰岱"背"山西"、"忠孝廉节"背"安徽"

图 4 – 7　福建钱局铸造："海内殷富"背"云南"、"仁风载道"背
"陕西"、"风敦俗美"背"四川"、"帝德无疆"背"新疆"

119

图4-8　"政善民安"背"甘肃"

图4-9　清代福建钱局铸造："光绪通宝"背"奉天"

二是祝福朝廷"皇图帝道"、祝颂皇帝"皇恩帝德"等民俗钱。例如前面钱树的吉语："天子万年"，意为祝颂皇帝万寿无疆；"皇恩浩荡"，意即皇上的恩德广为人知、普及天下、润泽万物；形容圣贤之君、恩泽天下；"帝德无疆"称颂皇帝的功德广阔无穷；"帝道遐昌"：帝王的治国之道久盛不衰；"功高泰岱"：功勋极大，高于泰山；"勋并斗山"：功劳与泰山北斗并列。斗山，即北斗和泰山，泰山极高，北斗最亮；比喻负有盛望或学术高深卓绝的人，为世人所景仰。如图4-10所示的清代福建钱局铸造的"'光绪通宝'背'天子万年'"便是这一类民俗钱币的典型形制。

图 4 - 10 清代福建钱局铸造:"光绪通宝"背"天子万年"

三是祝颂长寿的吉语钱。"五福"涵盖了长寿、富贵、康宁、好德以及善终等要素,其中又以长寿为首位。正如《旧唐书·姚崇传》所引:"追求长寿可得长寿,争取富贵能致富贵。"这一句话明确地描绘出人们对长寿的热切追求,同时也彰显出对富足生活的向往。南宋时期,爱国词人辛弃疾在《临江仙·为岳母寿》中将"寿"比作高山,"福"则宛如云雾笼罩在山峰之间,这个比喻表达了幸福生活与长寿息息相关,强调了人们对长寿的渴望。历代的吉祥钱币上广泛传颂关于长寿的祝愿,如"松鹤延年""龟鹤齐寿"(如图 4 - 11 所示)、"福如东海、寿比南山""长命百岁""延年益寿""福寿"等。这些表达充分反映了千百年来人们对长寿与幸福生活的追求。历朝历代的官府钱局甚至特意铸造了一些钱币,以进贡皇宫、祝贺皇帝生辰为目的,这些钱币被称为"万寿钱"。这些钱币制作精良,多采用金银材质,珍贵程度罕有。其中存世的有清代福建钱局铸造的"光绪通宝"背"福寿"钱(见图 4 - 11),据传为光绪二十年(公元 1894 年)慈禧太后六十大寿祝寿用吉语钱。

图4-11　清代福建花钱正面"正德通宝"背"福寿"

四是追求福禄贵的吉语钱。福禄贵，指幸福而又有爵禄显贵地位。在我国古代社会，"福禄双全"的生活一直以来都是大多数中国人的追求和奋斗目标。如"福禄双全"、"金玉满堂"、"加官进禄"、"五子登科"、"拜将封侯"、"位列三台"（见图4-12）、"状元及第、一品当朝"等，在吉语钱币中广泛出现，折射了封建时代人们对于富贵生活的向往，表达了他们追求生活充实、兴旺发达的理想志向。"位列三台"（见图4-4）：汉代对尚书、御史、谒者的总称。尚书为中台，御史为宪台，谒者为外台，合称"三台"，亦称"三公"。官位列于三台之中，称之为位列三台；与"官居一品"对仗同义。图4-12是清代福建花钱正德通宝，背蝙蝠、梅花鹿、龟、仙鹤，寓意福禄寿禧，"福"因与蝙蝠的"蝠"同音，在古代，蝙蝠图案就是"福"的象征，五只蝙蝠对着铜钱中心的圆孔便寓意着"五福临门"；梅花鹿意为"福禄双全"，有当官的含义，桃子则表示长寿。汉朝《尚书洪范》："一曰寿，二曰富，三曰康宁，四曰攸好德，五曰考终命。"这是中国人对"五福"最早的具体阐释。

图4－12　清代福建花钱"正德通宝"背蝙蝠、
梅花鹿、龟、仙鹤，寓意福禄寿禧

五是祈求健康平安的吉语钱。从古至今，健康与平安一直是人们最真诚的祝愿，最热切的期盼，承载了千百年来人们对生命珍贵和生活可贵的情感寄托。无论是显赫还是平凡，无论王公贵族还是普通百姓，都将健康和平安视为最向往、最珍贵的幸福。历朝历代都有铸造表达对祈愿健康和平安的吉语钱，如铸刻有"吉康平安""掌福消灾""积福消灾""植福消灾""驱邪降福""万病祛除""出入通泰""出入平安""平安吉祥""年年太平""天下太平"（见图4－13）等吉语钱表达了人们对健康平安的追求和对国家安定的期待，成为古代人们流行的随身配饰。

图4－13　清代福建花钱"正德通宝"背"天下太平"

辛亥革命时期，中华民国闽军政府为响应武昌起义在福州起义，在福建铸造发行了"福建通宝"（见图4-14），该币铸刻有"福"字，所以人们常常将它串起来挂在家中，用作辟邪祈福，以求平安。

图4-14　民国民俗钱正面"福建通宝"背"二文省造"

六是推仁义礼智信、忠孝廉节等道德类吉语钱。仁义礼智信，是儒家提倡做人的起码道德准则，出自《孟子·告子上》，备受历代儒家士子的尊崇。人们将修养内在的"仁、义、礼、智、信"和行善积德行为作为获取幸福和增进福报的重要方式。在清代道光年间，福建铸币局铸造了一种名为"仁义礼智"的钱币（见图4-15），背面刻有"江西"字样。这一设计传达出人们的愿望，即通过拥有仁义礼智的行为，广积善德，从而获得更多的幸福。这代表了人们希望成为拥有福气的人，通过培养内在的美德来实现这一愿景。图4-4为光绪通宝套子钱中的"志在圣贤"背"湖北"："志在圣贤"指出（读圣贤书）目的在学圣贤的行为、践行圣贤的要求。这两句吉语出自《朱子家训·全文》："读书志在圣贤，非徒科第；为官心存君国，岂计身家?"套子钱树(见图4-3)的吉语中就有"忠孝廉节"意指忠于国家,孝顺父母,清正廉洁,有气节操守;"仁义礼智"意思是遵守仁爱、忠信、礼仪并勤学,以增长见识等伦理规范(见图4-15);"仁风载道"指恩泽如风之流布(德惠普施有如风吹万物),充满于所有道路(见图4-16);"华国文章"则指光耀国家的锦绣文章,为国家增添荣誉和光彩的奋斗业绩(经典文化作品)(见图4-17)。这些吉语钱的主题,点明了做人为官的道德准则。

图4-15　清代道光年间福建铸吉语钱:

"仁义礼智"背"江西"(金质钱)

图4-16　清代光绪年间福建钱局铸造:仁义礼智(铜质钱)、

仁风载道、忠孝廉节等吉语钱

图 4 -17　清代福建钱局铸造："华国文章"背"山东"

　　七是希望子孙繁盛的吉语钱。追求子嗣兴旺是传统福文化的重要元素之一。中华古代人们普遍认为人是万物之灵，然而人的生命短暂，始终无法逾越死亡界限。因此，将生命的延续寄托在子孙后代身上，将繁衍家族视作延续自身生命的方式。这就形成了多子多福的观念，认为子嗣众多，代代人丁兴盛，个人也会因此得到福佑，全家得以幸福美满、如意顺遂，例如图 4 - 18 所示的"福泉"。所以，历朝历代都铸造有许多祈愿子孙兴旺的吉祥钱币，如"早生贵子"、"连生贵子"、"观音送子"、"天降麟儿"、"天仙送子"、"麒麟送子"、"瓜瓞绵绵"、"多子多福"、"多子多孙"、"五男二女"、"长宜子孙"（如图 4 - 2）、"儿孙满堂"、"五世同堂"等。这些铸刻文字传达了人们对子孙昌盛的愿景，对多子多福的热切期望。

　　八是祝愿吉祥如意吉语钱。祈愿吉祥如意是中华福文化的内涵。在《庄子·人间世》一篇中曾有这样的叙述："虚室生白，吉祥止止。"其中"'吉'指幸福吉祥的事情；'祥'则意味着美好吉利的兆头"。而"如意"最初指的是古代人们用来搔痒的工具，后来它演变为吉祥的象征，寓意万事顺遂、如意吉祥。历

图 4 – 18　清代福建花钱正面"正德通宝"背面"福泉"

代人们铸造了许多祝愿吉祥如意的吉语钱币，如"必定如意"
"万事如意""百事顺遂""称心如意""事事称心""日月遂心"
"千万称心""诸事和合""吉祥如意"等，这些表达传递出美
好的祝愿。图 4 – 19 展示了清光绪年间福建钱局钱剑的手柄。手
柄上的格（护手）纹饰包括如意祥云与团寿，剑柄为流线型，
铸有防滑纹饰。剑镡（剑头，剑柄末端的突起部分）则呈蕈类
状，铸有古钱与如意头纹饰，为钱剑增添了吉语显画龙点睛之
妙。这些图案的寓意是钱剑在手，吉祥如意，富贵长寿。
图 4 – 20 展示了"双龙戏珠"的图案，龙栩栩如生，呈现出中
国文化气息，寓意吉祥、太平之意。

127

图 4 – 19　清代光绪年间福建钱局铸造的钱树（钱剑）手柄

图 4 - 20 　清代福建花钱正面 "正德通宝" 背 "双龙戏珠"

三、福建民俗钱的福文化内涵

中华民俗吉祥文化本质是福文化，是中华民族精神家园和文化遗产。其包括福、禄、寿、喜、财、吉、和、安、养、全十大方面。《诗经·小雅·瞻彼洛矣》有云："凡言福者，大庆之辞。"因此民俗吉祥文化融合了中国人的伦理情感、生命意识、审美趣味、民俗习惯和信仰追求，福文化元素几乎无所不在。

福建民俗钱是中华钱币文化重要组成部分，内涵丰富多样。福建历代铸币充满福文化内涵，其丰富多样的设计，真实传递了福建人对美好生活和吉祥幸福的追求，生动展现了对生命关切，追求人生价值的态度。一方面，它是人们的信仰符号，传递了无法用其他方式传达的概念和信息，如辟邪、吉祥、美好、健康、平安等。其设计和铸造中，巧妙地运用幸福吉祥的文字和神话人物、走兽、花鸟、日月星辰、风雨雷电等图案、纹饰和符号，通过借喻、谐音、比拟、双关、象征等手法，来表达自己对生命的关注、对美满生活的向往、对自身价值的追求。这些钱币的外观图案、文字、符号等元素都承载了福文化的内涵，如

"福"字、吉祥动物、幸福寓意等。这些设计不仅传递着吉祥的祝愿，更是对福建地域文化的表达，深刻体现了当地人对幸福生活的追求。另一方面，它是中华福文化的载体，历史的见证和文化的传递者。具有丰富的福文化内涵，展现了千百年来福建人民乃至中华民族对世界独特的理解、感悟，蕴含了对幸福生活、吉祥福喜的渴望，凝聚了中华民族的情感。

总之，福建民俗钱币文化承载了中华民俗福文化的丰富内涵，融入了地域特色，成为了这一文化在地方层面的生动缩影，形成独具魅力的文化现象，彰显了中华传统文化的多样性和持久魅力，传递着吉祥、幸福、美好的价值观，并丰富了中华民族的文化宝库。

第二节　福建纪念币的产生与时代价值

一、我国纪念币的历史沿革

我国纪念币的发行通常是为了纪念重大的政治历史事件或重要传统文化中有着特殊意义的人物或事件，是中国革命、建设，文化体育和各民族人民风貌的一部史诗，它生动地向世人再现了那段历史时期的重大历史事件，有着重要的历史纪念价值，是中华民族历史记忆的附着物和记忆的标志。世界上的大多数国家都有不同形式的纪念币来保存自己国家和民族的记忆并以此纪念。当我们面对一枚纪念币，去认识它和静观它，一段历史、一个事件，就会鲜活地来到眼前，换句话说纪念币就是历史和记忆的浓缩。

纪念币分为普通纪念币和贵金属纪念币，通常以精制质量为主。其主要特性是围绕特定主题进行限量发行。纪念币通常被视为机制货币中的民俗钱币，主要用途是满足公众的收藏需求，而非流通使用。然而，纪念币作为国家统一计划发行的法定货币，与市场上流通的同面额人民币具有相同的价值，因此在理论上，它们具备市场流通的功能。

在西方殖民者打开中国国门后，西方的银元开始流入中国，外国银元的流入，使中国产生了新的货币单位元、角、分。即今天在纪念币和流通币上见到的面值。洋钱的广泛流通又促使中国的银两制度需要从称量货币发展为铸币。宣统二年（公元1910年）清政府颁布《币制则例》标志着两、元单位的转换，是中国正式颁布的第一个（银）本位货币制度条例。虽然实际上并没有实行，但是机制币在中国开始成为了统一形制的唯一合法的货币。由于币制改革在中国没有先例，所以一切皆以西洋为范本，中国政府效仿筹办，所以，从钱币的尺寸、外观设计到发行机制和发行机构，都套用了西方的现成模式。这就是我国钱币、纪念币迈入国际主义风格时期的第一步，是这种从外观上可以分辨得出的变化的肇始。

1911 年辛亥革命爆发，中断了清政府同英、法、德、美四国银行订立的《币制实业借款合同》。随后，北洋政府重新讨论币制问题，1913 年 9 月时任国务总理熊希龄在国务院组织召开币制会议，会议决定在宣统二年颁布的《币制则例》基础上修改形成《国币条例》，该条例于 1914 年 2 月 8 日正式颁布。根据

《国币条例》铸造的银元是袁世凯头像银元，成色为89%，俗称袁大头。1912年中华民国成立，民主革命的先驱孙中山就任中华民国临时大总统，并在颁布的"临时大总统令"中提出"令刊新模，鼓铸纪念币"。为了纪念这一新时代的到来，随后，南京造币厂首铸了"中华民国开国纪念币"（见图4－21和图4－22），以十文面值为主，在全国大量发行，一个时代的印记被深深地浓缩在一枚铜币上。

图4－21 南京铸币厂铸造：中华民国开国"十文"面值纪念币

图4－22 南京铸币厂铸造：中华民国开国"壹圆"面值纪念币

随着革命形势的发展，民国十六年（公元1927年），北伐战争胜利，国民政府取代了北洋军阀。在此情况下，财政部决定用孙中山纪念币等新银币，取代使用多年的"袁世凯像银元"。南京造币厂承办了这项铸币任务，但由于绘样镌模等手续和内部关系未能理顺，短期内无法开工铸造。因发行新币的需要，福建的造币厂抢先一步，获得了"总理纪念币"的铸造权。

自中华人民共和国成立以来，人民币成为我国唯一合法的法定货币，其印制、铸造和发行权属于国家垄断。《中华人民共和国银行管理暂行条例》和《中华人民共和国中国人民银行法》都强调了这一点。我国当代纪念币包括贵金属纪念币和普通纪念币。第一套贵金属纪念币是 1979 年由中国人民银行发行的中华人民共和国成立 30 周年纪念金币，共 4 枚，面额 400 元，各含黄金 1/2 盎司，成色 91.6%，圆形形状，直径 27 毫米，发行量为 70000 套。1984 年，中国人民银行发行了第一套普通纪念币——"建国 35 周年"纪念币（如图 4 – 23）。虽然贵金属纪念币是国家正式发行的货币，但不用于市场流通，而是为了满足收藏和投资的需要。因此，纪念币具有许多优越条件，它们不仅是当代钱币文化创新的主要载体，还是钱币收藏和鉴赏的一个重要领域。

图 4 – 23　中华人民共和国发行的第一套普通纪念币——"建国 35 周年"纪念币

132

二、福建省纪念币的历史变迁

近代历史,福建省铸造银币品种繁多。据不完全统计,福建铸造的各种版别的银币有33种这里还不包括一些错版。其中有"光绪元宝"(见图4-24)、"中华元宝"、"中华癸亥"、"民国甲子"、"革命军东路总指挥入闽纪念币"、"革命军北伐胜利纪念币"、"孙总理纪念币"和"黄花岗纪念币"等。若将所有品种逐一排列实为洋洋大观,有些品种非常有特色使人过目难忘。

光绪元宝是清朝光绪年间流通的货币之一。由湖北两广总督张之洞率先引进英国铸币机器铸造银元和铜元,之后共有十九个省局铸造,各省皆在其正面上缘镌写省名。光绪元宝是大清光绪年流通大面值货币之首,对于现今也蕴藏了一定历史意义,是中国近代银币的十大珍品。其中福建官局铸造的"光绪元宝",本身数量就不多,其存世的更是凤毛麟角。

图4-24 清代福建官局铸造的龙纹"光绪元宝"纪念币

这枚福建官局造光绪元宝的正面的珠圈内为满文"光绪元宝",圈外上环铸"福建官局造"四字,下环铸币值"库平一钱四分四"。背面中心铸有蟠龙图。龙在中国传统文化中是势力、高尚、尊荣的象征,在珍藏品中,龙是著名的。关于龙的古钱币首推的就是清末光绪元宝,光绪元宝是中国最早的机制币,俗称"龙洋",因银元背面铸有龙纹而得名。清代以来经历了多场战争,龙纹光绪元宝损失严重,至今,数目已经极其有限。福建官局造钱币,楷书文字书法极为精湛、大气,间架结构平衡舒展,在龙洋里首屈一指,背面的神龙是全鳞图,其审美风格独特,钱币正面可见满汉文化的融合,而钱背却明确标示了西方文化的介入。具有深远的历史纪念意义,同时还是考古和研究中国历史文化难得的实物。

清同治五年(公元1866年),由闽浙总督左宗棠在福州马尾创办的福建船政。福建船政是近代中国洋务运动时期最先建立的国防企业之一。在历史上,福建船政除了造兵舰、办学堂外,还有过铸造钱币的经历。当时,为筹措资金、发展厂务,福州海军马尾造船所于年初提出承办铸造银辅币的业务。1927年,海军马尾造船所附设的造币厂铸造了二角和一角等币值的纪念币,署名"总理纪念币"(如图4-25),共四款,这就是孙中山纪念币。1927年初,为筹措资金,福州船政局向福建省财政委员会提出铸造角辅币的要求,经核准后同年4月,福州船政局内增设"国民革命军海军银元局"正式开始铸造,先后铸造有四种版别的"总理纪念币"。到了后期,国民革命军海军银元局铸造的币种含银量降低,使用不久就露出铜色。1930年2月,国民政府中央银行福州分行以国民革命军海军银元局所铸的银辅币成色不足，函请总行转财政部设法限制，1930 年 3 月 3 日，福建省政府饬令该局停铸，自此，福州船政局（1930 年 4 月 5 日，改称为海军马尾造船所）再无铸造钱币。

中国清末民初期间的货币铸造情况是一个反映当时政治、经济和社会动荡的缩影。在清朝晚期，由于西方列强的侵略和内忧外患的加剧，清政府的财政逐渐陷入困境，铸币制度受到严重破坏。同时，各地军阀割据、民变频发，造成货币铸造权被局限于地方政权或私人手中，导致了货币混乱和通货膨胀的严重问题。面对通货失衡和民生困境，各地政府或军阀纷纷铸造银元、铜元等代替清朝官方货币。此外，民间也出现了私铸钱币的现象，形成了地方性的货币体系，使得货币的信用受到严重削弱，社会经济秩序受到严重破坏。整个铸币情况反映了当时政局动荡、社会不稳定的状况，也直接影响了人们的生活和经济发展。直到辛亥革命后，新政府推行了一系列改革措施，才逐渐恢复了货币的稳定和信用。

图 4-25　福建造币厂铸造的"中华民国总理"

系列之"贰角"纪念币

**图 4 - 26　民国福建造币厂为"北伐胜利"铸造的
"贰毫"银质纪念币**

**图 4 - 27　民国福建银币厂铸造的"中华元宝"之双旗
"库平一钱四分四厘银币"纪念币**

**图 4 - 28　民国福建铜币厂造双旗"中华元宝"
纪念币每枚当钱十文铜币**

为纪念中华历史杰出人物，弘扬爱国主义精神，增强民族自豪感，中国人民银行从一九八四年至一九九三年历时十年，盛大发行《中国杰出历史人物纪念币》（见图4-29），该套纪念币共十组，每组一金四银，共计十金四十银。币面设计既借鉴西方造型艺术浮雕写实技法，构图精美，设计精湛，精心塑造主题人物形象，生动地再现了国人精明、睿智、豁达、沉稳、果敢、勤劳、坚毅、自豪等朴素的民族精神。这套纪念币所纪念的历史人物就包括有福建的林则徐和郑成功。

图4-29　5元纪念银币：林则徐开眼看世界

立像、虎门销烟、帆船、炮台

1995年发行的郑成功金银纪念币（见图4-30、图4-31）。前者背面主图为郑成功亲率战舰在海上迎击侵略者的场景。画面中，郑成功意气风发，指挥将士炮击侵略者。远处残破的战船和炮击所致的水柱，表现出战斗的激烈，更衬托出郑成功的勇敢。后者含1金2银，采用了相同的图案设计：正面主图为台湾赤嵌楼。背面主图展现了郑成功率军从金门料罗湾出发的场景。

只见郑成功手举令旗，立在旗舰之上，豪气冲天，壮人志气。此外，1990 年发行的台湾风光金银纪念币（第 1 组）也与郑成功有关。该币从另一个角度描绘了赤嵌楼。赤嵌楼位于台南市中西区，前身为 1653 年由荷兰人建造的欧式城塞，又称"普罗民遮城"。原建筑仅存遗迹，如今的赤嵌楼是普罗民遮城残迹和后人兴建的海神庙、文昌阁的混合体。

图 4 - 30　纪念郑成功收复台湾的 5 盎司金币（1995 年）

图 4 - 31　12 盎司银币：郑成功收复台湾

发祥于福建莆田湄洲岛的民俗妈祖文化，蕴含着"立德、行善、大爱"的精神内涵，"和平、勇敢、友善"的核心理念，

"平安、和谐、包容"的价值取向，反映了中国海洋文明的鲜明特征，已成为海峡两岸、海内外华人"民族认同"的精神力量，世代相传，生生不息。妈祖金银纪念币是中国人民银行为了弘扬中国的妈祖文化，于1995年、1997年、1998年、2022年发行的一套贵金属纪念币（如图4-32）。该套纪念币共5枚，其中金质纪念币2枚，银质纪念币3枚，均为中华人民共和国法定货币。妈祖金银纪念币正面图案为湄州妈祖庙的正面远景，刊国名和发行年号。1995年发行的纪念币背面图案是天后侧身像，妈祖面向左侧，刊有"妈祖"字样及面额；1997年发行的纪念币背面图案是妈祖天后侧身像，妈祖向右侧，刊有"妈祖"字样以及面额；1998年发行的纪念币背面图案是妈祖正面天妃半身像，刊有"妈祖"字样以及面额；2022年发行的纪念币背面图案是天后侧身像，妈祖面向左侧。泉州，宋元中国的世界海洋商贸中心纪念币是中国人民银行定于2022年7月25日发行的贵金属纪念币。该套金银纪念币共4枚，其中金质纪念币2枚，银质纪念币2枚（见图4-33至图4-34）。

（a）1/4盎司金币（1995）　　（b）1/2盎司金币（1997）　　（c）1盎司金币（1997）

（d）1 盎司金币（1998）　　　（e）150g 金币（2022）

图 4 - 32　妈祖金银纪念币

图 4 - 33　泉州洛阳桥及开元寺双塔，背面国徽

图 4 - 34　老君岩造像，背面国徽

三、近代福建铸造纪念币的时代价值

福建是中国货币史上较早铸造纪念币的省份，近代福建省铸造的纪念币与所处时代的政治、经济、革命军事和民族文化风俗等息息相关,是一个国家和地区民族的历史、美学和民俗文化的集中体现,具有以下时代价值。

(一)辛亥革命的经济生命线与革命精神的传播载体

福建省在近代民国时期铸造了许多纪念币,这些币种与辛亥革命、反封建斗争等重大历史事件有关。其中,带有纪念性质的银币达到了 12 种之多。这些银币包括响应和纪念辛亥革命的中华元宝中心闽背带 18 星纪念币,以及中华元宝民国纪念币等。此外,还有福建漳州造币厂铸造的革命军东路总指挥入闽纪念币、革命军北伐胜利纪念币、孙总理纪念币等。黄花岗纪念币更是在 1928～1933 年铸造了 2 种面值 3 个年份。尽管清末民国时期中央与各省铸造的银币也带有纪念性质,但福建省所铸造的数量之多、体裁之广泛,恐怕是首屈一指的。这些纪念币是反封建革命斗争的产物,见证了近代反封建斗争的烽火岁月,记录着中华民族在辛亥革命、反封建斗争中取得的一场场重大胜利。每一个主题纪念币的铸造和发行都是一部史诗,它生动地向当时世人再现了那段时期的改写历史进程和有着重要纪念价值的革命事件和人物。通过纪念币这一特殊载体,使得辛亥革命精神传播更深入人心,更是凝聚起近代时期中华人民共同的价值认同和信念,引导革命群众前赴后继加入革命斗争队伍,克服种种艰难,取得反封建斗争的一场又一场的胜利。

（二）具有较高的艺术和收藏价值

近代福建省所铸造的纪念币呈现多样的设计风格，制作工艺高超，蕴含着极为珍贵的艺术价值和收藏价值。在清朝初期，随着西方殖民者通过大帆船贸易将许多外国银币引入中国，福建成为了一个较早大量流通外国银币的地区。福建所铸造的银币在一定程度上受到外国银币的影响，但在艺术性和地方特色方面却超越了同时代其他省份铸造的银币。例如，福建省造的光绪元宝（见图 4 - 24）背面中央雕刻了蟠龙，龙的粗细分为大龙、中龙和小龙，龙鳞有序排列，龙爪有力，神态生动。福建都督府铸造的中华元宝背面使用 18 个星构成一个网络，象征全国 18 个行省对辛亥革命的响应，构思异常独特。而革命胜利纪念币（见图 4 - 35）正面中央则镌刻了斧头、镰刀、步枪、算盘、书本等图案，寓意着工农商学兵的团结与革命精神，设计新颖，引人深思。另一组令人难以割舍的是六枚黄花岗纪念币，它们将广州黄花岗上 72 烈士墓的景观精美地镌刻在银币上（见图 4 - 36）。这套银币寓意着"缅怀先烈、纪念盛绩"的深厚意义，也是对 72 烈士中的 19 位福建籍烈士永恒的铭记。这组银币不仅在构思上独具匠心，铸造的艺术性也达到了令人惊叹的高度。

近代福建省铸造的纪念币无疑展现了多元化的设计风格和卓越的制作工艺。它们既是艺术品，也是历史见证，透露着深刻的文化内涵和历史意义。这些银币不仅是艺术与历史的结晶，更是人们情感与回忆的载体。

图4-35　民国十六年福建省铸造的"革命军东路
总指挥入闽"纪念银币

图4-36　民国二十年福建省铸造的
"黄花岗"纪念币银币

第三节　福建"民俗文化"在当代金融工具
创新中的价值体现

　　中华民俗文化是传承民族文化生命的载体,是民族性格、民族文化的集中展示;是文化认同、民族认同的重要标志。世界范围内华人、华侨对中华民族文化的认同和凝聚,很大程度上体现在华人、华侨认同和传承于这些内容、形式都极为丰富的民俗文化传统。福建古代民俗钱币和近代发行的纪念币对当代金融工具创新来说,具有宝贵的借鉴意义和参考价值。将中华民族厚重的民俗文化基因融入现代金融工具创新过程，实现对金融工具的文化赋能，不仅帮助提升金融工具价值，更令中华民俗文化的博大内涵得到弘扬，因此对保护传承传统文化，提高民族凝聚力具有深远意义。中华民俗文化对当代金融工具创新价值可具体表现在以下两个方面。

一、民俗文化赋能，提升当代金融纪念币的投资价值

古代民俗钱币代表了人们对美好生活的渴望，因此赋予了吉祥的美好寓意，广受人民欢迎并流传至今。其中蕴含的中华民族优秀文化元素需要在现代社会中得到传承和弘扬。将传统文化特色融入民众喜闻乐见的表现形式和创作手法，为现代纪念币的设计和发行提供了启示和借鉴。现代纪念币的设计和工艺制作具有科学性和先进性，但如果设计只注重时尚和潮流，缺乏传统特色元素，或者只是生搬硬套传统文化元素，而忽略其文化内涵，那么这样的纪念币难以获得投资价值和大众认可。因此，有些国家将传统民俗文化要素融入现代机制贵金融纪念币的设计中，通过结合现代审美观念，进行改造和升华，使贵金属纪念币更好地满足民众的投资和收藏需求。

作为货币衍生物和一种重要的金融工具，现代贵金属纪念币同时具备了货币属性、商品属性和投资属性，具有收藏品、纪念品和文化艺术品的特性。发行以来，以民俗为题材金银币占了相当的比重，这些年价格不断攀升，投资价值日益显著。我国民俗系列金银币主要为节庆系列和生肖系列，是最具集藏和投资价值的系列品类。春节、元宵节、端午节、中秋节等佳节是中国

144

的传统民俗节日，中国人民银行于2001年9月、2002年5月、2002年12月和2003年12月分别发行中秋节本色银币、端午节本色银币、春节本色金银币和元宵节彩色金银币各一套。中国节庆民俗系列金银币的设计精美耐看，让人爱不释手。其中中秋节银币正面图案为广寒宫，采用浮雕工艺，立体感强，背面图案为花好月圆。端午节银币正面图案是屈子祠，背面图案龙舟竞赛图。春节银币和金币正面图案相同，均为蜡梅闹春图，背面图案均为春节吉祥装饰图，"蜡梅闹春"表达了人们对新春的期盼和祝愿。元宵节金银币采用了彩色工艺，色彩饱满，画面更具观赏性，金银币正背面图案均用中国民间剪纸造型，背面图案为儿童闹花灯图与中国传统建筑。

贵金属纪念币经常被誉为"货币贵族"，其真实价值远高于纪念币面额，这不仅因为其天生的昂贵材质（主要是黄金、白银、铂等贵金属），更在于其蕴含的人文、科技、艺术等非货币属性。这类纪念币通常承载着中国丰富的传统文化，或见证了国家发展的重大历史事件。1979年，中国人民银行首次对外发售中华人民共和国成立30周年纪念金币，从而揭开了中国发行贵金属纪念币的序幕。截至2021年11月，中国人民银行已经发行了2470个品种的贵金属纪念币。每种币都独具特色，因此受到越来越多投资者的喜爱。

自1982年发行以来，生肖系列金银币一直是中国黄金纪念币的主要产品，也是最受欢迎和具有集藏和投资价值的系列品类。生肖系列金银币的发行量大，品种多，规格全，图案精美，特色鲜明。这一系列以12种动物与12地支配合组成的12生肖（属相）为主题，这是中国古代人记忆和推算年龄的特殊方法。

每种动物与一天的时辰搭配排列：子鼠、丑牛、寅虎、卯兔、辰龙、巳蛇、午马、未羊、申猴、酉鸡、戌狗、亥猪。这种纪时法也用于纪年，每十二年为一个周期，周而复始。每个人的本命年是指在与自己属相相同的年份里，可能会遇到许多灾厄，因此希望祈求神灵的庇护，逢凶化吉、祈福避灾。这种纪年法也衍生出许多民俗文化，如婚姻八字匹配、风水吉凶匹配等。生肖纪年最早始于汉代东方朔，已经有两千多年的历史，不仅影响到汉文化圈，还影响到东亚、东南亚等亚洲许多文化圈，并通过华人、华侨影响到世界各地。因此，生肖金银币的发行一直受到广泛和持久的欢迎。

二、融入民俗文化元素，加速数字人民币国际化进程

随着以区块链技术为代表的金融科技手段的飞速进步，数字货币作为技术进步的主要载体逐渐走进人们的视线，成为新兴金融领域创新的标志物。欧洲银行业管理局将虚拟货币定义为：价值的数字化表示，不由央行或当局发行，也不与法币挂钩，但由于被公众所接受，所以可作为支付手段，也可以电子形式转移、存储或交易。这便是数字货币最早的概念。随着技术的发展，数字货币概念也逐步延伸，不仅仅限制于使用区块链技术。数字人民币是由中国人民银行发行的数字形式的法定货币，由指定运营机构参与运营并向公众兑换，以广义账户体系为基础，支持银行账户松耦合功能，与纸钞和硬币等价，具备价值特征和法偿性，并支持可控匿名。

以区块链技术为基础的法定数字货币数字人民币将降低货币

的发行成本，比如纸币在流通中的损耗、电子货币数据的维护成本。法定数字货币的可追溯性还可以让资金的使用具备针对性，加强定点信贷的精准性。对于专项扶贫和小微企业定点融资将会有显著作用。利率传导机制也会因为数字货币的便捷性变得更加高效，利率的作用更加凸显。此外，央行数字货币的可追溯性赋予了央行追踪每一笔款项的来源去向和监督管理钱款的权力，配合智能合约和大数据手段，将有效提高金融监管机构的监管效率，震慑洗钱等经济犯罪。

2019 年我国法定数字货币（DC/EP）的"闭环测试"开始启动，模拟测试涉及一些商业和非政府机构的支付方案。

2020 年 4 月，央行宣布首批"4＋1"数字人民币试点。

2020 年 12 月，全国首张数字人民币保单诞生。

2021 年 3 月，六大国有银行全面推出并开始推广数字人民币钱包。

2021 年 4 月，人民银行数字货币研究所与香港金管局就数字人民币在内地和香港地区的跨境使用进行了技术测试。

2021 年 1～5 月，深圳、北京、苏州、成都等地陆续开启数字人民币红包发放试点工作，以上试点城市 1～5 月数字人民币红包累计发放 1.4 亿元。

2021 年 7 月，中国人民银行数字人民币研发工作组发布了《中国数字人民币的研发进展白皮书》，为当下数字人民币发展研究提供了最新指导。

数字人民币令货币形态由实体向虚拟转变。在确保完整货币功能的同时，可借助数字媒体技术将中华传统民俗文化精髓融入数字货币这一新型载体，整合传统与未来，实现民俗钱币的当代转型，在数字货币的新语境中继续发挥促进中华优秀民俗文化的传播、传承与发展的重要作用。而数字人民币因为融入民俗文化设计元素，也因此更具文化内涵，成为对外交流的重要名片，进一步加速数字人民币的国际化进程。

三、民俗元素在其他现代金融衍生工具中的运用

（一）数字红包背后的民俗文化

随着金融市场的不断发展和变化，民俗元素在现代金融工具中的运用也越来越多。数字红包是一种数字支付方式，为现代社会提供了方便、快捷和实用的支付工具。例如，在中国的电子支付平台中，用户可以通过发送红包的方式给朋友或家人转账。数字红包同时也体现了中国传统文化中礼仪、吉祥、家庭观念和社交互动等传统民俗文化思想，具体包括以下几点：

一是礼尚往来。在中国传统文化中，礼仪和礼节是非常重要的。微信红包的设计和使用方式，鼓励人们在互动中互相赠送和接受红包，体现了礼尚往来的思想。

二是吉祥祝福。在中国文化中，红色是吉祥、幸福和繁荣的象征，而红包正是以红色为主题设计的。人们在发送红包时，通常会附上吉祥的祝福语，以表达美好的祝愿。

三是家庭观念。在中国传统文化中，家庭观念非常重要，人们通常会在家庭聚会或重要节日给亲朋好友送礼。微信红包的使用方式，使得人们可以在远离家乡的时候，通过微信红包向他们的亲朋好友送去节日的祝愿和礼物。

四是社交互动。微信红包的使用方式，与社交互动紧密相关。通过微信红包，人们可以在社交圈中表达感激、感情或者热情，同时也可以通过接受红包表达对他人的关注和尊重。

（二）定制化金融产品中的民俗元素

这些产品植入的民俗元素可以是多种多样的，包括风水、年俗、特殊节日和家族传承等元素。通过加入这些元素，金融机构可以更好地满足客户的需求，同时也能够更好地体现对传统文化的尊重。

以下是定制化金融产品中可能包含的民俗元素：

一是风水元素。在中国传统文化中，风水是一种非常重要的文化元素，人们相信通过改变环境气场可以带来好运和财富。因此，一些金融机构可能会在定制化金融产品中加入风水元素，例如在投资产品中选取有"招财进宝"或者"聚宝盆"等名称的产品。

二是年俗元素。在中国传统文化中，每年的春节是一个非常重要的传统节日。一些金融机构可能会推出与春节相关的定制化金融产品，例如春节红包存款或者春节理财产品，这样可以吸引更多客户并体现对传统文化的尊重。

三是特殊节日元素。在不同的国家和地区，会有一些特殊的节日和庆祝活动，例如美国的感恩节、墨西哥的死亡节等。一些金融机构可能会根据当地的文化和民俗，推出与这些节日相关的定制化金融产品。

四是家族传承元素。在一些文化中，家族传承是非常重要的。因此，一些金融机构可能会为高净值客户提供家族财富传承的定制化金融计划，以便他们能够更好地规划和传承自己的财富。

（三）现代财富传承类金融产品蕴含的民俗文化

在中华文化中，财富传承是非常重要的。因此，一些金融机构提供了专门的财富管理服务，以帮助客户规划和管理自己的财富，以便将财富传承给下一代。例如：

一是家族传统。在一些文化中，家族传统非常重要。因此，在财富传承中，一些家族可能会遵循世代相传的家族传统，例如在家族企业中保留家族成员的职位或者传承家族文化。

二是遗产规划。在一些文化中，遗产规划也是非常重要的。人们通常会在生前制定遗嘱，规划财产的分配方式，以确保财产能够按照自己的意愿传承给亲人或者慈善机构。

三是家族信托。在一些文化中，家族信托也是一种常见的财富传承方式。家族信托是一种由信托公司管理的财产管理计划，旨在为家族成员提供长期的财务保障和财产管理支持。

四是亲情纽带。在财富传承中，亲情纽带也是非常重要的。人们通常会通过传统的家庭聚会、节日庆典等方式，加强家庭成员之间的联系和感情，以便更好地实现财富传承。

（四）节日促销

在一些节日中，一些金融机构利用民众对传统文化的尊重，推出一些特别的促销活动，以吸引客户。例如：

一是春节元素。春节是中国的传统节日，也是全球范围内最重要的节日之一。在春节期间，一些金融机构可能会推出春节主题的促销活动，例如春节红包、春节理财产品等。

二是中秋节元素。中秋节是中国传统的农历八月十五日，也是中国四大传统节日之一。在中秋节期间，一些金融机构可能会推出中秋节主题的促销活动，例如中秋节礼品卡、中秋节理财产品等。

总的来说，通过将民俗文化融入现代金融衍生工具的设计过程，体现对传统文化的尊重，不仅可以更好地满足客户的需求，提高金融工具的可用性和市场占有率，提升金融机构的品牌形象，增强消费者对金融机构的认同和信任，而且可以激发人们对传统文化的认同和保护，进而推动传统文化的传承和发展。

151

第五章 福建"侨批文化"中的金融风险管理智慧

作为一个特殊的经济活动领域，福建侨批业融合了邮政与金融，为海外华侨提供服务。侨批业百年传承，历经辉煌，形成了特殊的"侨批文化"，正是这种文化保障了侨汇安全送达。在福建货币文化中，侨批的影响力不可忽视，它是海外华人华侨通过海外汇款和投资等方式支持家乡经济发展的重要手段，是福建人民经济生活和文化交流的重要组成部分。而金融属性是侨批业的一个重要组成部分，研究其风险管理智慧对福建"侨批文化"的探索有重大意义。本章从新的视角揭示福建货币文化的多元性和开放性，丰富了福建货币文化的内涵、揭示了近代福建货币文化的历史变迁，并为福建货币文化的传承和发展提供了启示。

第一节 福建"侨批文化"在金融史中的地位和价值

一、福建"侨批文化"的内涵

侨批，指海外华侨通过金融机构将家书和汇款寄至家眷，是一种特殊的书、信合一的邮传载体。福建省是我国的主要侨区之一，在世界各地拥有众多侨胞，华侨数量位列全国第二，仅次于广东省。由于华侨吃苦能干、省吃俭用略有积蓄，迫切希望能够将积蓄送回国内赡养家人，并且与家人取得联系，侨批业由此产生。"侨批文化"的研究是打开当时金融风险控制的窗口。因此，研究侨批文化的内涵对研究当时金融风控思维有重要意义。

侨批文化的内涵丰富多彩，展现了中华文化中的"忠、义、礼、廉"以及开放包容等优秀品质。"忠"字体现在华侨对国家和家人的忠心；"义"字体现在侨批从业者一诺千金，必将批信送到；"礼"字体现在批信中对长辈的尊敬，对晚辈的爱护；"廉"字体现在华侨省吃俭用的品质以及侨批从业者廉洁的职业操守；开放包容体现在华侨学习海外先进知识，推动先进事物在国内的传播。

（一）家国情怀的表达

1. 语言文化的认同

语言是文化传播的基石，也深受文化的浸润与影响。正如美国学者安德森所说："民族就是用语言，而非血缘构想出来的。"① 从另一个角度来看，语言与文化相互作用，语言受文化影响也反映文化的传承。简而言之，语言是一个民族文化的表达与浓缩，也反映着民族的内驱动力、生活方式、宗教信仰与民俗习惯。语言与文化相互影响、互为促进，了解文化必须理解语言。

① 本尼迪克特·安德森. 想象的共同体［M］. 上海：上海人民出版社，2016.

中国语言文字，作为中华民族五千年历史长河中的瑰宝，是传承和弘扬中华文化的最重要的一环，也是中华民族的基本标识和显著标志。福建侨批，这一独特的文化现象，是福建华侨在异国他乡对中华语言文字的生动演绎。福建侨批，作为华裔家庭特有的家书，以其独特的书写方式和丰富的内涵，展现了中华语言文字的博大精深。这一张张薄如蝉翼的纸张，用汉字精心书写，融入了福建特色的方言俚语，真实地记录了福建华侨在异域他乡的生活与实践，成为他们代代相传的中华文化的见证。对于长年漂泊在海外的福建华侨来说，侨批不仅承载了他们对父母的深深思念，更具有无可替代的文化价值。侨批建立了一座沟通家乡与异乡的话语桥梁，让那些远离故土的华侨们能时刻感受到家乡的温暖。它是中华语言文字在异国他乡的独特体现，也是福建华侨对中华文化的深深眷恋和坚定守护。因此，福建侨批不仅仅是一封封家书，它们更是中华文化传承的载体，是海外华侨对家乡的思念和期待，是连接过去、现在和未来的文化桥梁。在这种话语空间内，国外华侨和国内的家人之间都能够用熟悉的语言或文字，自然地传达对彼此的想念。

在异乡陌生的文化条件下，南洋的华侨坚持使用汉字语言文字给国内侨属通信，既顾及了国内侨属的生活习俗，又出自华侨心底内含的汉语文化感情。汉语文章写成的福建侨批安抚了福建华侨内心的汉语文化感情，使他们暂时减少了因身处异乡而产生的语言感情障碍。如1948年，菲律宾华侨王财福收到来自家乡的批信，这封信密密麻麻地写满了三张信纸，以日记的形式详细地介绍了家乡目前的情况。王财福收到批信后心情非常舒适，并于1948年9月2日给家里人寄去了一封信，如图5-1所示，信中写道："因为像这样长的书信，是我离别后，最希望、最思念的一种。"

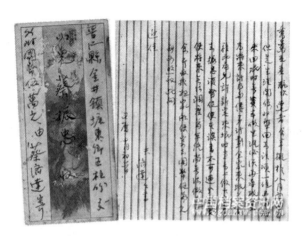

图 5 - 1　王财福家书

资料来源：中国档案资讯网。

　　尽管身披异国服饰，沉浸在异域文化的熏陶之中，福建华侨们仍然坚定地让他们的后代研习中华文化。这种抉择不仅体现了福建华侨传承中国文化，守护中华文明的坚定决心，更显示了福建海外华侨对中华文化的深深眷恋和坚定守护①。综上所述，福建华侨们敬仰汉语，重视汉字的书写和传承，他们以极高的评价肯定了中国语言文字的价值。福建的侨批，承载了福建华侨们浓厚的汉语文化情结。这份文化情结，凝聚了福建华侨们对汉语言文化的认同，同时也增强了福建籍海外华侨们的中华文化认同感。

---

　　①　魏宁楠. 中华文化认同视角下闽南侨批的时代价值［J］. 福州大学学报（哲学社会科学版），2022，36（1）：19 - 22，32.

2. 民族文化的认同

民族精神，就像一棵深深扎根于中华大地的大树，为中华民族的生存和发展提供了强有力的支撑。这种精神，就如同一条大河，流淌在中华民族的血脉之中。它赋予中华民族强大的生命力，在面对困难和挑战时，始终能够坚韧不屈。它凝聚了中华民族的心，让人们在面对困难时，始终能够团结一致、众志成城。正是这种精神，使得中华民族在历史的长河中，无论遭遇多少挫折，都能屹立不倒，不断向前。一个没有民族精神的国家，就像无源之水、无本之木，难以摆脱灭亡的命运。而拥有伟大民族精神的中华民族，却如同熊熊燃烧的火焰，永不熄灭，始终照亮前行的道路。福建侨批文化是中华文化的分支，也是中国文化不可分割的一部分。侨批信件体现了中华文化的民族精神，也体现出海外华侨即使身处他乡，也心向中华的宝贵精神，这是福建侨批的一大闪光点。

福建华侨想要在海外生存下去，面临着很多问题，首先要解决的问题是政治因素。由于当地人十分痛恨外来殖民者，却不敢反抗殖民统治，于是将怒火发泄在同样是外来者的华人身上。例如，在东南亚地区发生的印度尼西亚红溪惨案、马来西亚文律埠惨案等，这些事件不仅侵害了华侨的财产安全，甚至有人因此丢失性命。1951 年 11 月 24 日，华侨黄秀权给家乡冷水乡农民协会主席写了一封信，信中描述了其悲惨遭遇："公元一九四二年前，家父所遗下之少许产业，以因在马来西亚马来人排华时期全部破产。"① 为了能够在马来西亚活下去黄秀权只得出

---

① 魏宁楠. 中华文化认同视角下闽南侨批的时代价值 [J]. 福州大学学报（哲学社会科学版），2022，36（1）：19－22，32.

卖力气，靠着做一名人力车夫生存。黄秀权这种不惧艰苦，在逆境中依旧保持乐观，顽强生存的信念，体现了其自强不息、积极向上的民族精神。在这些艰苦的日子里，正是坚韧不拔的民族精神让华侨能够坚持下去。

3. 政治文化的认同

政治文化是一种宝贵的社会文化遗产，它包含了人们的政治心理、政治价值观和政治思想等元素，这些元素相互交织，共同构成了政治文化的有机整体。中国的政治文化源于传统的生产方式和生活方式，这些因素深深地影响着中国政治文化的发展和性状。具体来说，有四个主要因素影响着中国政治文化的形成和发展。即小农自然经济方式、宗法族制的社会构造、国家意识形态化的儒家学说以及国家制度和权力阶层的支配与约束。这四个因素相互依存、相互支持，共同构成了中国政治文化的生态系统。它们成为中国政治文化传统的土壤，育化了中国政治文化的独特性状和特点。

福建侨批是中国宗法族制下，华侨与家人血脉联结观念下的产品。福建侨批对中国政治文化认同体现在家国观念上。儒家文化体系中的"家国天下"的意识，以其独特的魅力，影响着中华儿女的心灵。这种意识，将个人发展的诉求与社会进步的诉求巧妙地结合在一起，让人们在追求个人幸福的同时，也能够为社会的发展贡献力量。"家国天下"的思想观念和理念，塑造了中华民族每一位人员的文化心理结构。这种文化心理结构，像一面镜子，映射出中华民族的文化底蕴和价值观念。它影响着福建华侨的思考方式与价值观念，让他们在海外打拼时，也能够以"家国天下"的情怀，关心祖国的发展，为中华文化的传承和弘扬贡献力量。

福建华侨对"家国天下"情怀的认同表现了其对中国的政治文化认同。当国家处于动乱和战争之中时，家庭不可能安然无恙，必然也处于妻离子散的状态。第二次世界大战期间，日本帝国主义对中国和东南亚地区发动侵略战争，华侨处于战火之中，其利益和人身安全受到严重损害。1942 年，日军攻破了菲律宾，之后在当地烧杀抢夺，当地人民处于水深火热之中，华侨自然也不能幸免。如图 5－2 所示，1946 年 2 月 16 日，菲律宾华侨郑勋记载了当地日军的暴行，在侨批中写道："至一九四二年，日寇大举兽性，举行大屠杀，于弟前居之社杀起，逢人便杀，逢厝便烧。朗肴蔗园乃华侨之业产，被杀华侨男童女幼八十四人。"[①] 作为侨胞的亲身经历，这段日军惨无人道的侵略手段迅速引起全体海外侨胞的共鸣，深刻认识到了战争的残酷，知道家乡也处于水深火热之中。福建侨胞家国一体的价值观被战争所激发，从而"保家卫国"的抗日救亡运动迅速在华侨中发展起来，大家积极捐款，希望早日打败入侵者。在认知、情感、实践这三个维度上，"家国天下"的政治观念影响了福建华侨的思维方式与价值认同。

综上所述，福建"侨批文化"的家国情怀体现在华侨对中华语言文化、民族文化和政治文化的认同上。华侨身在异乡，为表达心底内含的汉语文化感情，坚持使用汉字语言文字给国内侨属通信，表达了对中华文化的留恋与坚守。福建华侨想要在海外生存下去，面临着很多问题，正是坚韧不拔的民族精神让华侨能

---

① 黄清海，沈建华．抗战家书［M］．福州：福建人民出版社，2015.

够坚持下去。当中华大地被日本帝国主义入侵时,海外华侨们迅速组织起来捐款出力,提供了大量稀缺的外汇,以期早日打败入侵者。这些行为都体现了"侨批文化"中浓浓的爱国情怀。

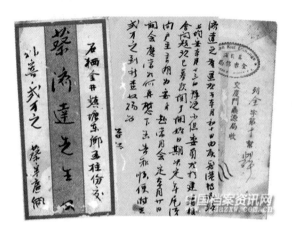

图 5 – 2 郑勋家书

资料来源:中国档案资讯网。

(二)诚实守信的延伸

1. 海外侨胞的诚信

侨批文化的精髓是"诚信",它贯穿了整个侨批业的发展史。海外侨胞恪守着中华民族的传统美德,任劳任怨、克勤克俭,将来之不易的血汗钱通过侨批寄回家乡,践行离乡时的承诺。许多海外侨胞面临着收入微薄、生活拮据的困境,而他们的亲人们也在苦苦等待他们寄回的资金来维持生活。面对这种情况,许多侨批局为侨胞提供垫款服务,让他们能够及时接济家人。这些垫款会等到收到亲属的回批后才予以收回,让侨胞们在困难时期能够得到关爱和支持。泰国银信工会秘书长张明汕回忆，尽管这些侨胞生活贫苦，但是却很讲诚信，从来不会遇到拒绝还批款的人。① 这充分表明了海外侨胞诚实守信的原则。华侨这种寄批回家乡的责任和意识，也即"根"的意识，是长期且固定存在的。这正是侨批业能够长久不衰的原因。然而，侨批经营者必须长期坚持诚信经营，行业才能持久健康发展。

2. 侨批业经营者的诚信

侨批业经营者的诚信是侨批业能够发展壮大最重要的因素。一般来说，侨批经营者想要经营此行业，本身一定是具有相当程度的文化素养，平时生活中诚以待人，明白诚信经营才是行业发展的秘诀；并且这个行业运行周期较长，一旦名誉受损就难以挽回，顾客可能会流向其他侨批局；侨批业的地域性特点决定了其客户都是熟人，经营者必须诚信经营，否则甚至无法在社会立足。因此侨批业的经营者，如批信局、水客等，一般在从事经营活动时都秉持诚信的理念。

一是侨批的经营者一般来说具有一定程度的文化道德素质，经商能力强，且声誉良好，在侨胞中具有一定的威望，为人处世方面能够让侨胞信服，才有可能经营侨批业。这样一个有一定道德素质的人，一般来说能够在很多行业内谋生，没必要为一些利益毁了一生，亦对中国传统的诚信观念比较认同，非常重视生活中的诚信理念。至于批局雇佣的工作人员，则一般要侨批经营者长期观察与考核，或者是经营者的亲人和朋友，经营者对工作人员有较深的认识。总之侨批工作人员必须是经营者认为能够信任的人员，才敢让其递送侨批，因而工作人员也都

---

① 吴琼. 侨批藏大爱 诚信耀中华 [J]. 时代潮人，2018（3）.

能坚持诚信经营。

二是侨批业不仅能够服务乡亲，受到同乡的人们尊重，而且是一个利润可观的行业，因此侨批经营者和工作人员十分珍惜它。他们不仅坚持诚信经营，还争相提供优质的服务来招揽顾客。很多侨批局不仅小心翼翼地坚持诚信经营的理念，通过坚持诚信经营来提升客户的信任，以获取商业信誉，从而扩大生意，还从各个方面推出经营的优惠政策，提高服务质量，以招揽更多的顾客，具备一定的竞争力。如刊登广告、上门收批、代写批信、代垫批款等，为侨胞提供更加贴心的服务。

三是侨批业的经营，顾客都是同乡的乡亲们，或附近乡村的人，具有明显的地域性，大家互相都比较熟悉。一旦有侨批工作人员不守诚信，偷取了侨胞寄给家里人的财物，那么他们就无法在原来的故乡生活，无面目见人。甚至可能会连累到家里人。这是水客和侨批从业者内心不可跨越的一道红线，没有人敢以身试法。同乡间的信用显得弥足珍贵，一旦发生诚信问题传播速度快，范围影响广，这也成为侨批业经营中最看重的底线问题。

（三）开放包容的体现

侨批也体现了华侨以开放、包容的胸怀吸纳海外文明的特点。侨胞因为生活在国外，能够更方便地接触到西方发达国家生活的真实状况，也能够接触到外国的先进事物、制度、思想文化等。他们也自发将国外的好事物引入国内。侨批中记载了不少新思想、新发明、新发现，侨眷在收到后也尝试在国内传播这些新思想、新技术。如清末侨胞修建广东铁路和福建铁路等。如图 5－3 所示，1930 年一位菲律宾华侨在家信中说，广东台山家乡华侨新村，若建设成功，则"电灯、自来水可以一齐并举，入其乡如仙境"。

图5-3　菲律宾华侨家书

资料来源：中国档案资讯网。

162　　中国传统文化一直以来都主张有容乃大，中华文化有强大的改良能力，任何一种优秀文化一旦进入华夏，就能被中华文化本土化，融合为中华文明的一部分。如被誉为"六经之首"的《周易》明确记载了"厚德载物"的思想观念，主张君子应该像大地一样，以宽厚的胸怀承载万物。这种观念强调君子的品德应该如同大地一样深厚，能够容纳万物，不计较个人得失，以达到无私、无畏、无怨的境界。由于文化上的包容性，形成了中国传统文化丰富多彩、互相交融的场面，面对外国文化，能够吸收其中的营养，焕发出新的活力，使其更加具有生命力，能够长久不衰。侨批文化来源于中国传统文化，自然也继承了其开放包容的特性。侨胞生活在国外，在中国文化的基础上有机地吸收外国文化，使得其成为自身不可磨灭的一部分。正是由于侨批文化的开放包容性，才使得这种文化虽历经磨难，但依旧能够保持其生命力，不断地焕发出新的光彩。

二、福建"侨批文化"在金融史中的地位

（一）侨批业的金融史

1. 侨批局的形成

随着侨批业务的发展，以及华侨汇款业务量的不断增加，水客经营模式的弱点逐渐暴露：一是时间周期长，往返次数少，如新加坡和印度尼西亚等地一年仅能往返 2 ~ 4 次，远远无法满足广大华侨的需求；二是在这个行业中，利润逐渐降低，被越来越多的竞争者所稀释。就像一座原本高耸入云的金字塔被渐渐磨平塔尖。由于不断有新的水客加入这个行业，他们像一群野蜂一样，对原有的市场份额进行恶性竞争，竞相降价，手续费也由原来的 10% 降到了 3% 。为了摆脱这种困境，一些水客开始尝试一种新的经营模式，他们利用海外的商行来吸收侨汇，将一部分利润用于委托国内的商号和侨栈等来兼营。于是，在这种背景下，诞生了最初的侨批局。例如，在 1871 年，鸿顺信局为了赚取更多的利润，开始兼营承接了一些递送批信的业务。他们成为了国内最早的侨批局之一，这种模式也成为了他们成功的秘诀。

最初开设的侨批局都是兼营，其承接的业务主要来自水客，基本保持着水客的运营模式。一是在春节、端午节、中秋节等特殊节日专门定期回国送信，被称为大帮。在其他时间不定期回国的，称为小帮。而侨批局就是承接这些水客送来的银信，并进行收汇和解付，作为其主要经营业务。二是水客将在侨居地收

来的汇款，存入地下汇兑庄，回国后在代理点凭证取汇款。19世纪末，西方的邮局和银行作为一种新的金融机构逐渐在中国设立，而侨批局的主要业务与其有些重合，必然会遭受巨大的冲击。这促使侨批局克服自身缺点，进行金融制度的创新。

2. 侨批业的金融创新

（1）创建"汇信"制

"汇信"制，即信款合一。其发源于水客时期，华侨在向家人汇款时，一般会附带一封信封，且套件上会注明"外附大洋×元"等字样，以便给送信人员付费。"有信必有款，有款必有信"逐渐成为侨批业的习惯，在收揽外汇时，侨批工作人员会询问华侨是否有信件要寄。随着银行和邮局插手侨批业务，侨批局逐渐意识到"信款合一"是他们独有的优势制度。随着侨批局规模和业务量不断增加，"信款合一"这种方式逐步演进为"汇信"制。20世纪后，银行主要使用票汇制和电汇制，方便快捷，侨批局也积极学习银行的先进理念，一些业务也开始使用票汇制和电汇制。

（2）建立"三盘"经营制

20世纪初期，随着科技的发展，海外交通更加便利，华侨能够更快地联系到国内，侨批局也利用这一有利条件，创立了"三盘"经营制结构。一是头盘局，指总局设在海外或大陆，国内外都有自己的分支机构，直接在海外收汇独立经营的侨批局，如福建的天一信局。二是二盘局，指接受海外信局委托办理传驳内地信款，如当时的南昌信局、文记信局、公方信局等。他们在接受海外信局委托的批信后，传驳给三盘局，自己并不解付批信。三是三盘局，指只接受当地同业委托负责派送工作，如厦门地区的晋联信局。正是由于各局分工的差异，促使了其专业化程度的提高。"三盘"经营制度使侨批局的触角伸到了侨民居住地的各个角落，也伸到了侨乡的各个角落，完成了侨批业经营的正常运作。

（3）创立"垫款"制和"山票"制

"垫款"制分为两种形式，一是国内侨批局将汇款提前交付给侨眷，收到回批后侨批局再向头盘局领取款项，称为"回文取款"；二是华侨需要给家人寄款，但是手里没有钱时，侨批局可以按照其需求预先寄款回国内，等到回批后华侨再向侨批局支付款项，可称为"回文付钱"。"垫款"制的实施不仅能够吸引更多的侨批业务，而且使得侨批局派送侨款更加迅速。这种经营方式需要雄厚财力做后盾，恒记侨批局因获利能力强能够顺利办理，而晋利侨批局等则被迫倒闭。随着侨汇业务发展，垫款需求增加，此时侨批局也调查请求垫款者的信用，如果侨民工作稳定，有持续的收入来源，才会开放预先垫款。此时，侨批局的垫款制度已经与现代银行的信用贷款相似，可谓开创先局。

"山票"制，指侨批局以自身信用为基础发行的信用票，如图 5-4 所示，可以随时支取。于 1911 年左右出现在福建偏远山区，主要是为了应对动荡的时局和频繁的匪患。侨眷可持有山票到侨批局的分支局领取现银，也可以在山区的杂货铺直接使用。此时的山票已经具有货币功能，能够在市场上流通使用。山票的发行使得侨批局的流动性大大增强，能够利用时间差向外界释放头寸增加利润。同时侨眷对山票也十分欢迎，不用再害怕因为被抢劫而损失财产。三美侨批局便因此项业务而兴盛起来，为了防止伪造，使用了各种"防伪"方式，山票才流通起

165

来。后来，由于缺乏相应的监管，以及经营者自律能力不足，侨批局为了获取更多利润，超发山票成为常态。最终严重伤害了侨眷的利益，扰乱了当地金融市场。然而，从现代的观念看来，"山票"制的创立是一项了不起的金融创新。

图 5 - 4　侨批局山票

资料来源：7788 收藏网。

（4）建立"帮号"制

早期水客收取侨批后，为了方便记账，需将其分为不同的批次，而侨批主要是靠船只运送，因此便以航船作为区分批次的坐标，于是便形成了"帮号"。由于"帮号"的编制和登记，各盘局可以将侨批迅速而准确地派发下去，提高了工作效率。《置邮溯源》记载："他们处理信件以速著称，当轮船还没有下锚停泊前，信件已经搬到小驳船上去，边向岸上划去，边由信局代理人在舟中分拣信件，远在正规邮件之前，就投到收件人手中去。"

综上所述，侨批局通过一系列的金融创新，使其更符合现代企业的经营原则，包括降低成本、提高效益、提高劳动效率以及实现资产保值增值等方面。这些创新使得侨批局在经营活动中能够更好地遵循以营利为目的的原则，在夹缝中能够生存下来。他们不仅与银行和邮局等竞争对手展开了竞争，同时也通过自身的创新和发展，不断扩大市场份额和提升竞争力。

（二）"侨批文化"中的金融属性

1. 人伦金融

人伦金融，是一种以"亲情、友情"为核心的信用制度，它重视人与人之间的关系。在侨批业务的发展过程中，正是借助了"水客"与华侨之间的熟人关系，使得华侨能够放心地将资金存放在他们身上。但是，当资金超过一定额度时，"水客"的个人信用便不再可信，这种"彼此相熟"的关系也存在了一定的风险。随着经济的发展，资金大规模流动，人伦金融的弊端也日益显露。为了解决这些问题，侨批局应运而生，"水客"模式逐渐被抛弃。在历史的推进下，侨批业逐渐向契约金融的方向发展，这也体现了其对于现代金融原则的追求。

2. 契约金融

在侨批中，海外华人附上了家书和汇款单据，这一凭证就如同一份简单的商业合同，体现了侨批业"银信合一"的特点。在福建地区，有关调查人士指出，具有有效汇款凭证的侨批才是真实的侨批。为了摆脱熟人关系模式对侨批业的限制，一部分有识之士建立了最早的侨批局，侨批业的发展进入了新的阶段。侨批局借助现代法律制度，不再完全依赖个人信用，而是创立了一个现代信用机制。在这个机制下，具有法律效力的契约成为了载体，使得侨批的可信程度大大增强。这也意味着侨批业开始迈向现代化和规范化的方向发展，为未来的金融事业注入了新的活力。

3. 社会金融

随着侨批业务的进一步深入发展，金融机构与侨乡侨民之间的联系愈发紧密，金融服务的社会性愈发凸显。侨批业经营的边界被突破，不再仅仅是一个民间金融机构，而是逐渐演变成连接海外华侨与国内社会的一个重要纽带。从最初的"水客"顺带递送批信到后来专门成立侨批局来递送批信，再到最终形成的华侨群体与侨批局之间的紧密关系，侨批业的发展历程中，其递送批信的方式不断演变，金融信用制度也逐步从契约金融信用制度转变为社会金融信用制度，有利于侨批业的发展与壮大。侨批业在不断适应现代金融环境的同时，也能够更好地保留其传统文化的精髓，平衡传统与现代、情感与规则等多重因素，从而在这个快速发展的时代中保持其独特的活力和竞争力。

三、福建"侨批文化"在金融史中的价值

在特定的历史时期内，侨批业不仅给中国带来了大量外汇，更在不经意间为中国的经济发展作出了重大贡献。这个古老的行业不仅在金融领域有着卓越的表现，还留下了丰富的金融文化遗产，值得现代人深入学习和继承，主要包括信用文化、制度文化、创新文化和精神文化。

（一）信用文化

福建侨批业能够持续经营百年，究其原因，最重要的就是诚信经营。某种程度上来说，侨批业经营的是一种信用产品，客户需要信任侨批局才会将侨批交给它，这是建立在中国传统文化中的诚实守信的理念上。侨批局的经营者早期都是基于熟人关系，才有了第一批客户。这种对称的信用信息，一定程度上也遏制了违约事件的发生。当今银行拓展业务的最基本要求是"了解你的客户"，就是这种精神的传承。

（二）制度文化

企业能够做大做强最重要的就是制度建设。侨批局亦是如此，如天一信局创办者郭有品，原本只是一名水客，其发现了水客模式的局限，创建了天一信局，并制定了一套新的制度，严格实施下去，奠基了其百年基础。如经营权与所有权分离、严格的师徒制度、严谨的用人机制、较为合理的激励机制和严密的内控制度等，保障了天一信局能够健康运转。并以此为基础，做大做强，招揽了大量客户。王顺兴信局，创办人王世碑亦是如此，编写了信局的《约章》，保存至今，其中的制度对现代企业也有启发意义。此外，为了提高效率，侨批局还创立了一些特殊的运营制度，如"帮号制""山票制""垫款制"等。这些制度和做法不仅加强了侨批业的竞争能力，也对当今的金融业有着重要的借鉴意义。从这些例子中可以看出，建立健全的制度对于企业的成功发展至关重要。现代企业也需要从侨批局的制度建设中汲取经验，不断完善自身的制度建设，以实现做大做强的目标。

169

（三）创新文化

创新是企业生命的灵魂，是企业保持可持续发展的关键所在。而福建侨批业所展现出的"敢为天下先"的创新精神，更是让人为之惊叹。他们创新性地建立了"信、汇合一"的侨批经营模式，将邮局和银行的优势完美融合，满足了东南亚地区福建华侨对于汇款和通信的迫切需求。这些长年居住在海外的福建侨批商人，在西方先进管理技术的长期熏陶下，逐渐培养出强烈的创新精神和与时俱进的意识。他们善于观察、积极总结，不断将西方邮政和银行的优点融入到侨批业的发展中。除了创立原有的制度，他们还效仿银行，引入了票汇和电汇等方式，用以快速将汇款送至国内，从而大大提高了侨批汇款的速度。在这个金融创新日新月异的现代社会，早期侨批业的金融创新意识和实践仍然具有宝贵的启示意义。他们的创新精神展示了灵活性和可持续发展的重要性，对于现代企业来说，这种精神无疑是值得学习和借鉴的。

（四）精神文化

精神文化，是企业经营的灵魂，又被称为"企业软文化"。在侨批业的发展历程中，经营者们始终以开放的心态和诚信的原则进行经营，以国际化的视野开创了侨批业的繁荣发展，留下了丰富的企业精神文化。在新中国成立后，侨批业虽然逐渐消退，但它在新的形式下获得了新生。20世纪70年代末，国内的侨批业归并国家银行，所有工作人员也加入了当地银行，继续为金融事业贡献力量。综上所述，国外的侨批局则不甘心就此没落，他们选择了转型，成立了新的银行以继续生存。其中，有一部分侨批局甚至发展成了规模庞大的大银行。例如，建南信局在转型后成为了建南银行，经过多年的努力拼搏，该行成为了菲律宾第二大商业银行；和丰信局则发展成了和丰银行，总部设在新加坡，之后与多家银行合并，成为了一家具有影响力的国际性银行。

总的来说，侨批业作为近代中国金融业的重要组成部分，其历史经验具有重要的借鉴意义。在经营方法上，侨批业善于创新和变革，不断推出适应市场需求的新产品和服务。这种勇于创新的精神，为现代金融业提供了源源不断的动力。在经营手段上，侨批业注重诚信和信任，以良好的信誉赢得了客户的信任和支持。这种诚信经营的理念，对于现代金融业的健康发展至关重要。在建设社会主义市场金融体系的今天，以侨批业中丰富的经验和智慧，为金融事业注入新的活力和动力。

171

第二节 "侨批文化"在福建的探索与演进

一、"侨批文化"在福建发展中的探索

（一）福建侨批业的兴起

侨批业是在特定历史条件下的产物，是由于近代的大规模移民和华侨汇款而产生的，这是侨批业产生和发展的前提条件。

1. 大规模的海外移民

福建历史上早有人因各种原因移民海外，不过大规模的移民出现在近代。一是晚清移民政策改变，不少人背井离乡去海外谋生。早期清政府为了隔绝海外反清人士与内地民众的联系，推行了严格的海禁政策，海外华侨不得归国。1860 年，第二次鸦片战争后，清政府被迫签订《北京条约》，如图 5－5 所示，其中第五款规定："凡有华民情甘出口，或在英国所属各处，或在外洋别地承工，俱准与英民立约为凭，无论单身或愿携带家属一并赴通商各口，下英国船只，毫无禁阻。该省大吏亦宜时与大英钦差大臣查照各口地方情形，会定章程，为保全前项华工之意。"1868 年，清政府又被迫签订《中美天津条约续增条款》，其中第五款规定："大清国和大美国切念人民前往各国，或愿常住入籍，或随时往来，悉听其便，不得禁阻为是。"由此清政府放弃了对海外移民的限制，而在旧社会人民受到三座大山的压迫，农村经济落后，不少人无法养家糊口，这些都促使了近代大量海外移民的诞生。

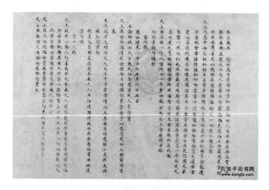

图 5－5 《北京条约》

资料来源：孔夫子旧书网。

二是工业革命以后，西方资本主义国家开始大力开发南洋地区，急需大量劳动人口。由于世界人口分布不均匀，西方殖民者开始"调配"劳动力。而在东南亚的殖民者看来，"华人不只为居民中最多，而且最为勤奋、最有用的亚洲最勤劳之民族"。于是他们推出了一系列的优惠政策，以吸引华人来南洋工作。在马来西亚的一个州——砂拉越州，在其白色拉者（国王）二世的执政时期，颁布了一项特别通告，为移民提供了许多优惠条件。这表明砂拉越政府非常重视移民，并希望他们能够在该地区安居乐业。通过提供免费的土地种植和临时住屋，政府为移民提供了基本的生活保障，使他们可以安定地生活并逐渐发展起来。加之此时中国国内局势不好，形成了下南洋移民的浪潮。另外，西方殖民者还通过各种手段，将华人拐卖至世界各地，被称为"猪仔贸易"。这些人首先像奴隶一样被关在"猪仔馆"里，等到人数足够时，再被"猪仔船"贩运到国外做苦力，为西方殖民者的开发计划作贡献。关于契约华工被蔑称为"猪仔"称呼的由来，如图5-6所示，林则徐在道光十九年的奏折中认为是："夷船回国，间有无业贫民私相推引，受雇出洋……当其在船之时，皆以木盆盛饭，呼此等搭船者就食。其呼声与内地呼猪相似，故人目此船为买猪崽。"据一项不完全数字统计，"猪仔贸易"在汕头等东南沿海港口持续了六十年，贩运至亚洲、美洲等地的契约华工多达数百万人左右。

2. 数额庞大的华侨汇款

对华侨汇款进行准确估算比较困难，各类统计方法估算的侨汇数额相差巨大，但是有一点共识：侨汇数额庞大。福建华侨汇款最初由水客兼职携带，大约始于19世纪60年代，总额大约年均百万银元。后来汇款逐渐增多，据福建省政府调查，自 1864 ~ 1940 年，华侨向中国汇款约 35.1 亿美元，年均约 48.58 万美元。由于厦门是通商口岸，福建侨汇大都流入厦门。每年都有如此庞大的外汇流入，对福建省经济发展的重要性不言而喻，侨批业的兴起只是其中的一个缩影。

图 5 - 6　林则徐奏折

资料来源：中华古玩网。

（二）福建侨批业的发展与起伏

1. 福建侨批业的较快发展时期

侨批局兴起后，在 20 世纪初，随着殖民者对南洋的大力开发，侨批业进入快速发展时期。1905 ~ 1914 年，福建省平均每年能够收到 2000 万银元。虽然当时国内动荡不安，但并没有阻碍侨批业的发展，在此期间，国内侨批局的数量已经到了 70 多家。1914 ~ 1918 年第一次世界大战爆发，西方国家之间大战使得其顾不上东南亚的发展，东南亚的原材料无法向外界运输出去，经济陷入停滞状态，在这种情况下，华侨汇款数目也大大减少，到 1918 年，汇款数额只有 1300 万银元。第一次世界大战结束后，西方国家开始大力进行经济建设，急需原材料，东南亚作为原料产地，经济迅速恢复，不少华侨凭借这次机会一跃成为富商。于是华侨汇款数量迅速增加，1921年福建省收到的汇款量已经达到了4700多万银元，1921～1930年，每年收到的华侨汇款也有4800多万银元。1929年，受到世界经济危机的影响，华侨的收入也受到影响，但是由于银价暴跌，国内收到的汇款不减反增，1931年汇款高达7680万银元，1932～1938年，平均每年的汇款都超过5000万银元。

　　由于华侨汇款数量庞大，且需求稳定，侨批业取得了较大的发展空间。到1936年，国内实际经营的侨批局已经大约有110多家，此时侨批局已经基本代替了水客。1937年抗日战争爆发，华侨爱国热情高涨，个个"有钱出钱，有力出力"，往国内大量汇款以支持抗战活动。从1937～1941年，国内平均每月能收到汇款450余万银元。这充分体现了华侨的爱国情怀。然而自日军占领厦门后，为切断海外支援，国内侨批局逐渐衰退。

2. 福建侨批业的挫折与停闭

　　1938年5月，日军占领厦门，福建侨批业受到巨大打击，侨批局纷纷停业倒闭，仅剩一家开业，侨汇中心逐渐转向泉州。不过，东南亚华侨为支持救国运动，汇款意愿在增加。1939年，福建收到约1.8亿美元侨汇，突破了历年的记录。由于汇款数额巨大，虽然大部分汇款都是通过银行送往国内，但是侨批局也能借机维持一定的业务。1941年12月，太平洋战争爆发，日军先后侵占了香港和东南亚各地。日军在各地占领区烧杀抢夺，华侨也深受迫害。在此情况下，华侨的生命都难以保障，更别提侨汇了。1942年，晋江邮局称："各批信局截至目下均未收到美

175

属菲律宾、英属南洋群岛、马来联邦、北婆罗洲及荷属印度等地陷落后之批信，足证各该处之侨胞信款已无法交由当地批信局汇寄。"1945年，福建曾收到来自英国、美国和澳洲等地的少量汇款。总之，1943～1945年，华侨汇款基本断绝，侨批业自然随之停业。

（三）福建侨批业的繁荣与消逝

1. 抗日战争结束后福建侨批业的"黄金时代"

抗战结束后，侨批业迅速恢复，侨批局逐渐从泉州迁往厦门，厦门重新成为福建侨汇中心。由于抗日战争结束后通货膨胀严重，法币迅速贬值，侨批业投机活动盛行，进入了畸形的"黄金时代"。当时官价1美元折合20法币，而黑市价格已经达到了1美元折合上千法币。抗日战争结束后华侨也急需与家人取得联系，给家人汇款以维持生计。侨批局只需挪用外汇，进行投机，便能获利巨大，"纵使没有计然之术者，经营起民信局来，也会叱咤之间获利巨万，一时成为小暴发户"。因此，侨批局如雨后春笋般破土而出，纷纷复业。此时，侨批局的利润来源，已经从原来的佣金变为掌握头寸进行投机活动的利润。侨批业进入了畸形的繁荣时期。

这一时期，侨批局为了方便控制头寸进行投机活动，获取非法利益，一般进行外汇逃避，不将侨汇流入国家银行。其投机的方法主要有以下四种：一是积压侨汇，套取汇率差价。侨批局在收取外汇后，通常借口船期延误等，将侨汇积压数日，由于此时国内通胀严重，每过一日便能套取不少差价。如1948年，泉州涵江批信局甚至将侨汇积压长达30天。二是套取侨汇，炒作商品。如福建石狮批信局一般套取侨汇用来收购棉布和棉纱，从上海等地低价收购后，在石狮高价抛售，获利颇丰。三是用票据支付侨汇。侨批局在向侨眷解汇时一般不全额付现金，以票据抵充一部分，便能套取部分侨汇。1948 年，泉州和南安等地的侨批局只支付十分之一的现金，其余用票据、支票等抵充，导致市面上票据泛滥，政府征税机关疲于应付。而批信局积压侨汇后，便囤积物资，操纵物价，对当地的市场产生了巨大的影响。四是侨批局在收揽、解付等上的"创新"，从而进行投机活动。如使用国内银行存款账户代替汇票，提前购买金钞解付，用实物进行解付等。以上是侨批局套取外汇，以进行投机活动的主要方式，这既损害了侨眷的利益，也造成了当地市场的混乱。

2. 福建侨批业的遏制与消逝

新中国成立后，由于东南亚政府严格限制外汇流出，以及新中国对侨批业进行社会主义改造，使得福建侨批业逐渐消失。

（1）东南亚限制外汇流出

东南亚各国独立后为了经济发展，都限制外汇流出，有些国家甚至严厉禁止，使得流向福建的侨汇逐渐减少。菲律宾在 1948 年 9 月通知华侨，限制汇款回国内，最多不得超过 500 美元；印度尼西亚在 1945 年第二次世界大战结束后，只允许华侨每个月汇出 100 荷兰盾为家人作为生活费，1949 年，将可汇款数值减半；越南政府在第二次世界大战后完全禁止外汇流出，当地侨批局都是地下经营，风险极大，一旦被抓就可能被驱逐出境；缅甸在 1950 年 3 月开始恢复官价批汇，每人限制 100 缅币，且手续麻烦，批准不易。泰国在第二次世界大战结束后颁布条例规定，所有汇兑业务必须经过国家银行，违者必究。尽管有

177

着种种限制，批信局还是通过各种方法，使得侨汇大量流入地下渠道。中国人民银行也给予了一定帮助，避免外汇被他国政府查收。与此同时，东南亚各国发布了各种归化政策，吸引华侨入他国国籍，甚至强迫华侨归化于当地。在各种因素影响下，华侨往国内汇款量越来越少，与中国的联系也越来越淡，这是侨批业没落的一个重要原因。

（2）新中国对侨批业的社会主义改造

新中国成立后，为了获得更多的外汇储备，开始对侨批业进行社会主义改造，以吸引更多外汇流入。1950 年，福建省人民政府颁布了《福建省侨汇暂行处理办法》和《福建省管理侨汇业暂行办法》，以鼓励私营侨批业尽快进行登记，纳入国家管理之中。银行业对侨批局进行管理和改造，协助其进行经营，指导开展业务，调动他们收汇的积极性。1950～1957 年，泉州市 6 家收汇局共收到汇款 1487.6 万美元，为国家提供了大量的外汇储备。根据对侨批业改造的"维持保护，长期利用"的政策精神，1956 年 5 月中国人民银行宣布侨批业正式进入社会主义。其形式上维持私营名义，继续分散经营，独立核算，而重点在加强对人的改造，推动其经营管理。

国内侨批业和国外侨批业有密切联系，在帝国主义对我国进行封锁的时期，侨批业在反限制斗争、争取外汇、沟通外界方面起到了巨大的作用。因此侨批业必须持续存在，即使社会主义建成，也要加大对侨批业的支持。新中国成立后不久，有些侨批局依旧沿袭旧资本主义的作风，趁着人民币币值不稳定，物价波动大，利用侨汇进行非法活动，套取暴利。为加强外汇管理，保护国家和侨眷的利益，我国采取了多种方法：一是联合公安部门，对外币投机者进行打击，没收违法收入；二是加强侨批业制度建设和行政管理；三是积极开展外币收兑工作，稳定币值；四是联合工商部门，对侨批业从业人员进行思想教育，鼓励职工对企业经营管理进行监督。1975 年初，根据中国人民银行发布的《关于对侨汇业几个问题的处理意见》的精神，各地侨批局全部撤销，业务和人员全部并入当地银行。至此，侨批业宣告结束。

二、"侨批文化"在福建各区域中的演进

（一）厦门侨批业

厦门市是福建侨批业一个重要的汇集地，长期以来福建侨汇中心位于厦门，其重要性不言而喻。

1. 厦门侨批业的形成和发展

鸦片战争后，厦门被开辟为通商口岸，其与南洋的联系大大增强。之后大量华人下南洋谋生，华侨通过侨批局向家乡汇款和信件。厦门是福建的经济中心，海运发达，成为侨批局的中转站，大量汇款从南洋各地汇往厦门，再流入福建各地。据统计，1905～1919 年，厦门平均每年收到汇款 1800 万银元左右；第一次世界大战后，南洋经济逐渐恢复，外加银价暴跌，华侨汇款每年不断增加，1932 年收到侨汇高达 9000 多万银元。1936 年，厦门登记的侨批局高达 84 家。[①] 1938 年，厦门沦陷，厦门侨批局

---

　　① 中国银行泉州分行行史编委会. 闽南侨批史纪述［M］. 厦门：厦门大学出版社，1996.

大都转向了泉州，侨批业基本停业。抗战胜利后，国民党政府采取外汇管制，厦门侨批业转向黑市，并且由于法币暴跌，厦门侨批业通过套利获得高额利润，进入了畸形的繁荣。新中国成立后，国家对侨批业进行社会主义改造，通过其吸收外汇。1976年，厦门侨批业清理小组成立，对侨批局的资产负债进行全面处理，并入当地银行，厦门侨批业宣告结束。

2. 厦门侨批业的经营情况

（1）设立的年月

关于厦门侨批局的成立情况分析。在 1945 年 8 月抗战胜利前成立的有 11 家，占比 17.2%；在抗战胜利后至新中国成立期间成立的有 43 家，占比 67.2%；在新中国成立后成立的有 10 家，占比 15.6%。①

（2）资力分析

侨批局的组织较为简单，无须雄厚的资本，只需要对海外情况熟悉，并且在海外有联号往来就可以进行侨批业务。因此独资经营较多，有 35 家，占比 54.7%；合伙设立有 29 家，占比 45.3%。按成本额分析，80 万 ~ 500 万元（旧币，下同）的有 32 家，占比 50%；501 万 ~ 1000 万元的有 12 家，占比 18.8%；1001 万 ~ 1500 万元的有 5 家，占比 7.8%；1501 万 ~ 2000 万元的有 7 家，占比 10.9%；2000 万元以上的有 8 家，占比 12.5%。②

（3）职工人数

厦门侨批局雇佣的职员，根据其业务量而定。有时候业务繁忙，除了正式员工之外，还会雇用临时工作为临时信差，其工资

①② 中国银行泉州分行行史编委会. 闽南侨批史纪述［M］. 厦门：厦门大学出版社，1996.

按发放了多少侨信来计算。一般而言，侨批局所雇佣的员工工作较为固定，生活也有一定的保障，很少有被停止雇佣的。其中，以源兴侨批局雇佣人数最多，有 14 人；而中大、鸿华、南友等侨批局最少。

(二) 泉州侨批业

泉州地区早期的侨批局大都是厦门信局的分支机构，在南洋各地的信局中，泉州的侨汇归属于厦门系，作为厦门的集散地。1938 年 5 月，厦门被日本侵占后，泉州逐渐代替厦门成为福建侨汇中心。当时大约有 20 多家侨批局迁至泉州，初期因为战争原因与海外失去联系，且华侨此时对侨批局是否能够将汇款送至家人不太信任，因此业务较少，处于半停顿状态。其中只有合昌信局因为与中国银行合作，可以安全解款，业务量较多。1938 年泉州共收到汇款 1500 万元，其中合昌信局收到 1095 万元，占比 73%，其余 28 家侨批局一共收到 405 万元，仅占比 27%。

1939 年，泉州邮局也开始兼营侨批业务。由于其官办的特点，受到客户的信任，业务发展较快，进一步压缩了侨批局的生存空间。然而后来邮局服务未做到位，如无法将批信送到偏远地区、送信和回批缓慢等，业务量逐渐较少。1941 年底太平洋战争爆发，日军占领了东南亚地区，侨汇中断，泉州侨批业也因此暂时停业。1945 年抗日战争胜利后，海外侨胞纷纷汇款回国以接济家人，福建各地区的侨批业借此机会迅速恢复和发展。次年泉州有 20 多家侨批局在营业，已经快要恢复到其鼎盛时期。1946～1948 年，在国民党的统治下产生了恶性通货膨胀，法币迅速贬值，侨批局手握大量的外汇，通过各种套利手段赚取了大量利润，也给侨眷带来了严重的经济损失。

1949 年 8 月 31 日泉州解放，泉州中国银行开始要求所有侨批局进行临时登记。由于侨批局背后的资方对新中国的政策不了解，不敢进行登记，且当时物资供给不足，物价波动大，人民币币值不稳定，部分侨批局依旧进行套利活动，影响了当地的市场稳定。1950 年福建省人民政府颁布法规，规定侨汇业必须依法进行登记，泉州市登记的侨批局有 40 家左右。为了进一步加强对泉州侨批业的管理，泉州市侨汇业管理委员会成立，有效打击了挪用侨款、黑市等违法现象，保障了侨眷的合法权益，以及当地金融市场的稳定。1952 年 9 月泉州市侨批业签订《行业劳资协议》，保障了行业内员工的权益，使得其劳资关系正常化。1954 年 1 月，国家对侨批业进行社会主义改造，同年明确宣布其已经正式属于国家资本主义性质。1972 年 5 月 8 日，国家下达文件，决定取消私营侨汇业，侨批局业务全部转入当地银行。至此，泉州侨批业宣告结束。

（三）漳州侨批业

漳州侨批业历史悠久，1898 年菲律宾水客郭有品在漳州设立天一信局，专门经营侨批业务，之后在国内设立了厦门分局、安海分局、流传分局等，在国外设立了 24 个分局，是最早的侨批局之一。据《漳州邮政志》记载："公元 1905 年间，在我国未加入万国邮会时，漳州批局犹如一福州人经营的森福兴杂货店，在东坡后常代收寄漳州等地新建。在代收信件时，并不先收费，而是由寄托者在信封的左端上角写明'酒资××'，如五十文或几百文，这是以路程的远近，信件的紧要与否估定的，收信人在接收到信件时，便按照信封上批注的'酒资'付给送信者。"侨批业兴起后，漳州籍华侨在漳州开设了多处侨批局，为漳州的乡亲递送批信，如东山县籍华侨沈舜明开设的"添盛信局"等。这些侨批局主营业务是代寄侨信、侨汇等，也兼营家乡的土特产生意，获取额外利润。1934年，为统一管理，邮政总局对民信局进行整顿，名字统称为"批信局"，漳州30家信局有22家申请到牌照。

1940年，漳州地区共有13家侨批局开展业务，累计递送的批款超过了100万银元。然而，到了1941年底，国际形势转变，日本侵占了东南亚各国，这导致了侨批业的中断和暂停开业。在抗战胜利后，局势逐渐稳定，侨批业才开始逐渐恢复，但是在国民政府统治下，通货膨胀严重，加之华侨元气大伤，所以漳州侨批局每年仅能收到大约10万银元。为保证批款的安全，南洋信局通常将其换算为白银或黄金，先运送到厦门，再分送至各地。如果有送至漳州的批信，信局人员会从厦门到漳州分发，然后再送至侨眷手中。在中华人民共和国成立前夕，漳州地区仅有17家侨批局在营业。1949年后，国内对外汇管制严重，华侨寄来的外汇只能从香港转至内地。1951年，中国银行正式接管侨批局，侨批业从私营逐渐过渡为集体所有制。在1976年，漳州侨批局并入了当地国家银行，侨批业自此结束。

总的来说，漳州侨批业经历了许多起伏和波折。在战乱时期，它受到了严重的打击，甚至中断。即使在抗战胜利后，由于通货膨胀和政治因素的影响，它的发展也受到了很大的限制。最终，在 20 世纪 70 年代末，漳州侨批业务正式结束了它的历史使命。

三、"侨批文化"在福建发展中的总结

侨批局的产生与当时特定的历史环境密不可分，但其能够繁荣发展取决于独具特色的经营制度和理念，它使得侨批局在与银行和邮局的竞争中脱颖而出。更重要的是，其内在蕴含的"侨批文化"因子，与顾客之间产生了特有的吸引力，使得其具有强大的竞争力。海外华侨通过不断地努力，终于在当地拥有了一定的社会地位，部分华侨甚至赚取了海量的财富。然而，虽然华侨常年居住他乡，却仍是中国心，为了家人和祖国，他们通过侨批将大量的外汇寄送至家乡。因此，侨批业在福建的社会经济发展中扮演着至关重要的角色。它为华侨提供了一个有效的渠道，将资金和爱心寄回家乡，推动家乡的经济建设和社会的繁荣。同时，侨批业也为国家的繁荣富强作出了巨大的贡献。因此，侨批业对福建的社会经济发展具有着不可忽视的重要影响力。它是海外华侨与家乡和祖国之间的一种紧密联系，是推动社会经济发展的一种强大力量。

（一）"侨批文化"对侨眷家庭的帮助

侨批局蕴含的"侨批文化"带有浓厚的中华传统文化特色，与华侨之间具有天然的联系，其商业活动已经深深嵌入了华侨社区之中。对于漂泊在外的华侨来说，侨批局不单是一个营利性的金融组织，还是一个社会性的组织，是一个将所有华侨对

家乡的思念凝结而成的组织。

　　新中国成立之前出国的华人几乎都是因生计所迫，不得不背井离乡外出赚钱养家。"不管其以后的结局如何，他们的初衷乃是在外谋生几年、十几年甚至更长时间，一旦积聚了一笔钱财后，仍旧回归原籍。"因此，一旦华侨在海外站稳脚跟有一定积蓄后，第一件事就是汇款回国帮助家庭。泉州石狮大仑的《蔡氏族谱》载有明嘉靖年间该族族人从菲律宾汇款回乡的事，其记载为："思叔弟也……娶妇后，遂往吕宋求赀，叠寄润于兄弟，二兄景超全家赖之，修理旧宇，俾有宁居。"

　　侨眷在收到侨汇后主要是用于自身的消费，由于款项较大，因此其消费水平远高于普通家庭。据记载："计八百余乡，皆聚族自居。大乡者万余人，数见不鲜，小乡者亦百人以上，其生活皆藉南洋为挹注。各乡红砖白垩之建筑物，弥望皆是。婚嫁之费，普通人开销皆在千金以上。"福建侨乡一带也曾经因为寄回的汇款太多，产生了一股奢靡之风，人们互相攀比，挥霍无度，浪费了大量寄回国内的汇款，没有对经济发展起到促进作用。

（二）"侨批文化"对福建社会经济的影响

1. 推动城市的发展

　　巨额侨汇的涌入，快速推动了福建省的经济发展，特别是厦门、泉州、漳州这三个城市，被称为福建"金三角"。在 1871～1910 年，约有 3.4 亿元华侨外汇流入，为这三个城市带来了发展所需的资金。厦门，这座城市在 1920 年以前还是一个破旧的小城，然而随着侨汇的涌入，仿佛一夜之间便焕发了新生。在接下来的十几年间，厦门的基础建设飞速发展。50 多条崭新的马路在这座城市纵横交错，公园、堤坝等一座座拔地而起，使厦门成为了当时中国最令人瞩目的城市之一。而这些城市建设的背后，华侨的投资占据了重要的地位。据统计，厦门城市建设花费了 1330 余万元，其中 60% ～ 70% 的资金来自于海外华侨。此外，泉州、漳州这两个城市也在侨汇的支持下，开始大力发展经济，为这两座城市的城市化进程注入了新的动力。总的来说，巨额侨汇的涌入不仅为福建的商业和金融业提供了坚实的支柱，也推动了城市的建设和发展，对福建省的经济发展起到了举足轻重的作用。

2. 促进文化教育事业的繁荣

华侨中的成功人士对于家乡教育的发展也很重视，他们认为家乡之所以落后主要在于教育问题。侨批中，询问后代学习情况也是常事。如图 5 - 7 所示，1946 年，菲律宾华侨蔡济达给在福建晋江妻儿寄送侨批，内容是关系生意情况和子女教育等事宜。华侨首富陈嘉庚先生非常重视教育问题，提出了"教育为立国之本，兴学乃国民天职"的号召，在国内积极捐款办学，带动了华侨捐款办学的热潮。1915 ～ 1949 年，福建省华侨捐办的中学有 48 所，小学有 967 所。新中国成立后，华侨也通过各种方式捐款，支持家乡教育事业的发展。由此可见华侨对福建教育事业的贡献。

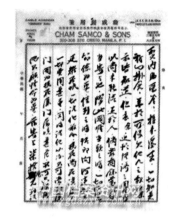

图 5 - 7　菲律宾华侨蔡济达家书

资料来源：中国档案资讯网。

（三）"侨批文化"对国家的贡献

华侨虽身处异乡，但仍然是中国心。强烈的爱国情怀使得他们时刻心念家人、家乡和祖国。抗日战争爆发后，华侨义无反顾地将自己的所有积蓄汇回祖国，侨批局则将这些侨汇通过各种手段送入中国，为革命事业贡献了一份力量。当时国内一穷二白，急需外汇，这些侨汇在中国最艰难的时候发挥了巨大的作用。据统计，抗战期间，海外华侨寄入国内的外汇总计高达 13亿元。新中国成立之初，国家也缺少外汇，一些国家甚至对中国实行政策封锁。侨批局作为连接海外的纽带，积极收取侨汇，为新中国的社会主义发展作出了巨大的贡献。

综上所述，侨批局作为传统的经营组织，其经营理念源自中华文化，在长期发展中形成了独特的"侨批文化"。侨批，就像一座连接华侨与侨眷的桥梁，既是侨眷们的精神寄托，也支撑着他们的经济生活。这些侨批，不仅是福建侨乡社会经济发展的推动力，更是近代历史变革的重要见证。这些侨批，就像一张张纸片，见证了海外华人辛勤耕耘、勤俭节约的精神，也承载了他们对故乡的深深眷恋。在福建侨乡中，这种情感尤其强烈，也因此形成了福建独特的"侨批文化"。正是这种正确的价值观的交流，让福建的"侨批文化"得以实现其传承与发展。

第三节　福建"侨批文化"中的金融风险管理智慧与启示

一、福建"侨批文化"中的金融风险管理智慧

（一）政治风险管理

1. 对侨批业的政策

（1）南京国民政府侨批业政策的制定

在西方国家，邮政往往由国家垄断，禁止私人企业进入。因此，取缔民间具有邮政性质的组织，如民信局和侨批局等，便成为了晚清以来政府的必然选择。侨批局，作为 19 世纪后期的一种特殊机构，主要业务是处理华侨的信件和汇款。它不仅具有邮政功能，还具备银行的一些特性。因此，在政府的眼中，侨批局自然属于需要取缔的目标。

南京国民政府最初将民信局和侨批局混同看待，对其没有正确的认知。1928 年，政府会议认为："邮政为国家专营事业，久

为东西各国之通例，民间经营递信事业，应在绝对禁止之列。"于是决定在1930年之前将民间信局全部取消。国内民信业闻之纷纷反对，侨批从业者也联合海外批信局、海外侨胞等向政府交涉，反对取缔。国民政府在内外压力下，终于意识到若贸然取缔，或许会产生社会问题，也注意到了侨批局的不同之处，因此取消原令，并开始探索对侨批业的管理政策。

通过深入调查，国家邮政对侨批业有了更为全面的认识，意识到要全面理解侨批局，必须详细了解华侨移民史以及他们与南洋的金融关系。因此，在1929年，邮政局派出工作人员对侨批业进行了深入的调查。调查人员提出了两条建议。首先，尽管政府对民信局采取了立法取缔的措施，但侨批局应不在取缔之列，否则将无法妥善处理侨汇问题。其次，政府必须采取措施确保官方邮局的垄断地位，以防止走私等问题。对于如何处理侨批业，南京国民政府设定了明确的目标，即在未来的一定时期内彻底取缔批信局。因此，政府开始与侨批局进行谈判，希望侨批局在外汇、走私等方面能够主动配合邮政工作。然而，此次谈判并非一帆风顺。在谈判过程中，侨批局提出了他们的顾虑和要求。比如，他们担心一旦被取缔，他们将失去原有的业务和生计来源。因此，政府需要制定出合理的方案来安置这些批信局和他们的员工。1933年，邮政总局命令民信局必须停业，而侨批局得以保存，但采取了诸多措施进行限制。

（2）人民政府侨批业政策的制定

新中国成立后，急需外汇来建设祖国，而侨批业经营的侨汇能够带来大量的外汇，因此受到政府的高度关注。1950年1月，福建省政府发布《福建省侨汇暂行处理办法》和《福建省管理侨汇业暂行办法》，确保了侨批业在法律上的规范运营。首先，规定侨批业需受中国银行的管理，并在相关部门进行登记后，方可开业经营。这一规定不仅让侨批业纳入了法治轨道，更为行业的发展提供了法律保障。其次，侨批局每天收到的外汇必须向中国银行汇报并上交。这一举措不仅保障了国家的外汇管理，也为侨批业经营者提供了一定的经济保障。这两项暂行办法出台后，办理登记的侨批局达185家，响应热烈。这不仅体现了侨批业对新政策的认可和支持，更显示了他们对行业未来发展的信心和决心。然而，仍有一些侨批局在利益的诱惑下，挪用侨汇进行非法经营，以获取非法利润。针对这一问题，政府采取了严格的监管措施，加强了对行业的监管力度，确保了侨批业的健康发展。

1954年1月，中央财政经济委员会提出了"维持保护，长期利用"的政策，这一政策的传达有效地消除了侨批局经营者的顾虑，并让他们决定继续经营侨批业。例如，百川信局的经营者在了解到侨汇业政策后，决定继续营业，因为他们意识到了在政策的保护下，他们的经营是有保障的。1956年2月，中华人民共和国华侨事务委员会召开了全国侨务会议，会议明确表示，"侨批业全行业已进入社会主义"，但同时也指出，"为适应反限制斗争的需要，侨批业仍应维持以私营名义，沿用原牌号继续分散经营"。这一决定意味着侨批业将被纳入社会主义轨道，但仍然保留其私营性质。会后各地银行先后向侨批业宣布进入社会主义，这一消息的传达让侨批业的经营者们认识到了他们所从事的行业的重要性和未来发展的潜力。在政策的引导下，他们开始逐步实现规模化经营和提升服务质量，为福建的社会经济发展注入了新的活力。

南京国民政府时期，国民政府多次尝试管控侨批业，然而却没有成功，海内外人民都反对这一政策，因此不得不放弃这一行动。新中国成立后，党和政府在认真了解了侨批行业的特殊性后，采取了合适的手段，进行了社会主义改造，终于将侨批业收为己用，使其成为了一个吸取外汇的强有力工具，为当时缺少外汇的国家吸收了大量外汇，推动了国内经济的发展。这是因为人民政府采取了正确的措施，也体现了中国共产党的伟大，包容万象，借助一切海内外力量发展壮大中国。

2. 构建华人社团组织

为应对政治风险，侨批业联手了民间商会组织，共同建立起了一个强大的侨批公会网络。通过制度化的机制，成功地进入了更高层次的华人社团网络，从而建立了侨批业的风险管控机制，以应对各种可能的政治风险。在这个过程中，侨批业不仅实现了对政治风险的管控，更维护了侨批业的正常运转。这得益于侨批业与各个民间团体之间的紧密合作，以及他们对于风险管控机制的精心构建。通过这种合作，侨批业得以在风云变幻的国际环境中保持稳健的发展态势，为国家的经济发展作出了积极的贡献。

（二）信用风险管理

1. 信用培育机制

侨批业是传统信用的产物。侨批业能够历经百年，繁荣发展，最重要的是其秉持诚信发展的原则，从某种程度上来说，正是诚信造就了侨批业。这与福建人生活的环境下所形成的民风、民俗是分不开的。

（1）尚教的基本精神

福建地区宗教信仰十分发达，有中原传入的教道，佛教以及民间崇拜的神灵等，这些宗教都对社会生活产生了一些影响。其中最有影响力的当属佛教，其关于诚信的阐述主要体现在戒律中，如"十善"中的"不两舌"、"八正道"、说谎话"后世必哑"等都是信用阐述的体现。这些宗教思想以其特有的功能，使得福建人不敢作恶，以诚待人，重守诺言，诚信经营。

（2）儒家文化的熏陶

儒学对福建人的意识观念的塑造具有深远的影响力，它的影响力甚至可以追溯到古代。作为封建社会思想正统的儒家文化，它注重人的修养，而诚信则是个人修养中不可或缺的一环。在侨批业中，这种诚信精神得到了充分的体现。经营者们以诚信为本，赢得了广大客户的信任和好评。他们的信誉在行业中不断提升，为整个行业的繁荣发展作出了巨大的贡献。

（3）关帝崇拜的影响

关帝崇拜对福建人养成诚信的品质也有重大影响。"从农村到市区，关帝庙随处可见，前往关帝庙求平安赐福的人也络绎不绝"，足见人们对关帝的崇拜。在福建人眼中，关帝不仅是财神，更是诚实守信商业道德的化身，从而促进了这种精神的传播，有力推动了福建商人讲义气、重信诺等文明经商的社会风气。

2. 信用惩罚机制

在中国传统文化中，信用绝大多数情况下都是依靠个人的品德。早期受到交通和信息限制，传统社会中的人主要限制在固定的圈子内，交易者之间容易建立起熟悉的个人关系，市场比较稳定。在所有人都知根知底的情况下，维持个人信用极其重要。一旦有人背信弃义，便不再会有人与其进行交易，因此背叛的成本是巨大的。所以早期的侨批业依靠这种特殊的惩罚机制，能够防止从业人员违背信用。在传统的社会里，这种信用维持机制是十分有效的。

随着社会的演进，当传统的道德约束机制逐渐失去效力时，为了降低信用风险，信使开始要求侨属回信确认收款数额。这种做法逐渐形成了一种约束力，并演变成了一项重要的经营制度——回批确认制度。回批确认制度的出现，不仅为侨批业提供了有效的信用保障，也为广大侨民提供了安心。通过这种制度，侨批业经营者能够确保每一笔信款都得到了准确的确认和接收，从而避免了可能的欺诈行为和信用风险。在这个过程中，侨批业经营者展现出了极大的责任心和诚信精神。他们不仅致力于提供优质的服务，还通过回批确认制度，主动承担起保护客户利益的责任。这种精神不仅赢得了客户的信任和尊重，也推动了侨批业的持续发展。

（三）操作风险管理

1. "信款合一"的风险

在侨批业中，由于侨批的"信款合一"特性，使得侨批业人员在派送过程中需要携带大量的现金，这无疑加大了侨批业的操作风险。在这个过程中，早期的侨批经营者通常需要具备一定的信誉才能在侨胞中开展业务。这些经营者往往非常注重信誉，经过长期的考察和选拔，才能放手使用员工，以确保他们能够秉持诚信的理念。此外，侨批经营具有非常明显的地域性，服务对象都是乡亲，一旦发生风险，很快就会为人所知。因此，侨批派送人员不敢轻易铤而走险。为了保障侨批的正常经营，侨批经营者采取了奖励、抚恤和惩罚相结合的机制，促使福建居民共同参与保护侨批的工作，有效管控了操作风险。在这个过程中，侨批经营者展现出了高超的风险管理能力。他们不仅注重自身利益的保护，还通过与社区居民建立紧密的联系，共同应对可能出现的风险。这种合作模式不仅降低了风险，还增强了社区的凝聚力和稳定性。

2. 组织管理机制

（1）细致的分工

侨批局在发展初期，工作人员都比较少，忙碌之时会雇佣一些临时工来送批信，在增加效率的同时控制成本。后来随着业务量不断增加，组织业愈发庞大。成熟的侨批局一般设立司理，管理会计事务，并设立掌柜及跑街等，用于管理日常事务和递送批信等工作。组织有序，方便业务的开展。

（2）严密的程序

侨批业在揽款方面，主要靠乡情等，一般是在拜访华侨时，顺便将汇款带走。同时，对于经济有困难的华侨，也会采取垫款的方式来帮助他们，而华侨一般会主动按时还款。首先，侨批局会登记华侨所寄的地址和家人姓名等信息，并进行编号。等批款到达国内后，便根据信中的地址分批送入当地的侨批局分馆，由分管将批信送至具体地点。侨眷收到批款后即写一封回信，俗称"回批"。这种严密的程序有助于防止工作人员在其中做手脚，保障业务正常发展。

（3）准确的投递

侨批局的投递人员一般是当地土生土长的人，被称为"批脚"，这些人一般对客户、地形都了如指掌，即使只写村名，也能够将批信一一送到。同时，侨批局在招募"批脚"时，一般都要求必须诚实可靠，热情待人，保护客户秘密等，如果有不认识字的客户，还会给客户读信件的内容。由于当时社会较混乱，侨批局还会联合当地政府保护批信，强盗也不敢得罪众多乡亲。因此，侨批能够畅通无阻，极少丢失。

综上所述，侨批需要工作人员来递送，且内有大量现金，不免会有丢失风险。为管理操作风险，侨批业设计了严密的管理机制以保障侨批能够安全顺利地送到侨眷手中。这不仅保护了侨批，让客户更加信任，也促进了侨批业进一步发展。

195

二、福建"侨批文化"中的金融风险管理启示

（一）构建行业信用体系

1. 侨批业信用体系演变

（1）"水客"时代下的人伦金融信用

在"水客"时代，侨批的传递主要依靠那些在海上讨生活的船员，他们在跑船的同时，顺带将侨批带回国内。这种模式下，侨批业的运营主要依赖于个人信用，形成了一种基于水客与华侨之间的人伦金融信用关系。在这种背景下，维护彼此之间的信用关系只能依靠"人情"机制来进行调节。同时，由于

交通不便利，人们的交往互动往往只有几个村的范围，空间十分有限。在这种传统的"熟人社会"里，人民一般都互相信任，一旦失信后果较为严重，此人在之后与人交往会极其困难，没有人会再信任他。在福建侨批业早期生存和发展中，以"亲情、友情"为基础的人伦信用扮演着非常重要的角色，带来了大量知根知底的客户，是侨批业初创期的重要支撑力量。在这种共同的诚信文化约束下，人伦金融信用机制得以发挥作用，侨批业得以迅速发展。

（2）侨批局时代下的契约信用

侨批业发展中期，随着汇款逐渐增多，少部分人抵挡不住诱惑，私吞批款或挪用批款做买卖的情况时有发生，甚至有时无法支付批款。水客的信用是侨批业初期能够发展的主要因素，然而其个人信用已经无法支撑越来越庞大的汇款需求，于是侨批局由此诞生。随着侨批局的设立，侨批业的信用制度转变为契约金融信用制度，个人信用被抛弃。在契约信用制度的体系下，信用的范围扩大及内涵变得明晰化。侨批业者之间的信用关系不再只是一种模糊的人情关系，而是明确规定了双方的权利和义务。最后，由人伦金融信用演化为契约金融信用，因为违约行为将会面临法律和制度的惩罚，这种约束机制的加强有助于保障交易的安全和稳定。

在"水客"时代，侨批的信用文化从根本上依赖于个人信用，然而这种信用具有较大的限制，缺乏广泛性和普遍性。在这个时代，信用活动主要依赖于"人治"。然而，这种非正式制度的约束力相对较弱，缺乏有效的惩罚机制，难以有效遏制失信行为。因此，在这个时代，侨批业中的失信行为并不罕见。而现代社会的"法治"则具有更高的普适性。随着侨批业的发展壮大，华侨汇款需求暴增，客户包含了来自各个地区的华侨，而不仅仅是熟人。侨批局想要服务好这些庞大的陌生群体，仅仅靠人伦信用是不够的，无法取得公信力，这是侨批业面临的重大挑战，同时也是机遇。因此，契约信用模式逐渐取代侨批人伦信用模式，华侨也能放心将汇款交由侨批局递送。

（3）多国经营时代下的社会契约信用

20世纪初，海外华侨经过多年经营，拥有了一定的经济实力，寄往国内的侨批数量大增。为抓住这一波发展红利时期，各大侨批局纷纷扩张，不断拓展业务范围。为了适应业务量的持续增长，他们开始积极探索创新经营模式，以提高运营效率。如大型侨批局自身经营的业务不足，而一些中小型侨批局业务量太多，无法处理。于是二者一拍即合，由大型侨批局帮助小批局递送业务，分享一部分利润，提高了行业运行效率。

到此为止，侨批业已经发展到了多国经营及代理联营的阶段。侨批业工会及汇兑中心等民间机构逐渐成立，为侨批业的规范发展提供了有力的支持。侨批业已经建立起了统一的社会信用体系，能够在所有福建华侨中运行，不再像以前只局限于某个特定的群体，侨批业与华侨之间已经形成了一个特殊的联系，这无疑是巨大的进步。因此，一旦某个侨批局失信，就会转换成整个侨批业与华侨之间的"信用对抗"问题，不仅这个侨批局的经营活动会受到影响，甚至可能会损害整个行业的信誉。总的来说，侨批业在这个阶段实现了从个人信用向契约信用的转变，通过建立一系列规范的制度和民间机构，成功地适应了市场的变化，推动了行业的稳定发展。同时，也为整个社会的信用体系建设提供了有益的借鉴。

2. 对现代金融行业的启示

回顾福建侨批业信用制度的变迁过程，各个时期的制度都有其合理性，但最终都因为侨批业的发展壮大而不适用，需要推出新的制度来满足其发展现状。侨批业的兴衰史从头到尾都穿插着信用制度的建设，这一制度在其发展过程中扮演着至关重要的角色。尤其是人伦信用模式，它就像一条隐形的线索，贯穿于侨批业发展轨迹的始终，引导着侨批业沿着这条路径惯性发展壮大。在侨批业的发展历程中，侨批业从业者始终坚守着"诚实守信"的黄金法则，他们视信誉为生命，以诚信为准则。他们在实践中形成的特殊侨批文化，既是对人伦信用模式的体现，也是对整个社会信用体系的一种贡献。当前，我国正处于从契约金融信用到社会金融信用的过渡阶段，研究福建侨批业的金融信用理念，借鉴其创新的管理体制，诚实守信的行业规范，对推进我国社会金融信用文化建设具有重要意义。①

（1）构建金融机构的信用体系

在 20 世纪，处于蓬勃发展的侨批业，为了保障侨汇的安全，顺利送至侨眷手中，通过奖励、抚恤和惩戒三方面相结合的管理方式，最大限度上调动力量，以维护侨汇安全送达。同时，侨批局联合起来成立了侨批公会，侨批局的日常经营由侨批公会来监督，而侨批公会又加入商会，由商会来进行监督。由此通过

---

① 林夏菁. 金融视角下的侨批文化研究 ［J］. 经济研究导刊, 2018（34）: 184 – 185.

层层网络进行监督，对侨汇起到了很好的保护作用。这对我国的金融信用风险体系建设具有借鉴意义。

金融机构在经营过程中，首先要防患于未然，不仅要对业务进行定量分析，还要进行个性化分析，控制每一笔业务的风险。此外，要有效防范信用风险，需要采取一系列的措施，将风险转移并降低到一个可控的范围内。这正是构建风险防范体系的核心所在。接着，通过创新金融工具和建立风险分散机制，将风险进行有效转移。同时，通过强化监管和加强风险预警，确保金融机构在经营过程中能够严格遵守相关法规，并有效控制风险。此外，建立专门的信用档案对于金融机构了解企业和个人的经济金融活动具有重要意义。这些记录不仅可以为金融机构提供决策支持，还可以对民众的信用行为起到一定的约束作用。

（2）树立全民信用意识

在繁忙的经济市场上，交易、竞争、利润等准则如同脉络般贯穿于整个经济活动的始终。侨批作为一个服务于华侨的工具，之所以能够得到广大华人同胞的广泛认可，成为承载华侨和侨眷之间经济和文化的纽带，重点在于其"诚实守信"的经营理念。在侨批的运作过程中，经营者严格遵守个人主义原则，他们尊重自己和他人的权益，同时也对自己的行为负责。他们在经济交易中诚实守信，不仅保证了自身信誉，也促进了市场的公平竞争。侨批经营者一直坚持着诚信经营，这是侨批业能够蓬勃发展的基础。

侨批的发展历程是来自民间环境形成的信念铸就了侨批业守信的经营理念，铸就了侨批业的辉煌成就。作为一种特殊的精神文化财富，如"关公精神"，无疑是建设中国金融行业诚信理念的强大动力。当前国家之间的竞争说到底就是人才的竞争，关公精神所蕴含的普世价值值得人们学习，是一个优秀人才所需具备的品质。弘扬关公精神，有利于培养国家所需的金融行业的人才，有利于金融行业的发展，有利于在国际竞争中体现出竞争力。

侨批的金融智慧有助于提高全民对信用的认识，维护公民利益以及保障市场经济健康发展。没有可靠的金融信用体系，经济活动将混乱无序；脱离系统的金融信用体系，市场经济行为将迷失方向；离开传统的金融信贷结构，市场经济行为必将混沌无序。所以，人们需要了解提倡诚实守信的意义，提高个人的诚信观念，形成一种良好的社会诚信氛围。为了抵制这种混乱和无序，需要政府部门和社会各部门的共同努力，让人们了解诚信的重要性，培养人民守信的习惯。

（二）形成内外监督机制

1. 缺乏监督的侨批业投机时期

1945 年，抗日战争结束，海内外逐渐恢复秩序，海外华侨迫切想和家人取得联系，并汇款给家人。1946 年 4 月，侨汇业恢复营业，到 9 月份已经收到超过 60 亿元的外汇，使得各地侨批局纷纷重新营业，行业进入了繁荣时期。抗日战争结束后，国内物资匮乏，通货膨胀严重，而国民党政府对此却毫无作为。其对内一心想要进行内战一统中国，对外一味屈从于美国。这些政策失误使得通货膨胀愈发严重，政府发行的法定货币一再贬值，黑市汇率与官方汇率差异巨大，投机空间大。而侨批局手握大量外汇，借此时机，进行金融投机，开始利用手上的外汇套取非法收益。为了赚取更多利润，部分侨批局千方百计延期解付汇款，牟取暴利，此举极大损害了侨眷的利益。此时，侨批局已经蜕变成立投机金融机构，利润来源从佣金收入转变成了套利收入，利润甚至高达营业额的 8%～15%。此时侨批业呈现出了畸形的繁荣。

从业者们不断进行着金融投机，犹如一场场狂热的赌博。然而，这种赌博并非是无风险的，它让国民政府承受了巨大的损失，也给侨眷们的利益带来了巨大的损害。他们的血汗钱、辛勤劳动所得，在这场游戏中如同泡沫般消散。国民政府也开始大力打击外汇投机者，以期挽回损失的外汇。但是侨批局套利的方式十分巧妙，政府无从下手，且其管理制度漏洞百出，官僚主义严重，无人用心做事，因此对黑市的打击虎头蛇尾，不了了之。然而，"黄金时代"终究无法持续，新中国成立后，面对混乱的局面，人民政府对侨批业进行了有效的改造，使其能够助力新中国的发展。

抗日战争胜利后，侨批业是华侨和家人沟通的纽带，其中的贡献无可厚非。然而，由于国内经济动荡，大批侨批局为经济利益，挪用侨汇进行金融投机活动，此举严重损害了华侨的信任和利益。这一局面与当时的社会环境以及没有形成对应的监管机制有很大关系。

2. 对现代金融行业的启示

回顾侨批业投机时期，由于缺乏监管，侨批经营者只需要挪用资金，便能够获得大量利润，于是投机盛行，损害了侨眷利益。随着中国金融改革的深入推进，金融腐败问题逐渐凸显，其手段也变得更为隐蔽。与其他腐败行为相比，金融腐败对社会

201

的危害更为显著，它不仅破坏了公平竞争的市场环境，更严重的是，它降低了市场的效率，损害了正常的金融秩序，甚至可能引发金融危机。更令人担忧的是，金融腐败的蔓延可能导致整个金融体系的崩溃，对国家的经济造成严重影响。这正是由于我国金融监督体系存在缺陷所致。因此，加强金融监管和打击金融腐败是维护市场和经济安全的重要任务。

（1）内部监督机制存在问题

我国金融企业高管人员角色定位模糊，身份一方面是官员，另一方面是金融家，难以进行监管，因此，很难在企业中形成科学的委托代理机制。金融企业经营者掌握着大量的资源，而考核目标却不是盈利的多少，因此，管理者有很大的牟利空间。且金融机构中的"一长制"现象严重，主要负责人权力过大，很容易扼杀对金融机构管理者的制衡机制，无人能够对"一把手"进行监督。一旦有些"一把手"出现道德风险，就会不可避免地产生权钱交易现象，导致金融腐败。

（2）外部金融纪检监察机制尚待强化

首先，纪检监察机构缺乏独立性，地方机构无权直接监管金融机构，只能通过中国人民银行间接监督。对于一些金融机构至今还未设立对应的纪检监察机构，全是挂靠于该金融机构的办公室，有的甚至既是管理者又是监督者。其次，纪检监察监督容易流于形式。上级监督在地域上具有一定的距离，不能进行实时监督，不了解具体情况，等到了解情况后，情况早已不同，已经出现了新的问题，监督乏力。同级监督中，互相有默契，双方都互相不干扰。下级监督时，一方面群众不了解金融机构的内幕，加之透明度不高，无从下手，另一方面员工担心对领导进行监督会影响工作,不敢监督。

（3）外部监管体制不完善

一方面,金融监管部门缺乏独立性,往往受到人事任免等因素的制约,这使得监管的权威性和有效性受到了影响。我国的金融监管部门独立性低,很难对金融机构下重手,只有在腐败行为暴露后,才敢对其中的违规操作进行查处。金融监管部门的官员在离职后,有部分人会进入金融机构工作,而金融机构的高管也有一部分人被聘请为金融监管部门的官员。久而久之,便形成了一个巨大的"关系网",成为一个金融腐败链条。另一方面,金融监管理念存在缺陷,加剧了问题的严重性。目前,监管部门过于强调合规性,将合规性作为唯一的指导原则,而忽略了市场的实际需求和金融机构的风险管理。这样的做法不仅无法实现有效的监管,还可能导致市场的僵化和创新的受阻。我国实行"分业经营,分业监管"的制度,也造成了监管真空和灰色地带的形成,需要进一步完善监管制度。

（三）权责明晰监管体制

侨批局具有权责明晰的监管体制,才能够百年经久不衰。要让企业稳定长久地发展,必须加强内部控制的监督与评审。这就好比一座大厦的稳固,需要坚实的基础和严格的施工质量控制。首先,明确各级的权力和责任,如同绘制一张精细的地图,为每个部门和员工指明前行的道路。每个部门都应该清楚自己的职责范围,同时也要了解其他部门的职责,以便在需要时能够迅速找到路径。其次,确保各个部门相互联系又相互制约,如同一个精心编织的蜘蛛网,每个节点都有其独特的功能,同时也与整个网络紧密相连。当一个节点出现问题时，其他节点能够及时作出反应，防止整个网络被破坏。最后，管理者不可独揽大权，监督者要保持公平公正的态度。只有这样，企业才能更好地减少面临的风险，稳步向前发展。

1. 中国金融监管机制存在的问题

（1）重复监管

混业经营的金融机构，如中信集团等，在银行、保险和证券等多个金融领域同时开展业务。这种经营模式在理论上能够为客户提供更全面的金融服务，通过多元化的业务组合降低风险，以及实现更高的经济效益。然而，由于银行、保险和证券等业务的监管标准、方法和目标存在差异，因此中国证券监督管理委员会、国家金融监督管理总局和中国人民银行等监管机构分别进行监管，各自为政。这种分割的监管体系不仅增加了混业经营金融机构的合规成本，还可能导致监管套利和监管空白的问题。金融机构可能需要在不同的监管部门之间进行协调，以满足各自的监管要求，这无疑增加了其运营的复杂性和成本。因此，重复监管的问题亟须解决。

（2）监管盲区

部分金融控股公司极其狡诈，如母公司虽然本身并不直接参与金融业务，但却通过控制子公司来间接参与银行、保险和证券等金融市场活动。面对这样的集团，监管机构时常感到束手无策。这些金融控股公司可以巧妙地利用子公司来隐瞒母公司的内部信息，使得监管机构难以掌握真实情况。这种隐瞒信息的行为不仅使得监管机构难以对金融控股公司进行有效的监管，还可能形成监管的盲区。同时，监管对金融机构来说相当于一种"隐性税负",金融机构自然会想方设法逃避监管。而金融创新是一种有效避免监管的方式。当前中国的金融市场,需要金融机构进行金融创新以提高市场的活力,而金融创新又造就了新的监管盲区,因此也亟须更完善的金融监管体系来覆盖这些监管盲区。

2. 中国金融监管改革的建议

(1) 寻找合适的金融监管体系

从侨批业的金融监管经验可以看出,适合的才是最好的。不同国家和地区的经济实力、政治环境和历史背景都有所不同,自然不能以同一种监管体系来进行监管。中国的金融监管体系改革需要先了解中国的基本国情,才能据此设计出适合的金融监管体系改革方式,从而在根本上解决现有的问题,建立适合本国的金融监管模式。

(2) 完善相关法律法规

首先,加强对金融监管法律法规的科学性和前瞻性的研究,及时预防和解决新兴金融业务和金融创新带来的监管漏洞,确保监管法规与金融市场的快速变化相适应。其次,对违法违规行为,特别是金融欺诈行为,要加大处罚力度,提高违法成本,以此来维护金融市场的秩序和公平性,增强监管的震慑力。

(3) 与国际金融市场的监管体系接轨

首先,要积极参与国际金融监管合作,吸取国际监管经验,与国际金融市场的监管标准接轨,提高中国金融市场的国际竞争力和吸引力。其次,加强对跨境金融业务的监管,建立和完善相应的跨境监管机制,防范跨境金融风险,确保跨境资金的合法合规流动。最后,与国际金融监管机构加强信息交流和合作,建立健全跨国金融监管信息共享机制，共同应对全球性金融风险挑战。

（四）传承爱国主义精神

"爱国"是侨批文化最重要的精神内涵，是侨批业能够长久存在的基石。自古以来，个人与国家同呼吸共命运，只有国家强大，个人才能拥有好的命运和前途。福建是著名的侨乡，在海外有大批的华侨，他们的命运也和祖国息息相关。侨批是华侨和祖国联系的纽带，让他们能够联系到家人，表达内心深处的家国情怀。而在中国面临内忧外患的局面时，海外华侨慷慨解囊，积极献身于爱国运动之中，为中国的变革作出了巨大的贡献。

1. 侨批文化的爱国情怀

（1）汇聚力量支持革命事业

早在辛亥革命时期，海外华侨就发挥了重大作用，支持革命事业革命的发展。他们在海外建立革命基地，宣传革命思想，提供武器装备，推动了国内革命浪潮的前进，给中国人民带来了思想上的解放。而在抗日战争期间，爱国华侨也积极宣扬抗战精神，提供外汇支持，为中国的抗战事业作出了巨大的贡献。华侨虽远在异乡，但是通过侨批来表达对家庭、国家的思念，也有部分华侨借此宣扬抗日救国，如侨批背面上加盖了"抵制日货，坚持到底；卧薪尝胆，誓雪国耻"。这无一不彰显了中华儿女"国家兴亡，匹夫有责"的担当和民族责任感。

（2）牺牲报国以求民族独立

侨批书信中，记载了众多华侨身在异乡，却依旧以身报国的感人故事。可以说辛亥革命是孕育在海外，华侨对此作出了巨大贡献。如"兴中会""光复会"和"同兴会"等早期革命组织都是在海外成立，海外华侨对这些组织的发展提供了巨大的帮助。孙中山先生发动了十几场起义，推动了国内革命的浪潮，而其中牺牲了不知多少海外华侨。抗日战争期间，华侨为支援祖国也作出了重大牺牲。许多华侨积极投身于抗日救国第一线，加入战场、救护队等。他们的牺牲可歌可泣，对广大海外华侨的功绩，祖国人民永远铭记于身。

2. 对金融风控从业者的启示

在金融全球化迅速发展的背景下，面对复杂的意识形态和社会背景，金融风控从业者更应该保持底线，坚持爱国主义精神。"侨批文化"是中华民族的文化瑰宝，其中蕴含的家国情怀思想，为当今的金融行业开展爱国主义教育提供了一个现实模板。

（1）深刻理解爱国主义内涵

爱国，是一个人内心深处最深刻的情感。每一封侨批，都如同一颗璀璨的明珠，闪烁着对民族和祖国的热爱与敬仰。这些书信，无论是寄托于薄薄的纸张上，还是通过电波飞越重洋，都在传递着游子对故乡的思念和牵挂。爱国情怀是金融风控从业的出发点与归宿，从业人员应该具备这种爱国情怀，为实现中华民族伟大复兴作出贡献。

（2）心怀国家，感恩回报

对自己出生过、生活过的家乡故土的热爱，华侨将这种热爱转化为了回报祖国的实际行动之中。如著名华侨陈嘉庚先生，一生为辛亥革命、民族教育、抗日战争、解放战争和新中国的建设作出了不朽贡献。华侨以实际行动表达爱国爱乡之情。爱国就要为国家作贡献，把国家的前途命运视为个人的前途命运。

正是有这种爱国的奉献精神，侨批文化才能传承至今。金融风控从业者也应心系祖国，回报祖国，才能有美好的前途和命运。

（3）坚守信仰，维护国家尊严

随着世界文化的交流与融合，各种思想潮流如洪流般冲击着人们的心灵。在这个多元文化的背景下，一些人开始出现了爱国主义思想的迷离，信仰的崩塌。他们的行为举止不仅有辱国家尊严，更辜负了祖国对他们的培养和期望。爱国就是要让国家变得更好，正因为有这些问题存在，才需要奉献自己，建设更美好的祖国。因此，金融风控从业者更应该学习侨批文化的爱国精神，坚定理想信念，树立高尚的道德情操，走向正确的道路，做到"利于国者爱之，害于国者恶之"。

第六章 "闽都借贷文化"映射下福建民间金融的演进

　　闽越古都，跨越两千多年时空，文化积淀深厚。闽都——福州，是八闽首府，一颗镶嵌在祖国东南沿海的璀璨明珠，西北多山，东南濒海，长期是历代郡治、州治和福建省省会。福州千百年悠悠岁月中曾有多种名称、别称，在宋代时，称"闽会""闽都"，并延续至今。福州长期作为八闽政治、经济、文化的中心，其文化离不开闽都本身的地理和历史，离不开古闽文化、越文化、中原文化和海外文化，多种文化的积淀形成了独具地域特色的"闽都文化"。在福州，地临闽江北岸的上下杭路，曾经以商业的繁荣而闻名，是近代福州的商业中心，一直以来影响着八闽的经济、社会、生活。从明清时期开始，这里就是各种商品的贸易集散地，福州成为五口通商口岸之后，商贾云集，行栈林立，商行、钱庄、国药行随处可见，商品远销东南亚各国，成为名闻海内外的"闽商"发祥地之一，闽都文化根植于福州地区，它不仅反映在人们社会生活的方方面面，还对区域经济发展有着推动作用。

第一节 "闽都借贷文化"的精神内涵与特质

闽都文化即由福州人创造的文化,深受2200多年历史的浸润,闽都文化的形成和发展是经过了漫长的历史演进与文化磨合。闽都文化既与中华文化同根,又接受了外来的越文化,并受到中原文化的影响和海外文化的融合,逐步从孕育到成长,再到发展,直至成熟。由于历史的原因,闽都文化兼收并蓄,一个"福"字,包含了人们对生活方方面面的理想追求,福州人自古远涉重洋,旅居海外,目光远大,心胸开阔。闽都文化的形成和发展经历了萌芽、雏形、成长、形成、发展、成熟时期的漫长岁月。明清间,福州又成为中国与琉球往来的唯一港口,促进中琉经济和文化交流,使福州地区经济的发展镌刻了深刻的文化烙印,这种文化与经济发展相互渗透,共生互动。由闽都文化与传统商业发展相结合而产生的闽都借贷文化对近代福建产生了深远影响,随着近代福州商品经济的发展,福州人强调诚信经营、义利合一、理欲相容等思想,直接影响着民间金融的经营理念和行为。闽都借贷文化是建立在福州传统文化的大局观念之上,在借贷关系中缺少硬性力量的约束,通过深厚的闽都文化形成道德力量加以支持在商贸活动中而产生的一种地域文化。

民国是我国历史上的一个重要时期,也是现代金融得到长足发展的重要开创时期,民国前期,闽都借贷已发展为普遍的社会经济现象,由于民间因多种需要而发生的普通借贷遍及闽省,也最为流行，在满足这种需求过程中而形成了具有重人情、凭信用、纯属亲朋互相帮衬的闽都借贷关系①。

在闽都借贷关系中，青黄不接时期缺钱缺粮是借贷的第一位原因，借贷只有一个目的就是为了渡过断粮的困难，除此之外，还有偶然发生的民间习俗、天灾人祸等其他原因，这种借贷不计利息，并建立的互助性的借贷关系，历代相传。以闽都借贷文化为载体的钱庄和典当是由于福州当地商业以及福州人文环境的发展而形成，钱庄灵活调剂市场所需货币，对福州市场的扩大起过积极的作用，从经营形式来看体现了闽都借贷文化的开放意识、开拓精神以及对"重农轻商"思想的突破，闽都借贷文化中内含和合儒雅的生活态度，体现了经世务实的价值观念，尤其是福州的钱庄在每年清明新茶上市时筹集资金发放信用贷款支持商人收购茶叶，此外还有针对渔民发放信用贷款，都是先放款，等茶商、渔民有收成后再收回贷款，在借贷过程中如遇资金不足，随时也可增加贷款金额，从而锻造了经世务实、包容和合、稳健谨慎的闽都精神，从民间金融角度分析，形成了闽都借贷文化的包容性、延伸性、刚烈性等特点②，因此，闽都借贷文化是在福州地方金融的两大支柱钱庄业与典当业再到金融机构信贷作用中而产生的文化价值观，对近代福州文化产生深远影响，逐步形成福州区域人文特征。

钱庄业与典当业的出现成为闽都地方金融的两大支柱，应调剂金融市场的需要及供给而出现的福州钱庄存在近两百年，早

---

① 俞如先. 清至民国闽西乡村民间借贷研究 [M]. 天津：天津古籍出版社，2010：1.

② 肖丽梅. 近代福建钱庄业研究（1840－1949）：以福州、厦门地区为中心 [D].
福州：福建师范大学，2004：4.

期的福州钱庄多以经营银钱兑换为主,后来发展为专营兑换货币。钱庄是近代福建最重要的金融机构,钱庄业资金的运用是"为调剂盈虚"所必需,多是一种信用放款①。由于福建本省商品生产的快速发展,商人、民族工业生产者对货币资金的需求大幅增加,钱庄以多种方式提供信用资金,成为商人和工业生产者的资金来源②。纵观整个近代,福建的工商业贸易中大部分以中小企业为主,没有钱庄的信用放款支持,商品经济作物的种植很难发展壮大,尤其是对中小工商业者在资金供给和促进省内工商企业发展方面起到了积极作用,同时福建商贸的繁荣也促进了钱庄的发展,福州钱庄对商户既发放信用贷款,同时还发放期票,更可需要当日用款数额协商透支数额,还有其他多种放款形式,方式灵活,加速了沿海和内地的商品流转,扩大了国内市场,增加了产品输出,全面促进商品经济的发展,借贷关系的活跃也体现在闽省商品经济发达的时期。

清至民国,因融通需求的多样化,闽都私人间的借贷普遍存在,出贷者和借贷者既相互联系,又不可避免地发生着利益冲突,这种对立统一的关系,推动了闽省从口头借贷形式发展为以物抵押借贷和民间典当等形式,伴随着日益活跃的借贷活动③,闽都借贷领域出现了组织化的趋势,其中当铺就是近代金融机构的雏形。

---

① 郑梅香. 关于近代福州钱庄若干问题的探讨 [J]. 福建论坛, 2008 (11): 78.
② 肖丽梅. 近代福建钱庄业研究 (1840-1949): 以福州、厦门地区为中心 [D]. 福州: 福建师范大学, 2004: 4.
③ 左海军. 近代钱庄业研究的回顾与反思 [J]. 中国钱币, 2014 (6): 15.

一、闽都借贷的达成

人们在生产生活方面总会遇到需要救急、融通的情形，当青黄不接或缺钱缺粮时，借贷者就会在亲邻之间注明名字或唤名，这样的借贷目的具有一定的普遍性，另外，还有偶然发生的民间习俗、天灾人祸等原因进行借贷，亲朋之间以相互借贷表示资助；除此之外，还存在着因经营融资需要而出现的借贷行为，如在清代的志书、族谱，有求必应、慷慨解囊的记载比比皆是，归根结底是社会价值观导向的需要，也反证了民间不愿意出借、拒绝出借现象的存在。事实上，民间借贷还是看重一定条件，家无寸田尺宅借债也成问题，毕竟家有薄财意味着具备一定的偿还能力。闽都借贷活动中还看重人品，无契的无抵押借贷形式沿袭至新中国成立之后，这一方式完全建立在信用基础上，所以也形成了"有借有还千百次，有借无还就一回"的习惯。有的借贷还须由中人撮合，并且还须房亲在场证明，并立下字据。字据上有中人、在场人、代笔人的签名，中人和代笔人均按习惯应给予一定的报酬。清至民国，因融通需求的多样化，私人间无抵押借贷的物质形态多种多样，尤其以钱粮借贷最为普遍，一定意义上，民间无抵押借贷即是钱粮借贷，因粮食与百姓生活的关系密切相关，也因而闽省民间粮食借贷最为普遍，多是借谷还谷，春借秋还。除钱粮外，闽省无抵押借贷还有多种动产类的实物形态，如清代长汀县四堡乡雾阁村有向商人借粮食、借布，也有借衣服、借猪肉等，还有借贷不动产，诸如房屋、耕地和地基等，当面言定，以口头形式、书面契式而达成。

（一）互助形式的口头方式

口头形式是口头保证借得财物的形式。亲戚朋友间借贷很多情况下只需由借贷人口头提出，然后双方达成口头约定，即可借得所需的东西，而且也不算息，属互助性质。这种完全建立在诚信基础上的口头形式借贷最为普遍。如，"向亲朋好友借钱、粮救急，一般不计息，完全凭情谊信用无须借据。通过熟人向他人告贷，向债主作口头或书面担保，按期计息"。"民间借贷全凭信用"，极少书写借据。这样的借贷多发生于房亲故交之间。如，"民间婚丧喜庆或灾厄，亲朋互相借贷以示资助。这种借贷不计利息，全凭信用，纯属互助性的借贷关系，历代相传"。借贷数额较小，未立据，属口头借贷。只是第二次续借达到一定数量后，才补立借据。虽然借贷方不出具契约给出贷方，但作为出贷方，一般都备有一本账本，在账本上将借贷人、借贷时间、借贷数量，甚至还本还息情况详细地登记在册，以作为将来追偿的依据。

（二）完善的书面契式

除了口头形式的借贷外，还有多种情形的普通借贷要必须立契。有时候借贷双方非亲非故，这样的借贷往往必须立契。如"通过熟人向他人告贷，向债主作口头或书面担保，按期计息"。有时候借贷双方虽为亲友故交或有其他经济交往，但借贷数额较大，一般必须要立契①。数额比较小的借贷，为了确保出贷的

---

① 林星．民国时期东南沿海城市金融机构的现代化转型——以福州为例［J］．福建师范大学福清分校学报，2010（1）：97．

实物或通货能够偿还，习惯上也要以立契为凭①，这种立契借贷大部分发生于银钱借贷领域，如"借钱还钱"。但在其他借贷关系中，如"借钱还物""借物还物""借物还钱"等形式中，一般无须立契。如果涉及耕地、地基、房屋等大宗不动产的借贷时，一般也须立契②。

普通借贷关系中的契式比较简单，借贷书面契式一般包括票据契式和普通契式。普通契式一般在契首书"立借"字样③。动产、不动产借贷都是如此。契中一般标明借贷人姓名、借贷原因、借贷实物、通货的数额或房产、田产位置、归还日期、借贷人允诺等内容。如果借贷不托中人，借贷人直接到出贷人家中商借，则契尾只书在场见证的房亲姓名、有的只有出贷人、借贷人双方面商，无房亲在场，房亲名字或姓名免写、代笔人名字，可以是借贷人自己。如借贷有托中人，则须于契尾注明说合中人、在场人、代笔人姓名、各种礼费数额等。通常情况下，普通无抵押借贷一般契式契纸习惯上只书写一份，交由出贷人保管。书写"凭票"字样，内容更为简便。有的不记名，无特定的债权人，执票人即债权人。记名、不记名票据均属软票式票据，借贷人契据凭票获得借款，习惯上，倘若届期无法偿还本金，尚可通融照例计息延期偿还。

215

①② 肖丽梅. 近代福建钱庄业研究（1840－1949）：以福州、厦门地区为中心［D］. 福州：福建师范大学，2004：4.

③ 俞如先. 清至民国闽西乡村民间借贷研究［M］. 天津：天津古籍出版社，2010：1.

二、闽都借贷的产生

就借贷者而言，抵押借贷与普通借贷都有救急融通的共同之处。"借债要用房屋、土地作抵押品，因此借高利贷的一般是贫农，小商小贩。"贫农借贷，毫无疑问主要与贫困有关。当然，无论是贫农还是小商小贩借贷客观上并不完全因为贫困。抵押借贷的发生还有其他多种多样的原因①。如有娶亲、小儿要银用、丧葬、要钱完粮等原因。还有祭祖缺乏资金的原因，有些是因家族诉讼需要而发生的借贷，有些是为了外出谋生而借贷，又有些借贷系因嗜赌而发生。但是闽省抵押借贷与普通借贷有所区别，抵押借贷是从无抵押借贷方式发展而来，比无抵押借贷关系中多了一项物权担保，以物权作为信誉担保，在出贷者来看，考虑了借贷者的还债能力和出贷资金的安全性。旧时闽省贫困人民向地主富家借粮，多以实物押借，而向地主富家借债的多是贫苦人民。贫苦人民借贷其还债能力自然受到地主富家的质疑，但也存在借贷者不良信用使借贷从无抵押向抵押发展的事例也比比皆是。如三次借贷累计达到了一定数额，而且三次都未还，其信用自然也受到质疑。于是在借贷时就必须有抵押物担保。可见，抵押借贷的发生既有客观原因，又有借贷者还债能力和信誉方面无法确保出贷者出贷实物、资金安全的原因。

---

① 俞如先. 清至民国闽西乡村民间借贷研究 [M]. 天津：天津古籍出版社，2010：1.

三、闽都借贷的关系

闽都借贷关系中，借贷的结成首先符合相应的条件，抵押物是借贷关系中的必备条件，相对条件是中人，相对必要条件是在场人，必要条件是书写人，以及借贷人允诺。

（一）借贷必备条件：抵押物

抵押借贷，顾名思义是以抵押物作为还贷保障的借贷，抵押借贷关系中，抵押物的保证必不可少，抵押放款首先磋商的是抵押物的问题[①]，商议构成抵押品的类型，然后议定收获时之底价，抵押物的类型众多，既有金银首饰，还有可预期的收获谷物为押，又有大型牲畜、不动产为质的，也有以衣服为押的，在众多抵押物中，以田产、店产、房产、地基、鱼塘、山场、菜园等不动产为担保的最为普遍。抵押借贷抵押价格一般占抵押物实际价值的 60% 左右。

（二）借贷相对条件：中人

中人是闽省传统民间借贷活动的重要参与者，有着令人不得不承认和尊崇的特别权威。福建各地普遍习惯，凡订立借款契约，中人见证借贷关系的最终成立。抵押借贷也经常性地需要中人调处，中人在抵押借贷中主要起着三方面的作用。一是信息媒介的作用。借贷人急于筹钱，盲目地四处求贷，即便是乡里

---

① 俞如先. 清至民国闽西乡村民间借贷研究 ［M］. 天津：天津古籍出版社，2010：1.

乡亲间借贷，有时候难免四处碰壁，但找到中人门下之后，因中人知晓民间何处有游资可以出贷，借贷于是很快就有了着落。如是向乡里乡亲间之外的人员借贷，更需要中人给予信息服务，使借贷者能够以最快捷的速度获得所需款项。二是借贷中的撮合作用。中人又是借贷关系中的"说合人"，顾名思义即是在借贷关系中扮演撮合的角色，通过中人说合，目的是达成双方借贷的交易①。三是见证人的作用。中人本身是居间介绍人，又起着见证人的作用，也因而闽省民间也称中人为中见人。正因为中人起着多方面的作用，闽省个别县域民间托中抵押借贷也因而较为流行，但是中人的作用主要体现于乡里乡亲间无人承借或是向不熟悉的乡里乡亲之外人员借贷之时，在这种情况下，借贷者委托中人，往往能够以最快捷的速度获取借贷。可见中人只是在某种特殊的情况下是需要的，中人只是抵押借贷的相对必要条件。但是闽省抵押借贷本身多发生于亲邻故交之间，借贷双方情况熟悉，借贷人往往直接到出贷人家中告贷，双方达成一致后立契即可，无须中人，也省却了中人礼费。

（三）借贷相对必要条件：在场人

在借贷关系中，尚须证人，当借贷关系中出现纠纷纠葛时，出为人证，或负责偿还责任，俗称"无保不成约"。②可见借贷中保证的重要性。闽省抵押借贷的在场人起着借贷关系的证明作用，在借贷中在场人的意见具有一定的权威性，在借贷发生

---

① 俞如先.清至民国闽西乡村民间借贷研究［M］.天津：天津古籍出版社，2010：1.

② 肖丽梅.近代福建钱庄业研究（1840－1949）：以福州、厦门地区为中心［D］.福州：福建师范大学，2004：4.

时，首先征求在场人的意见。因此，闽省抵押借贷邀集在场人参与的现象较为普遍。借贷现场出席的在场人多为借贷者的近亲，亲眼见证借贷的发生且要签字或画押，为防止日后借款人违约，也为了让出借人放心，一旦借贷人违约，出贷人要实现对抵押物的掌控时，作为在场人的近亲一般不会阻拦。在场人参与见证借贷的达成①，习惯上也须按照借贷额的1%左右付一定的报酬给在场人。

（四）借贷必要条件：书写人、接待人允诺

闽省抵押借贷立契契约书写人也不能缺少，如果借贷关系中，书写人兼在场人角色时，书写人要承担在场见证人的义务。出贷人习惯上不能充当书写人。借贷人则可作为书写人。借贷人充当书写人的情形闽省各县均有，另外，中人、在场人有时候也可以兼书写人，这时候书写人增加了一层见证人的角色。但闽省抵押借贷中，多另外邀请中人、在场人之外的其他人员作为书写人，被邀集的书写人员一般也是借贷人可信赖的人，多以亲属作为书写人②。闽省抵押借贷中，习惯上也根据借款额度的2%左右给予书写人一定的报酬。闽省抵押借贷关系中，双方地位不尽相同，借贷方通常处于被动地位，出贷方为了出借资金的安全考虑，在借贷关系建立时，往往让借贷方作出各种有利于自己的允诺，约定中所给出的允诺，包括担保和条件全出自自愿，并且表明要按期归还本息。有的允诺一旦违约，抵押物任凭出贷方处置，有的还要允诺与房亲不相干涉、无重复出当

219

①② 俞如先. 清至民国闽西乡村民间借贷研究［M］. 天津：天津古籍出版社，2010：1.

等内容。

闽省民间借贷者有借贷意思表示和允诺有抵押物愿意出抵，向乡里乡亲借贷时，有房亲在场证明，如遇乡里乡亲不愿承借，须向乡里乡亲之外不熟悉的人员借贷时，又有中人撮合，并且物色好了契约书写人，借贷双方或三方经中协商，达成一致意见，即可立契，以契约的形式把借贷双方的权利义务关系确定下来，闽省民间抵押借贷一般应立契为据。借贷双方达成抵押借贷的交易之后，借契作为物权抵押的物证一般应交由出贷方收执。也就是常说的一手交契、一手交钱。

第二节　福州钱庄的兴衰与金融机构转型

一、福州钱庄之起源

如前所述，福建钱庄作为闽都借贷文化的重要载体，其发展历程反映出了福建民间金融机构的转型。钱庄，起源于钱铺，是古代中国社会金融业的主要组成部分，兼顾着金融交易、汇兑、信贷的多重使命。钱庄的业务内容，与一般商业银行无异，有存款、贷款、汇兑和货币买卖等，但又不同于现代银行的传统经营业务方式。福州钱庄历史悠久，始创于 18 世纪末，属于地方性私营金融机构[1]。钱庄的经营活动没有政府监管，任何人只要有

---

[1]　陈东. 钱庄与晚清福建经济 [J]. 宁德师专学报，2002 (11)：55.

资本，就可以开钱庄，不需要从官府获得批准注册，福州钱庄的出现，是社会多种经济因素综合而作用的结果。福建钱庄促进了经济交流，解决了市场交换中的支付问题，突破了有限货币量的束缚，成为今日信贷机构便应运而生①。

福州钱庄按照业务性质与范围分为发票钱庄、钱样店和钱币兑换所②。发票钱庄规模较大，可以发行纸币。1933年，全福州市共有29家发票钱庄（见表6－1）。由于外国银元较早进入闽省，福州货币市场开始使用外国银元，1906年，福州除使用银元外，钱庄还发行"台伏票"，"台"指福州的南台，是福州的商业中心，"伏"与"佛"谐音，台伏可以理解为福州各钱庄发行的纸币，与外国银元有同等的价值，福州钱庄发行面额有1、2、3、5、10、20、30、50、100、200元面额共十种的"台伏票"（见图6－1、图6－2），但要按照规定提供充当一般交易媒介使用。1912～1927年，福州钱庄十分发达，全市的钱庄、钱样店、钱币兑换所共同组成"钱业公会"③。

表6－1　　　　　　　1933年福州29家发票钱庄总表

牌号	发票额（万元）	地址	牌号	发票额（万元）	地址
宝源	10	下杭街	恒宜	10	南街
长余	10	霞浦街	天泉	10	南街
公昌	5	大岭顶	资春	10	中亭街

---

① 郑梅香. 关于近代福州钱庄若干问题的探讨［J］. 福建论坛，2008（11）：80.

② 许晨. 虚银与虚钱：近代福州台伏票制度及其变革［J］. 清华大学学报，2021（5）：107.

③ 肖丽梅. 近代福建钱庄业研究（1840－1949）：以福州、厦门地区为中心［D］. 福州：福建师范大学，2004：4.

221

续表

牌号	发票额（万元）	地址	牌号	发票额（万元）	地址
恒春	5	霞浦街	慎昌	10	中亭街
慎源	5	中洲	崇豫	10	田垱
源隆	10	潭尾街	升余	10	大桥头
详康	10	观音井	泉裕	15	上杭街
泉裕	10	南街	升和	15	大岭下
天吉	10	潭尾街	宏源	10	中洲
资丰	10	南街	详康	10	下杭街
久和	10	南街	新春	5	观音井
谦裕	10	南街	天吉	10	霞浦街
复余	10	中亭街	厚余	10	大岭下
恒泰	5	中亭街	福余	10	中亭街
泉裕	10	潭尾街			

　　资料来源：福州文史资料选辑［M］．福州：中国人民政治协商会议福建省福州市委员会文史资料委员会，1994（12）：96．

图 6 - 1　1870 年森春钱庄所发台伏票

　　资料来源：石长有：清代地方私帖图录［M］．北京：中华书局，2006：219．

图 6 - 2 1908 年福州恒慎钱庄所发台伏票

注：此件为私人藏品，票面为五百文，中间印有"整千约支台新议七钱番银票一员"，这一戳印明确表示了台伏票是在钱票格式和票版基础上进行的制度变革，也说明了台伏票与台捧银的关系。

福建钱庄的牌号大都使用一些吉利的文字，如恒、顺、裕、隆、昌；取其经营、生产吉利之意。寄托了经营者的美好愿望，也迎合了消费者的心理。钱庄的经营过程中，始终奉行传统的经营原则，依靠道义的允诺，并不依赖物质的保证，这是钱庄业与以收取抵押品为借贷保证的典当行业以及现代银行业之间的不同经营原则①，灵活调剂盈虚决定了钱庄在对外经营中坚守信用，依赖客户信守承诺。当新的钱庄开业时，按照习俗，宴请附近所有的主要钱庄的老板、掌柜和店员，以及附近主要的钱庄捎客，当接受了宴请之后，没有特殊的质疑理由，附近的钱庄就要接受新钱庄签发的钱票，开始按规矩做生意。钱票都可以到钱庄兑现，如果客户不愿意接受某钱庄的钱票，可以换其他家的钱票或改付现金，钱票持有人可以要求钱庄兑换铜钱或黄金、白银，如果没有预约兑换，原则上兑换货币种类的选择权在钱庄方面。如果钱庄无法为顾客兑现钱票，顾客有权拿走钱庄店任何有价值的东西充抵，不受刑事究办。

发票钱庄的业务包括零星兑换、汇兑、贴现、票据、放款及存款，汇兑业务中有电汇、信汇、票汇，放款包括抵押和信用两类，存款有定期、长期和活期等类型②。活期存款，可以凭支票或存折支取，利率为 7 ~ 8 厘；定期存款有 3 个月、6 个月期限；长期存款期限约 1 年，利率 1 分。发票钱庄的放款业务中，以信用放款方式的，钱庄出一手折，手折中记载透支数额，期限一般为 1 年，利率 1.65 分；以抵押方式放款，利率的确定按抵押品质量确定，钱庄放款严格掌握铺户的信用程度，既有信用放款，也有期票放款；贴现业务是一种先支付利息的放款，钱庄按规定从贴现日到票据期满按实际天数收取利息。福州发票钱庄的汇兑业务主要与上海、天津开展汇兑，汇费从两地之间的差价赚取利润。福州当时的出票钱庄老板必须

① 许晨. 虚银与虚钱：近代福州台伏票制度及其变革 [J]. 清华大学学报，2021 (9).

② 林星. 城市发展与社会变迁：福建城市现代化研究（1843 – 1949）——以福州、厦门为中心 [M]. 天津：古籍出版社，2009.9.

要有一定的社会地位和经济实力，才能得到当地官方的许可。钞票发行越多，生意越好，获利越多，但如果社会发生动荡，挤兑风波随时发生，因此也有较多的钱庄不能应对危机，倒闭破产①。

　　福州钱样店的业务与发票钱庄不同，主要是兑换钱票，包括鸡啄米、做番做票、折息、掏息和照票、贴票。也有部分发行纸币，但仅限于和订立契约的出票钱庄代为支付，不能自由流通，钱样店没有放款业务，门前挂有一串木钱以资识别。鸡啄米业务主要是早上放出贷款，晚上收回，按日计算利息，对象为肩挑小贩，日收利息3文；做番、做票主要通过大洋小洋之间的兑换赚取"贴水"，每月"理期"，如商店需要大洋，钱样店换出大洋，当市场需要小洋，钱样店便换出小洋，从中赚取利润；所谓折息，是以低利率吸收存款，掏息是以高利率放出贷款，月息9分左右。福州钱样店的照票业务主要是为铺户辨认银元、钞票，辨认后负完全责任，铺户于年节致赠报酬；贴票业务主要通过换票收取贴水，由于福州城内钱庄发行的台伏票不能在南台使用，南台发行的台伏票也不能流通到城内，如需使用，必须向钱样店换票。福州农村地区的钱样店多数兼营典当业务，利率较高。1933年"闽变"，福州成立"中华共和国人民革命政府"，福州全市共有48家钱样店（见表6-2），较大的钱庄相继收盘，有的改为钱样店。根据1933年统计，福州全市共有102家钱币兑换所，市面上的纸币、银元、铜元都可以使用，如果以大洋或大洋票兑换辅币要贴水4厘，1元大洋可换小洋10角或11角，

225

---

① 肖丽梅. 近代福建钱庄业研究（1840-1949）：以福州、厦门地区为中心［D］. 福州：福建师范大学，2004：4.

钱币兑换所从兑换中赚取贴水。

表6－2   1933 年福州 48 家钱样店总表

店号	资本（元）	地址	店号	资本（元）	地址	店号	资本（元）	地址
协成		南街	原豫	1000	水巷	周吉	300	小桥
建丰		南街	瑞丰	500	小桥	盈余		灯柱街
升记	100		益和	480	舍人巷	乾泰	500	铺前顶
宏益	400	三保前街	升泰	300	河口咀	敦裕	1000	斗中街
荣聚	500	斗中街	崇余	3000	星安桥	天源	500	都中街
宝泉	300	星安桥	琨记	200	上杭街	源泉	500	头墩
宏和	400	灯柱街	源裕厚	100	头墩	晋源	2000	双龙街
源益	3000	福新街	豫丰	3000	沙堤街	生泉	4000	福新街
资源	500	元爽道	瑞和	1000	福新街	元昌	1000	洋头口
协丰	500	福新街	恒光	500	石狮兜	协兴	1000	福新街
豫泰	1000	海防前	泰余	500	福新街	康余	1000	马口
瑞华	300	福新街	均余	1000	大小庙	隆泰	3000	冯巷
德华源	500	巷霞州	咸康	3000	舍人庙	通和	2000	新桥头
同坤	500	巷头	升豫	1000	新桥头	和生	500	巷头
协余	3000	土地庙	协成	300	新街	榕光	1000	土地庙
长康	4000	檡樾境	新康	500	星安桥	经源	4000	檡樾境

资料来源：福州文史资料选辑第十三辑［Z］. 福州：中国人民政治协商会议福建省福州市委员会文史资料委员会，1994（12）：97.

福州钱庄并非一出现就是专业化钱庄，早期大部分以兼营形式存在，通过低息吸收存款进行高利贷出，活期利息一般在七八厘左右，甚至1分，放款类似当今的"信用卡"形式。钱庄在与商人的往来中依靠商业信用，自西晋末年，"衣冠南渡、八姓入闽"到唐末五代，中原士民的大批南来，直至南宋初期，全国政治中心南移，中原文化融合闽越文化，福州人义利合一、诚信经营，理欲相容；对诚信的商户既发放信用贷款，更可临时额外商借，每年在清明前后，根据茶叶运输和销售旺季，视具体情况全力扶持茶农增加借款，此外还可将纸、笋等货品做仓库押借，针对种植菌菇的农户和渔民在春节前后均加借定期期票，以备货之需，钱庄可随时增加款项，缺少硬性力量的约束，更多是以深厚的地方文化形成道义力量来加以约束与支持，这也是福州在近代能一直保持全国三大茶叶市场之一的具体原因。

随着近代福州金融市场的发展，频繁的商业贸易活动，使商业信用和钱庄信用紧密结合，在市场流通的票据随时可以流通到其他钱庄，因此，钱票在设计上用了多种手段预防假冒，最有力的防伪措施是在票面右边空白处骑缝写字或盖章，然后沿骑缝处裁下左边作为钱票的存根，妥善保管，钱票在钱庄兑现时，如发现可疑之处就可以和存根核对，辨别真伪。

福州钱庄的资本常分为"内盆""外盆"，前者即所谓的固定且不计息的资本，后者则是钱庄主自身的存款，与其他存户同计利息。一般情况下，并不是每个钱庄都有"外盆"，但"外盆"越大，表明钱庄的社会声誉、地位就越高。福建拥有大规模钱庄者，大部分为个人信誉、商业信誉均高的人。存款是钱庄放款资金的主要来源，一般信用越好的钱庄存款规模也越大[①]，但利息却比规模小、信用差的钱庄低，但大部分存户会在利息低、安全性高之间选择后者。为了规范处理钱庄内部的各项业务，以及各钱庄之间的往来业务，福州钱庄业建立了内部组织

---

① 肖丽梅. 近代福建钱庄业研究（1840 - 1949）：以福州、厦门地区为中心 [D]. 福州：福建师范大学，2004：4.

进行统筹经营管理（见表6－3）。

表6－3   福州钱庄内部组织

名称	职能
经理（掌盘）	多是股东亲信，代表股东行使职权
股东（老板）	负无限责任，一般不参与管理
经理（掌盘）	多是股东亲信，代表股东行使职权
出街（外勤）	调查铺户资本发放手折
司账	处理收支及往来账务
内账	负责登记总账、编制月结、年终决算，计算利率
印水（柜台业务人员）	看验、鉴别银币和钞票
票友	核对票根并撕毁旧币

闽都文化具有开拓进取和海纳百川、有容乃大的精神特质，善于接受新事物，由福州钱庄牵头组织"行坪"，即统一的票据交换，从而形成一套不成文的行坪制度。钱庄业在南台设立总坪，另设四个分坪，行坪制度要求总坪统一票据交换，各钱庄商人将借贷和票据流通形成一个有机组合，以就近原则为准，在距离最近的坪进行票据交换，除节假日、钱庄清理货款日以及偶发事故外，其他时间均按日进行交换票据。

这种钱庄总坪管理制度在近代长期存在，促进了福州的商业繁荣，它的成功在于传统文化的大局观念，在相当长的时间内控制着福州的金融市场，成为重要的金融机构①。

钱庄获利越厚其风险也越大。因此，除了日常的业务外，钱

---

① 黄启权. 闽都文化的形成、发展及其特色［J］. 闽都文化研究，2006（1）：18.

庄如果受金融风潮的影响停业或者歇业，都必须要具备应对临时兑付存款的能力①。如发生经营亏损决定停业，先将"候支"告示贴在钱庄门前显眼处，表明钱庄准备停业，不再签发新的钱票。有些钱庄如担心引发挤兑风险，可以私下先与官府联系，官府会派吏员关上钱庄大门并交叉贴上封条，由于由官府贴上封条的钱庄不允许发生任何挤兑哄抢，这种情况下，钱庄可以从容与顾客进行债务结清。福州钱庄的账务不同于银行和其他商业，沿用老式簿记，墨守成规②。

二、福州钱庄的运营

（一）务实性的经营理念

众所周知，钱庄营业的基本原则是获取利润，并将其贯穿于钱庄经营管理的全过程。福建钱庄大部分采取合股经营的方式③，如首选房亲关系中，有人出资本，有人具备经营经验，抑或资本和经验都具备，邀约后组成钱庄。由于钱庄的股东负有无限责任，其组织形式分散了钱庄倒闭的风险，"资本虽仅一二万金，设遇市面紧急之时，股东垫款，恒数十万金"。④ 钱庄经理与肩挑营业者相寒暄，对南北果业和百货业除常年放款之外，

---

① 赵麟斌. 闽都文化研究的历史与现状 [J]. 闽江学院学报，2013（7）：4.

② 庄家孜：《记福州的"台伏票"、"大洋票"和"划洋票"》，见福州市政协文史资料委员会编：《福州文史资料选辑》第十三辑，第112－114页。

③ 林星. 城市发展与社会变迁：福建城市现代化研究（1843－1949）——以福州、厦门为中心 [M]. 天津：天津古籍出版社，2009.9.

④ 肖丽梅. 近代福建钱庄业研究（1840－1949）：以福州、厦门地区为中心 [D]. 福州：福建师范大学，2004：4.

还在春节前后发放季节性资金，对纸、笋以及货品等，都可办理仓库押借，如改票、透支均可变通办理，钱庄的头寸得到较好的利用，促进钱庄的业务开展。由于钱庄大部分是信用放款业务，风险性较大，因此，钱庄十分注重放款的安全性，在放款之前由跑街对借贷者进行系统全面的调查，以做到安全放出。为了增值钱庄的资金实力，跑街还对借贷者的人品进行调查，信用良好的借贷者可临时放款。此外，钱庄公会对钱庄发放的信用放款作出明确的规定用以维护钱庄的利益，"信用放款分定期、活期。定期信用放款如果还未到期，欲提前归还，还应征得钱庄同意，如发生意外，钱庄认为必要时，虽未到期可先期通知提前收回"。[①]

（二）灵活性的经营手段

230

福建钱庄业开展业务始终以为客户服务为中心，由于福建省各地金融季节不同，钱庄在经营中常常利用金融季节的波动而获利。钱庄的所有客户，都是由钱庄主动挑选，钱庄业务经营的首要任务并不是兜揽存款、发放贷款，而是争取客户，让客户接受钱庄的服务，往来客户的增加，钱庄的业务发展就更加快速。每年阴历开岁时，福州钱庄经掌盘细察客户后，由出街将手摺送与往来铺户，对方签字盖章，交还钱庄以作证据，手摺上记载透支数额，需要资金时可凭折取款。20 世纪 30 年代末，福建商业银行的兴起，其股东中就有原钱业的从业人员，他们在业务中继续沿用原钱庄的经营方法，如曾在钱庄学徒的陈仪，主持

---

① 俞如先. 清至民国闽西乡村民间借贷研究［M］. 天津：天津古籍出版社，2010：1.

创办了福建省银行，成为福建省自行筹设的第一家地方银行①。

钱庄的经营业务类型都是为往来客户而设，包括最大的字号和最小的零售店铺②。清代至民国初年，福建通用的货币种类繁多较为紊乱，钱庄为了商品交易与货币间的流通，经营各种货币间的兑换，钱庄的存款放款利率，视市场金融供求缓急由钱庄与往来客户随时商定，同业间借用款项，除另有议定外，均以月息七厘半计算③。由于利率具有较大的弹性，钱庄可随时根据市场银根确定利率幅度。利率的档次也可双方协商，自愿成交，因而钱庄具有相当的吸引力。如果当前市场银根紧缩，钱庄采取不放贷，当可以获得更大利润时再开始放贷，赚取高额利润，同时还随时注意钱庄头寸，避免市面紧迫时周转不灵。钱庄的营业时间也以商家的习惯为前提④，每日上午 9 时至下午 4 时止，必要时还可延长营业时间。因此，除了规定的节假日之外，一律与往来客户的习惯相同。并且营业时间的连续性极大方便了客户办理业务，尤其是商人以抵押借款有碍体面，大多数商人与钱庄之间往来。由于银行放款除了需要抵押品之外，还应有担保人签字盖章，业务手续烦琐，而钱庄则无须这些手续；银行对于小额借款不甚欢迎，而钱庄对金额大小借款户一致对待，并且无例假休息，每天从早到晚营业，便利了更多的商人办理

---

① 陈东. 钱庄与晚清福建经济 [J]. 宁德师专学报，2002（11）：55.

② 沈燕清. 福清移民与侨乡地下关系探析 [J]. 八桂侨刊，2012（6）：57.

③ 肖丽梅. 近代福建钱庄业研究（1840－1949）：以福州、厦门地区为中心 [D]. 福州：福建师范大学，2004：4.

④ 林星. 城市发展与社会变迁：福建城市现代化研究（1843－1949）——以福州、厦门为中心 [M]. 天津：天津古籍出版社，2009：9.

业务①，另外钱庄辨别货币真伪远超过银行，因此，发出的庄票得到外商的认可信任，能够在洋行出货，而银行钞票很难被洋行接受，钱庄灵活的经营手段促进了商业繁荣，并控制着福州的金融市场而成为重要的金融机构。

（三）规约化的经营管理

福建钱庄历经近代中国金融风潮而存在和发展，与内外部结合的经营管理密切相关。钱庄内部组织由四个部分构成，包括出街：指对外联系业务；印水：指柜面业务人员，能够鉴别钱票真伪；外账：指出纳，一般有正、副、帮三人，或正、副两人，票币进出经复点后，由印水核对再点，以免出错；内账：指会计、记账及监理汇兑、电汇、信汇、汇票等业务，一般设置两人。担任"印水"工作的业务人员，不但要具有鉴别钱票的真假能力，还要有刀劈现洋的功夫，对顾客提出的需求按重量劈下碎银，厘毫不差，可见"印水"一职应具有的业务技能。出街，是到往来的铺户接洽业务，由于铺户有帮别，如制造内外销茶叶的茶帮、自采或代采木材的木帮等，钱庄就按帮别出街，对业务多者，用专业出街，重要业务，由正、副、帮同时接洽。

钱庄在经营管理中，除发行钞票充实筹码外，还以存放贷，通过低息吸收存款，以高利贷出，放款时要熟悉商情，对信誉好的商铺既放信用贷款，也放期票，还可以临时额外商借。对于木帮，可以常年用款；对于茶帮，在清明节前后，根据具体情况增加借款。对于木帮，不论江西帮还是闽北各地客帮，既放信用贷

---

① 肖丽梅. 近代福建钱庄业研究（1840 – 1949）：以福州、厦门地区为中心 [D]. 福州：福建师范大学，2004：4.

款，又放期票，还又承兑汇票，期限为两三个星期左右，还可贴借，灵活采用调剂盈虚，不使头寸过分集中，对福州金融市场具有一定作用。

福建钱庄的掌盘，谋划经营存放款等效益决策，并在钱庄内部行使管理权，掌握着"年敬"数额。"年敬"是在钱庄当年的盈余中划出部分作为钱庄从业人员的"奖励金"。奖金的数额由掌盘根据业务人员的勤惰、贡献等情况而定，并经过股东同意，每年在农历春节前两天公布。因此，钱庄的职员都能热心为钱庄效劳出力①。

三、福州钱庄的终结与金融机构转型

（一）福州钱庄的终结

福州钱庄是地方性的私营金融机构，在近代工商业的影响和推动下，钱庄逐渐向现代意义的金融组织过渡和发展。首先在业务拓展范围方面，以兑换银钱，小额存放转向汇兑、放款工商业，发行庄票；其次钱庄内部组织也发生变化，在人事设置、账务管理和业务经营等方面，建立较为完善的管理制度。同时还组成钱庄公会，联络同业，实行互助。另外，钱庄能审时度势，及时改变经营策略，所以在银行成为金融业主体后的相当时期内，福州钱庄仍然保持着一定的地位，开始由传统金融组织向现代金融机构过渡，直到20世纪30年代后，由于福建钱庄业管

233

---

① 林星. 城市发展与社会变迁：福建城市现代化研究（1843－1949）——以福州、厦门为中心［M］. 天津：天津古籍出版社，2009：9.

理松懈，业务范围与经营技术、内部组织等方面均不能适应社会发展的需要，从 1931 年开始日趋衰落。由于福建钱庄业资本少、规模小，另外受政治环境的变化。民国初年，币制混杂军阀混战，大小军阀滥设钱庄滥发纸币，金融秩序紊乱。1922 年，福建银行倒闭，挤兑风潮骤起，已发行的 130 余万元台伏票流通民间无力偿还，钱庄大受其累。1933 年福州较大的慎源、宏源钱庄相继收盘，1947 年，福州物价暴涨，货币贬值，在恶性通货膨胀的冲击下，钱庄业务无法开展，有的钱庄业务收缩改为钱样店。据统计福州钱庄 1931～1934 年倒闭的有 15 家钱庄（见表 6 - 4）。

表 6 - 4　　　　　　　1931～1934 年福州钱庄倒闭汇总表

时间	钱庄数量	资本
1931 年	5 家	崇吉、隆盛、顺记、汇余、厚光
1932 年	2 家	协春、瑞坤协记
1933 年	3 家	慎源、宏源协记、祥康永记
1934 年	5 家	泉裕信记、天泉、资春、异余、谦裕兴记

从营业额来看，1926 年福州的 45 家出票钱庄营业额达 1200 万元，1934 年 27 家钱庄的营业额只有 800 万元，1936 年 7 月福州仅剩 10 家钱庄，营业额 430 万元，在社会转型时期，传统金融机构日益萎缩，这一时期钱庄业务日益集中在一些资力雄厚的资本家手中[①]。

---

① 庄家孜：《记福州的"台伏票"、"大洋票"和"划洋票"》，见福州市政协文史资料委员会编：《福州文史资料选辑》第十三辑，112－114.

钱庄作为一种旧式的金融组织在新中国成立后几乎销声匿迹，改革开放以来，私人领域的资金开始沉淀①，福建作为全国第二大侨乡，自古以来就富有冒险精神的闽人便向海外寻找发展空间，出国务工、留学以及偷私渡逐渐形成了一个庞大的群体，海外人脉关系与侨资不断涌入，滋生了与"钱庄"有着千丝万缕历史渊源的地下钱庄的出现，在地下钱庄存活的土壤中，助长犯罪事实的发生和资金的藏匿，致使巨额地下资金"体制外循环"，影响金融秩序，造成经济扭曲和经济秩序的混乱，甚至干扰社会稳定，已成为不容忽视的社会问题。

（二）金融机构转型

1927～1937年，福建省金融业形成传统与现代金融机构共存共生的局面，由于业务存在相似性，彼此相互借鉴，包括存贷款、汇兑及一般性代理在内的经营成为金融机构的普遍性特征。由于银行业在福建发展的不足以及福建钱庄业所具有的悠久历史，1929年福州金融界，钱庄仍具主导地位，以至于外商都赞美钱庄对商业贸易的信贷作用，认为福建钱庄可以与欧洲的银行制度相媲美，这一时期的钱庄逐渐具备了某些现代银行的功能，钱庄除传统的业务外，开始对社会产业进行投资，在福建钱庄业的黄金时代同时还带动了福建典当业的发展，1932年世界经济危机爆发后，省内商业萧条，贸易锐减，钱庄首当其冲，大部分收盘停业甚至倒闭，典当停业，当商倒闭结业。在众多的传统金融机构中，侨批局显示了顽强的生命力，20世纪30年代以

---

① 肖丽梅.近代福建钱庄业研究（1840－1949）：以福州、厦门地区为中心［D］.福州：福建师范大学，2004：4.

后，发展达到顶峰，业务开展在一定程度上超过银行，经营分布的网络深入国家邮政系统都不能到达的闽粤内陆地区，究其原因，侨批局将传统和现代金融相结合，是兼有金融和邮政双重职能的经济组织。为满足民间旺盛的借贷需求，近代福建，尤其是在中小城市和农村，还广泛存在着历史悠久的民间信用互助形式，即合会，又称互助会，其具有资金融通及储蓄的功能，合会起源于朴素的互助互利精神和小规模的金融需求，由于具有短期内集聚会金（或银钱，或稻谷）的功能，自清至民国前期，广泛流行于闽省。合会作为民间金融的有机组成部分，对闽省农村经济的发展和资金融通作出很大贡献，既对正式金融起着不可或缺的补充作用，还促进和推动了金融市场的快速发展，发挥着正规金融体系无法替代的经济功能。作为一种历史依赖的文化现象，合会中的信任是在日常生活中不断积累和增加而成，以亲缘关系为主轴到更加多元化中心的关系圈，独特的地区传统长久以来都能够满足当地人们的经济需要和精神需求，作为一项承载着传统的民间生存智慧的有效融资工具，有其存续和发展的可能性和必然性。

与传统金融业相反，战前十年里，闽省新式银行迅猛发展。辛亥革命后，福州银行业扩大业务范围，加强与工商业联系，逐渐成为城市金融业主体，这一时期的银行有地方政府资本、华侨资本、外国资本、商业资本和国家资本等，钱庄、当铺等旧式金融机构成为新式银行的补充形式。

闽省自设立银行，虽名为新式金融机构，但仍然保留传统金融组织的特点，实则为钱庄之变相，部分银行由钱庄和当铺转化而来，如1934年4月由福州典当业联合组成福州惠南银行，办理储蓄业务，1年后停业。1921年10月由福州钱商孙瑞莆、林春丞等创办了福州华南储蓄银行，主要办理吸收存款、放款等业务，经营方式仍与钱庄模式相同，但在风云变幻的时代潮流中向现代金融机构过渡，首先是拓展业务范围，随着贸易发展对融通资金的需求，经营存款、放款、汇兑、储蓄等金融业务；其次内部组织发生变化，建立了完善的业务经营、人事设置、账务管理等制度，近代银行脱胎于钱庄，由原先的钱庄主转变为银行企业家。

20世纪30年代后，国家政府统一货币，整顿金融秩序，收归货币发行权并监督金融机构的运行，有力推动金融的现代化。随着币值的统一和中央银行在福建的设立，确立了银行在金融业的主导地位，金融业适应了工商业的发展，为进口商品贸易提供了资金支持，促进资金周转和经济成长，金融业的转型发展为城市的功能和性质转变发挥了重要作用，这一时期，省内其他新式金融机构得以快速发展，在国家大力扶持下，1935年中央信托局在福州设立分局并开展业务，开启了福建信托业的发展，此后福建省成立3家本土信托公司，信托机构大多附属于银行机构内，一般从事存放款、汇兑、储蓄等业务，1927~1937年，福建省内的信托机构大力投资房地产业，投机活动十分活跃。

伴随着稳定的政治环境和社会经济的发展，福建省经营储蓄业务的金融机构相继发展起来，储蓄机构是一种集小资以办大事并提倡节俭的金融机构，主要包括兼营储蓄的商业银行、兼营储蓄的信托公司和专业储蓄会，福建省内专业储蓄会又分为外国商人设立的储蓄机构在福建设置的分支机构、公益性质储蓄会、中央储蓄会及邮政储蓄机构。在这一时期，福建保险业在金融组织形态近代化转型过程中表现出较强的生命力，福建小额保险以手续简便、低廉的保费、灵活的营业手段等特点，在外商和外埠华商实力雄厚的保险公司的夹缝中生存并发展，除了小保险公司自身优势外，福州其他金融机构为小保险公司提供资金支持是关键，小保险公司在 20 世纪 30 年代，有 6 万多各界民众参加小保险，达到鼎盛时期，推动了省内民族保险业的发展与壮大。

1935 年全国金融危机发生后，福建受旱灾影响，陷入绝境，为救济农村，国民政府颁布《合作社法》，在闽省农村蓬勃开展金融合作运动，成立合作社，主要目的在于增加农业生产、提升农业金融。以合作社为农村金融机构，向农民发放贷款，改良农作方法，促进农业生产。根据功能的不同，福建省合作社的组织结构分为互助社、信用合作社、生产社等，但以信用合作社居多，此时的合作社兼具集聚乡民进行互利互惠的农业生产活动和充当农民与银行之间的中介角色，对农村旧有的高利贷产生了抵制作用，为农村生产提供了资金保障，推动了农村副业的发展。

随着闽省各类金融机构现代化的转型，金融主体行为渐趋规范。基于利润的追求，新旧金融机构之间的竞争性导致传统金融逐步衰退。从微观层面看，现代金融机构在业务经营、内部管理、机构形式等方面都发生了较为全面的现代化转型；就宏观层面，主要表现在各类机构的"银行化"现象，特别是银行业务的普遍开展，总体上反映出金融机构已经适应了当时的制度环境和市场环境。

第三节　福建典当行业发展与融资方式创新

如前所述，福建钱庄作为闽都借贷文化的重要载体，其发展历程反映出了福建民间融资方式的创新。典当作为一种特殊的融资方式，早期是在借贷活动的基础上产生和发展起来的，属于内生金融的范畴。我国典当业历史悠久，早在南北朝时期，有些寺庙已有经营典当业务，清朝时典当业十分发达，康熙年间，全国当铺22357家，福建就有典当190家。典当亦称当铺，民国初期，福州共有46家当铺，福州典当是"福州平民缓急相通的机关"，福建各地方志关于当铺起源的记载，大多在清前期或中期。典当作为原始的民间信用组织，通常以金银饰品、房地产契据、贵重衣物作抵押，换取货币，约定赎期和利息的一种信用往来行为，常与钱庄有资金往来。从清末至抗战前期，货币币值相对稳定，当铺押息在一分六厘左右，期限为30个月，福建典当业繁荣时期在清末至民国之间，最盛时全市的当铺约有37家，如中亭街恒生号、仓前桥的晋丰、霞浦街的久大、上杭街的公祥、田垱的庆青①、下籖路的泰成等，资本从2万~4万元不等，主要为调剂平民生活，解决生产生活急难问题，为大众提供便利。福建省典当的早期发展有两个重要的特征，一是几乎每个地区的城关或重要市镇都有专门的典当，典当交易多发生于亲友故交或同乡之间，比同一时期钱庄的设立要普遍得多。二是

239

① 姚洋. 典当行是缓解中小企业融资困境的有效途径［J］. 商场现代化，2015(7).

在清中后期的典当业发展中，官营资本占据着一定的比重。

当铺虽然具有一定的盘剥性质，但在当时的社会条件下，却具有借贷关系的便民作用，如一般人家庭因急需资金，告贷无门，就可以通过当铺解决资金问题，典当行为出典人临时借贷，回赎期内赎回当物，承典人收取抵押贷款利息及相关费用，体现了金融在空间和时间配置资金的特性，典当期内还可以随质随赎，非常便利，免受高利贷的更多盘剥①，加之农民群体对典当有着更广泛、更急切的需求，因而福建省发生于乡族社会之外的民间典当交易普遍存在，为活跃经济、安定社会秩序起到了一定作用。

一、福建典当业发展的兴衰变化

典当是人类社会最为古老的金融活动，典当行业历史悠久，从南北朝 1600 多年以来的社会经济生活中，典当一直是最重要的传统民间融资渠道之一②，也是现代银行等金融行业的雏形与源头。

民国时期，福建省典与当存在区别，当是以物换钱，典是用田地或房屋做抵押借债，典有典契，当有当票，当铺是一种组织形式，土地革命前，当店是民间重要的资金来源渠道，专业经营资金放贷的组织，典当专业经营小额抵押放款，当物都规定期限，过期不赎，叫作死当，押品由典当老板拍卖。清末民初，福

---

① 李益清 . 解放前南台的钱庄和典当店 ［J］. 台江文史，1992（12）.

② 黄爱玲，董茜茜 . 我国典当业的融资功能研究 ［J］. 工程经济，2015（12）：15.

建省闽西一带陆续开张了一些当铺，个别当商经营有方，资本迅速扩展，原无当铺的城镇和村落也都开设了当铺。资金雄厚的当铺收益可观，如乾隆年间连城县姑田镇新林庄开设的当铺，先后建了面积 6000 多平方米的住房，雕梁画栋、蔚为壮观，可见当铺经营利润之丰厚。

当铺作为授信的专门机构，在一定程度上满足了贫困家庭的资金需求，提供一定额度的授信服务，有明确的经营范围和完善的管理制度，由此表明，福建省典当业作为民间金融服务组织已经发展到了一定的水平，代表了闽省借贷最高层次的组织形式。

福建省典当业分布，并不像银行、钱庄过度集中在城市，但仍以福州、厦门为主，在北洋时代甚至民国初年，福建省典当业已经出现了明显的衰弱趋势，福州的当铺自 1929～1938 年共330 家，至 1939 年，福州市当铺只剩 12 家，1948 年法币恶性贬值，10 月起，福建省行使"金圆券"但几个月后与法币同样一文不值，随后又发行了"银元券"，物价不断上涨，市场出现混乱，福州的当铺将抵押利率提高为月息 30 分，贷款期限缩短为4 个月，到期未赎的押品进行拍卖，当铺出现资金周转困难，银根紧缩，超过 15 元的典当便拒绝受当，当铺倒闭甚多，表 6 - 5为民国以来福建省典当数量及营业统计。

中华人民共和国成立初期，典当业被暂时保留，20 世纪 80年代末期，随着改革开放政策的推进，1987 年 12 月，我国第一家典当行的正式复出成立，标志着在我国沉寂三十余年的典当业奇迹般复苏，福建典当行也重新恢复发展，规模日益扩大，古老而又新兴的典当行业，在历史发展和社会的进步中，依然保留其传统的经营模式，作为经济社会中不可或缺的补充，在经济行为中发挥的作用越来越大。

表6-5　　　　　　　　民国以来福建省典当数量及营业统计

年份	数量	资本（万元）	备注	资料来源
1912	144	144.5	当入、赎出各在二百余万，存款一百余万	农商部总务厅统计科：《中华民国元年第一次农商统计表》，上海中华书局1914年版，第255页
1913	340	330	当入、赎出各在三百余万，存款一百余万	农商部总务厅统计科：《中华民国二年第二次农商统计表》，上海中华书局1915年版，第274－275页
1936	96	148		福建省政府秘书处编：《福建金融（福建省统计年鉴分类之十二），1938年版，第3页
1936	95			黄金涛、季天祜主编，福建省建设厅编：《福建经济概况》，1947年编印，第360页
1936	124			徐之圭：《福建之金融》，载《福建省银行季刊》，1945年创刊号，第1页
1937	117			徐之圭：《福建之金融》，载《福建省银行季刊》，1945年创刊号，第1页。黄金涛、季天祜主编，福建省建设厅编：《福建经济概况》，1947年编印，第360页
1938	48			《民国二十七年全省金融机关调查》，载《闽政月刊》5卷2期，统计副刊
1939	40			黄金涛、季天祜主编，福建省建设厅编：《福建经济概况》，1947年编印，第360页
1943	13			
1945	14			
1947	12			

二、福建典当的组织管理

当铺按其资本大小、业务强弱，有大当、小当之分，各地标准不一，大约资本在万元及以上者，称为大当，以下称为小当。在厦门，将资本最雄厚之当铺称为饷当，而资本只有二三万元者称为典铺，再以下则为小典。饷当与典铺在营业上略有差别，即前者对典质额度不能限制，即饷当不能因财力不足而对大额业务拒之不受①。闽西、闽东地区有少数大当铺在外地设立分号，早在18世纪中叶，连城县福春当店在闽赣两省设有13家分号。1931年宁德城关独家经营的生春当铺在下属8个乡都设有分铺②。在福州，小典当业中还有称为"代当"者，即经营小额典当，多设在福州郊区或邻近的县份，农村乡镇的农民需要资金周转时到县城当铺十分不便，"代当"便应运而兴，"代当"将当物转当给有业务关联的福州某大当铺，以获得资金周转③，"代当"物品需要交纳城市"税典"，典户满期可将当票及本息交给"代当"，由"代当"到福州城内当铺提回押品，在业务上"代当"依赖于城市之大当号，福州各属县较普遍，闽侯、连江典当业因临近福州，甚至以"代当"为主④，民国后，农民无物可当，"代当"也逐渐歇业。小典业以下为私押，私押并无店铺名号，至多悬挂木牌，以示营业。私押在福建各地均有，资本、

243

① 厦门金融志编委会. 厦门金融志 [Z]. 厦门：鹭江出版社，1989：27.
② 邹日升. 连城县志 [M]. 北京：群众出版社，1993：483.
③ 宁德地区地方志编纂委员会. 宁德地区志（上册）[Z]. 宁德：方志出版社，1998：827.
④ 刘必寿. 闽侯县志 [Z]. 宁德：方志出版社，2001：519.

营业无所考证，大多营业微小而当息甚高，对来路不明之当物亦不过问。福州估衣庄依附于典当业，估衣庄的货源均来自当铺，当铺也利用估衣庄销售满当押品，相互依靠但又各自独立，福州当时只有泰盛和瑞成两家当铺兼营估衣业务，清末民初为估衣业的全盛时期，有资本雄厚的估衣庄、中等规模的抄庄、资金少单干户经营方式的包袱客和走街，以及没有固定门面的帮店等。

20 世纪二三十年代，福建典当业因受战乱影响停业，估衣业也随着萎缩，也再无专业当铺，但私当则一直存在。1922 年，福建建宁县唯一的当铺遭县警备队抢掠而倒闭，至此全县无当铺存在。1929 年，红军入福建长汀，当铺财产被没收，当物由典当者无偿赎回后未再出现当铺①。由于地方时局不靖，典当常被洗劫，加之经济萧条，行业凋敝②，到 1935 年左右，泉州鲤城一带不再有当铺存在。正规典当歇业后，私押暗典在各地恣意发展。福厦等地日籍浪人在 30 年代前期及抗战厦门沦陷期间曾经营过私押和"小典"③，地方政府无从监管，泛滥一时，福州曾有三十余家，厦门达百余家④。日籍台民经营的小典，当息高至月息二十分，是平常当铺的十倍，当期却只有一两个月⑤。

（一）福州当铺的业务经营

福州当铺组织严密，有严格的内部制度，职责分明（见

---

① 建瓯县志［Z］. 建瓯：建瓯县地方志编纂委员会，中华书局，1994：459.

② 长汀县志［Z］. 长汀：福建省长汀县地方志编纂委员会，1993：56.

③ 鲤城区志［Z］. 泉州：泉州市鲤城区地方志编纂委员会，中国社会科学出版社，1999：473.

④ 厦门市志（第三册）［Z］. 厦门：厦门市地方志编纂委员会，方志出版社，2004：2391.

⑤ 繁荣厦门市工商业计划书［Z］. 厦门：厦门市政府编，1937：3.

表6-6，按资排辈，逐级上升），1941年和1944年，福州两度沦陷，典当业被迫关门倒闭，直到1945年抗战胜利，才逐渐复业。

表6-6　　　　　　　　　　　当铺职位分配表

当铺人员	职　　责	
盆友（掌盘、经理）主持内外一切事务	内盆友（负全责）	
	外盆友（协助内盆友处理店务，但不能入库）	
看当　评估定值	正看	
	帮看	
赎友	取赎，计算本金和利息	
票友	写当票	
号友　保管当物以及勤杂事务	号长	
	号二	
	号三	
	号弟	

资料来源：笔者自行整理而得。

凡持有押品到当铺申请押借时，首先经过看当对当物评定估值，由看当高声唱出当票号数，件数、金额，物品名称，以便外盘按口号用暗码记上当票。外盘登记后，即写好当票交给内盘，由内盘将当票和钱款交给看当，再由看当复核，复核后将当票和钱款一并交给申请押借的人，收进的当物由号弟妥善包裹起来，按编号放入仓库。当户到期取赎时，先到取赎处，由赎友计算本金、利息，当户交付本息再赎回当物。

福州当铺职工人数少则十几人，多则二三十人，职工待遇较高，年终有分红，红利分配按职务而定。此外当铺中还有获得的贷款逾期不赎的罚息，也分给职工，当铺在逢年过节及店内迎神都备有酒席款待职工，日常伙食由店东提供，每天四餐，不在店内用膳的，要倒扣职工工资，目的是鼓励职工驻店加强当铺的防卫，当铺招收的学徒都是亲友子弟，徒期一般三年左右，白天劳动，晚上练习珠算和学习典内的专用字，满期后逐级提升。

福州当铺每家股东三人至五人，当铺资本三万至七万不等，根据业务范围大小而定，此外，当铺还有在盘资金，即吸收个人存款，当铺的资金实力与在盘资金、营业额多少都有关。

当铺对抵押品保管十分重视，仓库内即使是外盆友也不得进入，当铺对押品在每年大暑、小暑期间，都要从仓库搬出押品翻晒再重新包装，每年的元宵节，当铺都要进行盘点，同时邀请同业协助，相互检查、监督，由于制度严密，职责分明，福州当铺从未发生过以假换真、以次充好的现象。福州有些有钱人家外出，常把整包东西送到当铺押当，实际是委托当铺代为保管。

福州的当铺为了安全，当铺选择地理位置十分严格，一般选择高处干燥的地方，房屋四周要建高墙，前后天井内都要放大缸或建小鱼池，日常要储满水，以备急用，夜间有值班巡逻，当铺的门既高又窄，只能一人进出，当铺的板门极厚，外包铁皮，达到防潮防火防盗目的，当铺门口通常在招牌下面写一个特大的"当"字，招揽生意。

（二）利率与期限

典当的利息高于市面的利息，按月计息，即便上午收进的押品，下午赎回也要收取一个月的利息，押品到期，超过 5 天也要加收一个月的利息，过期不赎回当物，视作"死当"处理，进行拍卖。福州典当清中期典期为三十个月，利息一元至二元四角、二元四角至五元、五元至八元、八元至二十元、二十元至五十元、五十元至一百元；民国十一年福州典当业月息一律以二分四厘计算；民国十九年，福州厚安典铺宣告典价在八元以上者，行息二分，八元以下仍按照二分四厘收取。

福州的当铺对押品估典按照金银首饰可典原值60%计算，一般物品按原值40%～50%，押品只能在满期5天内取赎，不能赎回的，可主动算还到期利息。福州当铺有旺季、淡季之分，阴历二月、三月至八月、九月为旺季，送当铺的多是皮毛、冬衣等价值较贵的当物，此时当铺当入多于赎出，阴历一月、二月、十月至十二月为淡季，当铺赎回多于当入。福州通例，凡商号与钱庄往来款项每月清算两次，俗称"理期"，当商号逢理期遇资金周转困难时，多以值钱的货品向当铺质押，融通资金。

三、福建典当融资特点

（一）作为主流融资渠道的有益补充

典当行作为多元化融资体系的构成，拓宽了中小微企业的融资渠道，有效弥补了传统金融机构信贷的不足，福建是民营经济大省，民营小微企业众多，民营经济总量占全省2/3以上，民营经济在活跃市场、增加税收、扩大就业、稳定社会等方面发挥着不可替代的作用，民营企业也是福建省最具有竞争力、最具活力的经济形式。改革开放以来，福建民营企业一直保持高速发展态势，但由于企业规模小，资金不足，持续面临着融资难、融资贵的困境，加之中小微企业资金需求具有临时性、额度小、频率高等特点，难以向银行获得融资。而典当行"救急不救穷"，一般以提供期限短、小额度的资金为主，融资的特点恰恰满足了中小微企业应激性生产的融资需求，显现出其他融资途径不可比拟的优势，与中小企业的资金诉求十分契合。

（二）典当融资手续简单快捷

典当信用贷款门槛较低，客户在典当融资时往往只看中典当物品是否货真价实，不需要按银行的要求提供各种公司资料，也不需要第三方担保，对当户的信用要求较低。只要当户提供合法的抵、质押物，经过相关部门的估价鉴定之后，签订借款合同和当票后即可领取当金。业务办理时间一般以当物的不同而决定，手续简便，即时放贷，快捷方便，典当融资具有当物、手续、当费、当期的灵活性优势。

（三）具有金融和商业性质的融资方式

商业银行为了降低风险，一般不开展价值较低的动产质押业务，而权利和动产都可以在典当行进行质押，中小微企业可以将珠宝、艺术品、汽车等进行典当，甚至可以将积压的产品、闲置的设备、多余的存货以及销售合同等作为质押，兼具金融和商业双重性质，满足临时性资金需求，使企业资源得到充分利用，最大限度地保障企业融资，同时也解决了居民个人在日常生活中资金周转困难的问题①。

应当看到，新旧典当业在市场经济条件中具有拾遗补缺的非主体的辅助地位，这和典当所具有的灵活便捷的调剂资金余缺功能紧密相关，决定了在当今社会经济活动中仍然需要发挥其作用②。

总体来看，福建典当业发展迅速，户数不断增加，随着福建省典当行业规划的实施，县级区域级典当行数量虽然有所增加，但未形成有效而激烈的竞争，福建典当业长期在低效率的状态运行，关于典当的纠纷也逐渐增多，尤其以房地产的抵押在典当融资中的占比不断上升，如果受房地产市场的低迷影响，势必会产生"绝当房地产"而为典当业带来较大的放贷风险。

四、典当行业融资模式

249

作为专门发放抵押、质押贷款的典当行，将资金从闲置者转移到需求者，满足人们短期融资需求，实现金融资源的有效配置，与正规金融机构相比，典当业的资金不包括吸收存款，只有典当业主的股本金和数量有限的贷款资金，以取得当物的占有权为前提条件的特定融资方式。尽管典当具有金融属性，但典当过程中对当物评估、鉴定、保管、绝当等处理，亦包含着明显的商业内容，正因如此，现代典当在金融体系中处于弱势地位，并不是社会融资的主流渠道，但典当作为小型的融资市场、融

---

① 洪晓彤. 典当业现状分析和发展对策研究 [J]. 科技资讯, 2021 (12).
② 曾广宇, 赵静. 典当融资—解决中小企业短期资金需要的绿色通道 [J]. 北京观察, 2005 (5).

资机构、融资行业仍然起着弥补不足、调剂资金余缺的作用，在一定程度上与银行形成互补解决中小企业融资难的问题。伴随典当业经营范围的不断扩大，典当对象不仅针对家庭融资，更针对中小企业融资，随着市场经济的快速发展，银行及其他非银行金融机构已不能满足社会融资需求，典当行作为民间非银行金融机构，依然能有效完善民间融资的需求空间。

（一）"典贷合作"模式

在现行金融体制下，信贷配给仍然存在，被拒绝在银行门外的中小企业只能通过民间融资渠道解决资金需求，典当融资通过符合典当行要求的当品可以快速提供中小企业应急资金，但大额的资金需求利用典当获取还是比较困难，由于典当行自身资金实力有限及经营风险，发放当金也有一定数量限制，对资金需求较大的客户典当行并不能满足其需求，中小企业的融资渠道还是离不开银行，如何解决中小企业抵押品不足，信用等级低，无法获得银行贷款的问题。典当行可在银行和中小企业之间充当担保人角色，既为银行增加风险承担方，又为中小企业解决资金融通增加担保收入，但前提条件应是典当行与中小企业之间有一定的业务基础，企业办理的典当业务都能够按时赎当，并有良好的信用记录，典当行可以为业务往来密切、经营状况良好的中小企业承担担保者，降低典当行的担保风险。典当行将"典贷结合"相融通，修复中小企业在银行的信用，为中小企业以后在银行进行融资打通渠道。

（二）互联网典当融资模式

现代典当具有便捷、小额、安全、灵活的融资特性，受到中小企业的普遍认可，在非银行金融领域也有着重要影响，但典当行与客户之间由于信息不对称问题而阻碍着典当业的发展，随着电子技术在金融业的广泛应用，不仅方便交易信息的获取并降低了交易信息费用，较多传统行业致力于开展电子商务并已取得长足发展，典当业也应通过互联网交易方便当户的同时，借助互联网进行业务创新，将典当行并入征信中心，同等享受与其他金融机构相同的信息通道，获得更为准确的征信数据研判当户资信状况，减轻典当行对出当人的调查工作量，降低借贷风险，也有利于全新社会信用体系的建立，为经济社会发展提供服务。

（三）房地产典当融资模式

房地产典当资产具有银行房地产抵押贷款的性质和功能，依法办理抵押登记，而典当的折当率比银行抵押率更低，因此，房地产典当资产具有银行房地产抵押贷款资产的安全性和可靠性，其风险更低，虽然典当融资不能成为房地产项目开发融资的主流，但典当融资可以介入服务对象为中小规模的企业和个人投资，企业可通过典当融资获取发展的资金，房地产典当融资方式有其自身优势和特点，成为一种间接的融资渠道，资金需求方与供给方之间并非买卖关系，而是资金借贷关系，但与银行融资不同，典当融资资金需求和供给双方并非信用贷款关系，融资依据不是当户的信用程度，而关注的是当物本身价值的大小，业务规模基本是零售形式，对主流融资渠道起着有益的补充作用，也意味着房地产典当融资对房地产金融市场起到补充作用，由于典当有特定的市场需求，典当融资涉足的领域是其他融资方式所不能涉足的领域，因而，在金融体制改革和金融业务创新发展中，房地产典当融资显示出比其他融资渠道更强的竞争力和灵活性，充分证明其是一种有特定市场的融资渠道，应发挥其金融和商业性质，为典当业在现代金融业中创造较大的生存和发展空间。

第四节 "闽都文化"对当代民间金融发展的影响与启示

"闽都借贷文化"中蕴藏着"信用、道义""救急不救穷""安全、可靠"等精神内涵，对我国当前构建民间金融信用体系，增强民间金融服务中小型民营企业意识，提高民间金融监管效率等促进民间金融创新发展的诸多方面具有深远影响与重要启示。

一、"闽都借贷文化"对当代民间金融信用体系构建的影响与启示

（一）对当代民间金融信用体系构建的影响

"闽都借贷文化"对我国当前构建民间金融信用体系的影响重点体现在影响民营银行信用体系、互联网金融信用体系、民间私人借贷信用体系的构建逻辑、观念和做法。在影响民营银行信用体系构建方面，福建钱庄对民营银行信用构建的影响相

对较大，尤其是其在成立前期过多地依靠与借贷者之间"有借有还，再借不难""欠账还钱、天经地义"等共同道义观，以及与同行竞争者之间"互帮互助""井水不犯河水"的共同利义观作为基础信用支撑，并由此顺利开展利润较高、范围较广的借贷业务，对民营银行构建信用体系的方向选择具有重要影响。最重要的一点是，当前民营银行面临着众多国有大型银行、地方商业银行等拥有国家或政府信用背书的竞争者，有更强的动机从"非物质""市场化"角度构建自身的信用体系，故钱庄、典当信用构建的逻辑、方式对其影响便进一步加大。

在影响互联网金融信用体系构建方面，由于互联网金融机构面对的大部分是"小微贷""快借快还"等虚拟借贷关系，在一定程度上与钱庄、典当等民间金融机构运营模式较为接近。故互联网金融机构在构建自身或与客户之间的信用关系过程中，除依靠政府背书、法律诚信保护等常规手段外，仍会考虑钱庄、典当通过身份认证、收入证明等方式，建立自身与客户间的良好信用联系。

在影响民间私人借贷信用体系构建方面，钱庄作为民间私人借贷的集中性平台或 2.0 版本，其对于信用构建的做法对构建民间单个私人间借贷关系的影响同样相对较大。民间私人借贷本身具有"人情味""风险大"等特征，故常除以正常道义作为信用体系构建的重要元素外，还要求有中介人、担保人、在场人等核心人员的参与，这也是早期钱庄、典当对于"风险型"业务常使用的增强信用方式。

（二）"闽都借贷文化"对当代民间金融信用体系构建的启示

"闽都借贷文化"对当代民间金融信用体系构建的启示主要

体现在两个方面，即道义信用教育、信用法律宣传，前者是侧重于激发民间信用体系个体内在的主观能动性，后者侧重于增强外部的法律约束力，两者共同推进构建新时代民间金融信用体系。

在道义信用教育方面，信用是一切金融活动的根本，是民间金融发展的压舱石。针对经济活动中难免面临"资金短缺""民间借贷"等问题，应通过多平台、多渠道开展全民道义信用教育活动。如通过中国人民银行征信中心、全国信用信息共享平台等政府部门，各类小学、中学、大学等教育部门，中国信用管理协会、北京信用学会、中国金融行业诚信建设委员会等社会组织部门，在不同场合助力民间金融借贷主体深刻领悟"内诚于心""外信于人"等闽都借贷文化精神内涵，并适时强调"信用记录""征信记录"等影响个人未来生活、职业发展的重要性，帮助其树立正确的民间金融信用观、道义观。

在信用法律宣传方面，培养熟知民间金融信用法律、经典案例的专业人才，并为其不定期搭建信用法律宣传平台。如在"信用记录关爱日""信用宣传月"等特殊时期，通过悬挂条幅、发放彩页、现场讲解、提供法律咨询等形式对群众进行《中华人民共和国民法典》《中华人民共和国中国人民银行法》中关于民间金融信用的法律条文，以及普法宣传活动，并结合法院审判和执行工作案例，讲解被纳入"失信被执行人"的后果，引导群众正确认识民间金融借贷关系，自觉学习民间金融诚信知识、践行诚信理念。

二、"闽都借贷文化"对当代民间金融服务民营企业的影响与启示

（一）对当代民间金融服务民营企业的影响

"闽都借贷文化"对当代民间金融服务民营企业的影响着重体现在两个方面，即坚定服务民营企业的决心、优化服务民营企业的方式，前者是内在精神层面的影响，后者是外在实践层面的影响，两者共同影响民间金融服务民营企业的效率、质量。

在影响服务民营企业决心方面，民间金融机构服务民营企业的"基因"，与当代民营企业特殊发展时间的资金需求特征，共同坚定了民间金融机构服务民营企业的决心。钱庄、典当等民间金融机构最大的市场需求者就是民营企业，尤其是中小微民营企业。民营企业相对于民间个人信贷而言，具有"资金需求较大""信用风险较小"等特征，故顺理成章地成为民间金融机构的"第一选择"。当代民营企业在融资过程中常面临国有企业、大型企业的竞争压力，客观上对民间金融的支持需求较高，尤其是在当前我国经济结构转型升级的关键期，民营企业亟待民间金融助力其实现技术创新、高质量发展。

在影响服务民营企业方式方面，钱庄、典当等民间金融机构在服务民营企业的过程中常以"人托人""中介人""担保人""在场人"等服务方式，实现与民营企业的对接、服务流程；又以"借款证明""利息说明""还款证明"等难以复制的单据服务方式，提升服务的安全性、盈利水平。上述服务方式对当代民

间金融服务民营企业产生了较为深远的影响，即在传承应用的服务流程、服务材料基础上，降低"信用担保""融资供需对接""借贷关系结束证明"等服务成本，从而有效降低民营企业在民间金融机构的融资成本，如运用现代信息手段实现信用证明、供需对接、相关借贷证明的"数字化""线上化""即时化"。

（二）对当代民间金融服务民营企业的启示

"闽都借贷文化"对当代民间金融服务民营企业的启示集中体现在两个方面，即民间金融服务民营企业的政策优化、民间金融服务民营企业重点布局，前者是民间金融服务民营企业合法化、安全化的重要前提，后者是民间金融服务民营企业市场化、效用化的重要途径。

在对民间金融服务民营企业政策优化的启示方面，钱庄、典当等民间金融机构在服务民营企业的过程中，政府政策支持、监管的身份常处于缺失状态，直接导致民间金融信用破产、高利贷借贷关系复杂、烂账赖账频发，无法适应当时的金融环境，迫使钱庄、典当等民间金融机构转型或消亡。当代民营企业对推动经济高质量发展的贡献越来越大，对民间金融的融资需求越来越旺盛，如果没有相关政策的支持、引导，极易滋生腐败、"爆雷"现象。故如何从政策角度规范民间金融服务民营企业的服务流程、服务领域、利息算法、风险防控、坏账抵押方式等，是当前民间金融健康发展的重要保障。

在对民间金融服务民营企业重点布局的启示方面，钱庄、典当等民间金融机构在服务民营企业的过程中，常以"来者不拒"

"有求必应"的心态开展服务工作，较少对整个社会经济发展节点及其民营企业发展状况、发展方向进行综合判断，在一定程度上导致服务风险的加大。当代民营企业对国家科技创新、基础设施建设的贡献力逐渐增强，故民间金融机构应更多地提升民营企业在技术创新领域的贷款占比，加大其关键领域重大技术攻关的金融支持，尤其是结合最新出台的民营企业"31条意见"①，重点在民营中小微企业债券市场融资、符合条件的民营企业发行科技创新公司债券、加快推动数字化转型和技术改造、支持参与"碳达峰""碳中和""碳减排"等国家重大战略等领域，结合民间金融的优势、特色做好民营企业服务的重点布局。

三、对当代民间金融监管的影响与启示

（一）对当代民间金融监管的影响

"闽都借贷文化"对当代民间金融监管的影响集中体现在对家族融资监管、非法融资监管两个方面，两者共同构成了当前民间金融监管的关键领域。

在对家族融资监管的影响方面，我国"家族""宗族"观念浓厚，福建、浙江等东南沿海地区更甚。家族观念影响整个社会经济发展，民间金融借贷也不例外。家族融资常带有"血缘""亲戚"关系，在融资方式、借款长短、利息高低等方面与正常的民间融资存在较大区别。客观上讲，"家族融资"对发展民间

---

① 2023年7月19日，中共中央、国务院出台《关于促进民营经济发展壮大的意见》，提出了31条意见。

金融具有一定的推动作用，如在最短时间内获取资金，能够真正解决日常生活中的"急难"问题。但随着在上述家族融资模式下发展起来的民间金融规模逐渐增大，导致当代家族间的融资产生"垄断竞争"，严重扰乱民间金融市场正常秩序。这就对家族融资监管的迫切性、复杂性提出了新的挑战，客观上要求其在广度、深度、力度等诸多方面给予有效监管。

在对非法融资的监管方面，钱庄、典当消亡最重要的原因就在于大部分民间资金流向"地下钱庄""洗黑钱""高利贷"等非法领域，根源在于缺少有效的法律监管，这为及时建立当代民间金融非法融资的长效监管体系敲响了警钟。如当代互联网金融异军突起，相关技术被广泛应用，导致民间金融的非法活动具有隐蔽性、广泛性等特征，甚至可能危及国家金融安全。对此，应尽快制定完善对民间金融非法融资活动的监管法律法规，尤其是对涉及境外的地下钱庄、洗黑钱、高利贷等民间非法融资活动，应建立完善的识别、防范、严惩机制。

（二）对当代民间金融监管的启示

在"闽都借贷文化"发展过程中曾出现这样一个现象，即当钱庄、典当等民间金融机构面临资金不足、同行挤兑或可能出现经营风险等紧急情况时，常采取通知官府、闭门谢客等方式解决，反映出政府仍然是民间金融健康发展的最后保障，尤其是在控制风险方面。在当代，"闽都借贷文化"对民间金融监管的启示主要体现在私募基金监管、民间金融监管系统建立两个方面。

在对私募基金监管的启示方面，由于当前私募基金是采取非公开方式向特定人群募集资金，常存在以包装"高风险产品"隐蔽性地获取民间资金现象，导致大量人群蒙受巨大财产损失。我国一直在探索构建私募基金监管的法律体系，并于2023年9月1日起实施《私募投资基金监督管理条例》，但如何真正让广大投资者能够熟知私募基金监管法律，自行识别其中的风险，并在最短的时间内找到相关职能部门降低风险，仍是私募基金监管过程中需要长期思考的问题。

在对民间金融监管系统建立的启示方面，针对当前民间金融具有"高技术性""低层次"特征，即融资平台常利用高技术手段或渠道获取民间集资，而集资的对象大多是收入水平较低、防范意识较弱、维权意识不强等"弱势"群体，故如何在全国范围内建立民间金融监管系统，尤其是打造民间金融规范化管理数据技术平台，帮助监管部门适时追踪每笔民间融资信息，及时提醒或截断正在开展的高风险民间融资，并找到民间非法融资的终端系统，对保障民间金融健康安全发展具有破局意义。

第七章 福建"船政文化"与现代金融科技变革

第一节 福建"船政文化"与铸币技术革新

一、福建船政铸币历程

(一) 晚清的两次铸币活动

清同治五年(1866 年),时任闽浙总督左宗棠上疏朝廷,建议在福建福州创立福建船政。作为清季中国,乃至远东地区最大的近代造船厂,福建船政也是洋务运动时期中国创办的近代中国第一批军工企业之一,意义深远,它标志着近代中国由传统的手工业转向近代大工业生产。福建船政在晚清时除造船外,还曾两次铸造货币,但持续时间短,数量也较少,知道这段历史的人并不多①。

---

① 叶伟奇. 晚清福建船政铸币史 [J]. 中国钱币, 2006 (01): 12 - 14 + 79.

1. 第一次铸币

清光绪十一年（1885 年），福建船政开始第一次铸币。《皇朝掌故汇编·钱法二》（张寿镛等编著）书中写到，当年闽浙总督杨昌浚和船政大臣裴荫森请求朝廷，在福建变通钱法、开炉铸钱[①]。自咸丰年间改铸铁钱并行用钞票后，原先在福州的宝福铸钱局停办了 20 多年。虽然左宗棠曾于同治四年上奏请求制造轮船的同时，认为轮机购入后也可用于铸钱。但福建船政创办初期造船工作繁忙，因而无法同时开展铸钱。而"现在钱价日昂"，恳请"俯念闽省制钱缺乏，民用维艰，准予筹款变通鼓铸"。由此可知，福建在当时存在"钱荒"现象，要求恢复铸钱的最重要原因是流通中的制钱紧缺、通货紧缩及其交易受阻。

当时认为福建船政有现成的铸钱场地、便捷的铸钱材料获取方式和熟练的铸钱人才，在其铸钱是最便捷的方式。奏折中明确指出，"船政厂屋有余，添炉调匠，无须另行建盖"，"船料出洋采购，顺途附运铜铅，亦皆便捷"，"在厂员绅，本以考工为事，并讲求算学、化学，兼思监铸，测算尤精"，"厂员之上，设有提调，就近督率稽查，自无流弊"，"通盘筹划，较之城内专设一局，办理尤称简易，经费亦可节省"。

福建船政机器冲压铸造的光背铜钱，黄铜质，直径长约 22 毫米，八分五厘重（约 3.06 克），正面楷书对读"光绪通宝"。据记载，该钱数量较少，仅作为样品送到清廷审核，至今较为罕见。根据目前史料，福建船政在光绪十一年（1885 年）所铸造的"光绪通宝"光背机制钱，比原先认为的近代最早机制铜

261

---

① 张寿镛等. 皇朝掌故汇编 [M]. 扬州：江苏广陵书社，2011.

钱——广东铸造的"光绪通宝"背"库平一钱"机制钱还早了四年，可称为"我国近代机器铸造铜钱的鼻祖"[1][2]。但也有学者认为该提法存在商榷之处，并通过与原始史料对比，提出另一种观点，即福建船政于 1885 年（光绪十一年）的试铸品仍然是采用传统工艺铸造而成[3]。

2. 第二次铸币

清光绪三十一年（1905 年），晚清福建船政启动第二次铸币活动。这次铸币以筹集资金为主要目的，解决船政资金来源短缺的困难。

福建船政成立时朝廷指定闽海关拨付开办费四十万两，此后每月从关税收入中拨付经费五万两，若有不足用厘税进行弥补（从 1873 年开始，经费每月增加到七万两）。但是 1876 年以后，闽海关关税收入逐步下滑，随后由于福建水灾，商业不振，厘税也减少，这使得闽海关每月无法足额拨付经费，逐渐陷入了拖欠的境地。1875～1895 年的二十年间，闽海关累计拖欠六百多万两，福建船政资金陷入紧张状况，难以维持。1898 年，光绪皇帝曾令十五省按年协款一百八十万两，资助福建船政复苏，但这笔费用很快就被挪为他用，福建船政发展停滞不前。

1904 年，时任福州将军的崇善再度担任船政大臣，他决定在福建船政内设立铜币局，希望以铸币的获利弥补船政经费的缺口。同年五月初二日，其向朝廷建言，请求福建船政开铸铜元，并表示福建设局铸币多年，成色甚好，使用广泛，民众皆觉

① 叶伟奇. 晚清福建船政铸币史 [J]. 中国钱币, 2006 (01): 12 – 14 + 79.
② 彭信威. 中国货币史（第三版）[M]. 上海: 上海人民出版社, 1965.
③ 李骏.《中国货币史》中的福州船政局机器造币考 [J]. 中国钱币, 2022 (02): 30 – 38.

便利。福建船政内有鱼雷工厂，因经费缺乏，空闲多年，现打算设法筹款，购买机器，铸造铜元。此来无须购地建厂，动力也可由附近工厂的锅炉提供，机器零件轮机厂也能自给自足，较其他省方便许多。在此基础上又提出了具体的实施方案。同时，乐观地认为，福建海关每年拨款24万两给船政尚且不够用，铸币不仅便利商民，还能以此获利振兴厂务，实为有利无弊之举①。

1905年7月，福建船政的附属机构"闽海关铜币局"在福州马尾"总理船政事务衙门"前创立。崇善于8月再次呈报，计划在其他地方寻找合适的场地，以筹集资金兴建工厂、购置机器并铸造货币。铜币局建造厂屋，购置机器，兴建了厂房、办公和员司匠役住房、仓库等，购买了蒸汽引擎、锅炉、辗片机、春饼机、光边机、印花机等②。最初的计划是日产160万枚铜元，但因设备不够先进、工艺不娴熟，致产量不足，甚至未达10万枚。后，私下违反政府规定，通过购买日本铜饼进行印花，每日产量逐渐攀升至50余万枚③。

闽海关铜币局铸造铜元种类单一，目前只发现了一种叫"光绪元宝"铜元，直径27毫米、重7.10~7.40克。正面珠圈内刻楷书"光绪元宝"4个大字，中央处刻满文"宝福"，珠圈内上缘署"福建官局制造"，下缘镌刻"每当钱十文钱"二字，两旁各有"闽"和"关"二字，说明这是闽海关铜币局所铸，故名"闽关铜元"。背面珠圈内嵌一蟠龙图案以示清王朝，同时上、下边缘环署分别用福建海关"F. K. CUSTOM - HOUSE"、十

---

① 沈岩，方宝川.《船政奏议全编》续编之崇善［M］.北京：国家图书馆出版社，2011.

② 陈璧.《望岩堂奏稿》第6卷［M］.北京：朝华出版社，2018.

③ 福建省钱币学会.福建货币史略［M］.北京：中华书局，2001：88.

文"10CASH"二字标示，左、右两边缀小五角星。

按正"闽关"二字尺寸、背蟠龙图案及背英文字体尺寸的不同，闽关铜元可以分为3个不同版别："闽关"两字在正面珠圈且两边用大字写成，钱币学界称之为"大闽关"；"小闽关"用小字写正面"闽关"；第三版，正"闽关"两字用大字写成，但"闽关"二字并非同一条横线，而是右高左低，其后珠圈蟠龙图案有别于前两版，故通称"官局龙"。其珠圈上、下沿英文字母分别是"FOO–KIEN CUSTOM"（福建海关）、"10CASH"（十文），也有别于前两种版本，英文字体很小，这个版本叫"官局龙闽关铜元"或者"小英文闽关铜元"，是很少见的。紫铜铸造在闽关铜元中较为普遍，黄铜质铜元较少见。

闽海关铜币局的创办，旨在通过铸造铜元来弥补船政经费的不足。但由于管理存在一定问题，导致贪污腐败盛行，再加上各地滥铸铜元，使得铜元的价值逐渐下降，而铜价却不断攀升。最终，铜币局出现了严重的亏损，被迫于1905年底停办，通过其盈利补贴船政经费的想法最终未实现。

晚清时期，福建船政进行了两次铸币活动，都仅持续数月，鲜为人知。所铸货币数量稀少，流通时间短，其实物至今仍极为罕见。然而，两次机器铸币标志着我国货币铸造工艺从传统的手工翻砂铸造向近代机器铸造转型。我国最早出现的机制方孔铜钱是由福建船政所铸造的"光绪通宝"光背机制钱，而闽关铜元更是晚清时期唯一一种由海关所设铜币局铸造的铜元，以上两者在我国近代货币史上都有重要的意义。

(二) 民国时期的铸币活动[①]

1912 年，船政成为福建都督府下属机构，正式定名为福州船政局，次年归属海军部，每月经费经核定为 3 万元，由福建财政厅在应缴国税项下拨付。然而，当时内忧外患，本应拨付经费经常拖欠。致使 1920 年后，不得不停止造船，仅能维修一些小船，工人也降至原来一半。原先核定的经费由 3 万元一降再降，先为 2 万元，再降为 1.4 万元[②]。1924 年，福州船政局同意了方铭勋的提议——通过自筹资金设备承办造币厂，来解决资金短缺的问题。方铭勋在获得批准后，利用持有的批文向外招股，募集资金用于从上海定购铸币机器和铸币原料白银。后因方铭勋未能如期履约，福州船政局工务长马德骥不许其继续承办，还并没收了已经运到的铸币机器。1925 年，福州船政局创办"海军银元局"，仿效广东毫银铸造银辅币，分为贰毫、壹毫两种，数量从起初的每日铸造 10 万枚，增加至 20 万~30 万枚。海军银元局设立海军军饷汇兑处，陈复担任处长。每日，所铸辅币通过小汽轮运至中洲海军军饷汇兑处，再通过批发方式流向小钱庄销往工商各界，随后逐渐扩散至省内闽北和沿海各县。随着海军银元局所铸银辅币日益增多，福建省当局洪山桥造币厂的银辅币受到了影响。为了争夺市场份额，双方采取了降价和降低银币成色的策略，甚至禁止对方在所管辖范围内销售，导致双方都遭受了损失。最终，双方达成共识，决定在台江路设立银币经销所，双方分别派人担任所长，每日所售由省方和福州船政

---

① 朱寿榕. 论福建船政铸币 [J]. 福建文博, 2016 (03)：28–33.
② 陈书麟，陈贞寿. 中华民国海军通史 [M]. 北京：海潮出版社, 1993：45.

局七三分账。此后不到 24 个月，福州船政局获利 40 余万元。1926 年，北伐战争开始，海军银元局被迫停办。

1927 年，福建省财政委员会批准福州船政局成立"国民革命军海军银元局"，铸造角辅币，随后陆续铸造四种不同版本的"总理纪念币"，分别为孙中山正面像贰角、壹角银辅币、侧面像贰角银辅币和侧面像背面为嘉禾海军锚的镍质样币。后来，由于银元局所铸造的银辅币含银量不足，于 1930 年 3 月被勒令停铸。自此，福州船政局再也没有铸造钱币。

二、铸币技术演变

早在先秦时期，铸钱工艺就已采用陶范法，甚至有些地区还使用了金属范法。后来，随着政治经济的不断发展和科学技术的不断进步，石范法、金属范法、金属模夯制叠铸法、压制双面叠铸法和砂型法等铸钱工艺相继出现①。

随着中国传统铸钱技术的长期实践，工艺日益创新，铜钱的量、质均得到极大提升。随着中西方文化交流的日益密切，我国传统的造币技术也受到西方新技术的冲击，新疆等地区产生了西方引进的打制货币。清末时期，铸钱业亏损严重，主要是传统的翻砂法铸钱成本高昂，各省相继停止铸钱活动，引发了"钱荒"。随着洋务运动的开展，有识之士们逐渐发现西方机制币具有的优势，引进了西方造币机器，由此带来了我国造币技术的

---

① 董亚巍，江建. 闽国"永隆通宝"钱范的制作工艺［J］. 中国钱币，2005 (03)：28－31＋79.

重大变革①。

（一）传统铜钱铸造技术的发展

我国一直采用传统的铸钱工艺来铸造铜钱，直至清末引入了机制法。对传统铸钱工艺的演进历程，学术界有不同的看法。华觉明等认为，中国古代的铸钱工艺经历了四个发展阶段，分别是春秋战国多种铸币工艺并行发展时期、西汉铜、泥合范及铜范为主兼用泥范时期、新莽至南北朝叠铸时期，以及唐以后母钱翻砂法时期②。周卫荣则认为，中国传统铸钱工艺史经历三个主要阶段，分别为平板范竖式浇铸、叠铸和母钱翻砂铸造③。他将华觉明等的前两个时期合并为平板范竖式浇铸时期，本质上是一致的。

在中国早期的铸币工艺中，平板范竖式浇铸是一种常见的铸造方法，其又可分为单面和双面两种。从制作范的材料来看，可分为陶范、石范和铜范等，早期采用陶范，后逐渐使用石范和铜范，在提高了效率的同时又降低了成本。

起源于汉初时期民间半两钱铸造技术的叠铸，又被称为层叠铸造，后在王莽执政到东汉末年期间逐渐演变为一种广泛应用并达到巅峰的工艺④。在操作过程中，首先是制作范母，再通过

---

① 王显国. 清末铜元研究 [D]. 北京：北京科技大学，2019.

② 华觉明，朱寅华. 母钱法及其造型工艺模拟 [J]. 中国科技史料，1999（03）：77-84.

③ 周卫荣. 中国传统铸钱工艺初探 [C]. 中国钱币学会. 中国钱币论文集第四辑. 北京：中国金融出版社，2002：214-230.

④ 杨君，周卫荣. 汉代叠范铸钱发展历程考索 [J]. 中国钱币，2006（02）：19-23+79-80+93.

范母翻制子范，最后将两个子范结合在一起层叠浇铸①。叠铸是钱币铸造工艺发展历程中的一次重大创新，钱币的品质和产量都有了较大提升。

母钱翻砂法，简称母钱法。明末宋应星所著的《天工开物》一书，对母钱法主要铸币工艺有着较为详细的记载。他认为，主要包括砂型铸模的制造、浇铸、摘钱和打磨等②。尽管文中详细介绍了砂箱尺寸和制作材料，但对浇铸和打磨等工序描述不多，因此难以了解其铸币的完整过程。母钱法在清代文献中亦有零散的记载，王庆云所著的《石渠余记》更为详细地介绍了母钱法的铸币工序，"凡铸冶之工八：看火、刷灰、翻砂、杂作、锉边、磨钱、滚边、洗眼，治之各以其序"③。他认为在铸造铜钱的过程中，"工八"是八个主要的工序，其中"看火"指的是观察原材料的熔化，"翻砂、刷灰"指的是砂模的制作，而"锉边、磨钱、滚边、洗眼"则是对铜钱后期的打磨。

以上三种钱币铸造方法的出现时间不同，工艺存在显著的差异。随着铸造技术的不断革新，铸造成本不断降低，生产效率逐步提升。

（二）早期锻压币的出现

我国清代使用最广泛的铸钱方法是母钱翻砂法，但早在乾隆时期我国便引进并仿效西方造币方法，先后制造出乾隆宝藏银币和道光寿星银饼等，对中国造币技术做了有益的创新。

---

① 罗强. 浅析中国造币工艺的演变 [J]. 广西金融研究，2003（S2）：13-14.

② 宋应星. 天工开物 [M]. 广州：广东人民出版社，1976：226-227.

③ 王庆云. 石渠余记 [M]. 北京：北京古籍出版社，2001：205.

西方的打制币生产技术在清中期开始传入西藏。西藏位于我国西南边陲，与南亚的尼泊尔等国家贸易往来频繁。这一地区以白银货币为主，尼泊尔银币为商民所喜欢。清乾隆五十六年（1791 年），为缓解银币匮乏之困局，西藏地区成立了铸钱局，开铸乾隆宝藏银币，同时禁止尼泊尔银币的流通使用。清乾隆五十八年（1793 年），西藏铸钱局开始"按钱法和部颁样钱鼓铸一钱五分、一钱、五分宝藏币"，成为清代自制银币的起源地①。

西藏银币仿照尼泊尔银币的样式，又融合了中国传统钱币元素，使用纹银作为材质，造币方法也与其他省份使用母钱翻砂的传统方法不同，而是使用自尼泊尔引进的打制银币工艺，"制钱模、作成银版、锤打、去边等打造工艺"②。这种打制技术起源于欧洲，再通过印度传到尼泊尔，随着尼泊尔银币在西藏大规模使用，打制币钱的工艺也被当地人学习。由此可见，西藏银币的出现是中西方货币文化早期融合的结果，是中国向西方币制趋同的一种尝试和转变。

明代以来，外国银元纷纷流入我国，西方机制币所具有的优势慢慢为我国商民所认识。清道光年间，朝中曾先后有仿铸银元的提议，然都未得到清政府的允许。但是，民间开始有仿照外国机制法铸造的银币出现，例如寿星银饼和徐寿造银元等。

寿星银饼又称"老公饼"，有多种版式。其中一种，正面中间为拄着拐杖的寿星，左右分别刻"足纹通行"和"道光年造"，下方刻着"库平七二"，背面刻一宝鼎图案，银饼周围铸

---

①② 张武一，王家凤. 论银钱贸易与宝藏币的诞生［J］. 中国钱币，2003（03）：39－45.

"台湾府铸"。这种寿星银饼是道光年间台湾官府采用"纹银"作材质，仿照西方银元重量和式样铸造，其中最具中国特色的是银饼纹饰上的年号和寿星像。由此可见，寿星银饼是我国早期新式银币，其是参考了西方银元的形制和重量而铸的。寿星银饼虽没有西方银元那么精美，制作工艺也略显粗糙，但是它造型规整，大概率是用机器压制出来的。当时的台湾官府也有条件铸造压制银饼的机器，但根据寿星银饼表面的粗糙程度来看，那时候还没有专门的造币机，大概是用脚踏式造币冲床来压制银饼①②。

徐寿是中国近代造船、造机和化学的奠基人，他曾经自制机器仿造墨西哥银元，主要是巧妙地利用物品掉落时的重力把银块压制为银币。先是用钢板做银元正、反面钢模，再把银块熔化成银饼按一定的重量放置在钢模中，最后让上方悬挂的石椎沿设定的轨道落下把银饼压制成银元。其制作的银元做工精巧，为百姓所喜爱。1867 年，徐寿被调到上海江南机器局工作，他利用有利条件试制"当十制钱"。此钱不仅质量上乘而且形制精美，是名副其实的机制币，比引进外国造币机器要早近 20 年。

（三）机器造币法的引进

15 世纪后期，西方国家造币工艺逐渐从传统手工捶打法向机器造币演进。造币机器在早期有螺旋式压机、辗轮式滚压机等，初由人力驱动，后逐步改为水力或者兽力驱动，机器性能得

---

① 马冠武. 清代"道、咸、同"年间台湾银币铸者之我见 [J]. 广西金融研究，2005（S2）：40 - 43.

② 甘丽芳，陈阿泉. "寿星银饼"之谜 [J]. 安徽钱币，2004（01）：26 - 27.

到缓慢改善。

16 世纪初，意大利最早采用机器造币，发明一种硬币压印机用来生产硬币。这种造币机每分钟可生产 60 枚，模具耐磨，制造出的钱币质量上乘，相较于捶打法效率提高约 20 倍[①]。与此同时，辊轮滚压机相继投入使用，它的原理和前一种稍有不同，是用滚筒压印坯饼，再把滚压后的币材冲凿而成。除此之外，还有胚饼机、压延机等其他辅助机器，造币产业使用的机器设备更加精细和专业。随后，英国、德国和法国等欧洲国家也先后使用机制法铸造钱币，但在推广的过程中也曾遭受传统力量的抵制。1695 年，机器造币在英国完全代替手工造币，法国的情况也类似。机器造币相对于手工打制有着形制统一、质量优良的优势，先后被欧洲各国引进，逐步取代了传统手工打制工艺的历史地位。

19 世纪初，随着工业革命的兴起，机器造币也进入一个崭新的发展阶段。英国人马修·博尔顿在螺旋压印机的基础上，通过加装传动装置实现自动进料，简化了操作过程，提高了生产效率。与此同时，蒸汽机发明人詹姆士·瓦特协助其引进蒸汽机动力装置研制出蒸汽压印机，进一步提升了机器造币的自动化程度，成为造币技术史上里程碑事件之一。因此，博尔顿、瓦特也被称为现代化机器造币的创始人。但是，蒸汽压印机存在着机器操作不方便、占地面积大、噪声高等设计缺陷。德国人乌尔霍恩在前人的基础上研发了"轴动式"压印机，其效率较高，每分钟冲压数达到 90 下，还能制造不同形制，包括光边、

---

① 周洪. 西方的造币工艺 [J]. 中国钱币，1987（04）：61 – 65 + 36 – 85.

齿边和字边等，同时具备制造简便、坚固耐用等优点，深受各国青睐。

在以后的机器造币实践中，人们陆陆续续对其进行改进，每分钟冲压枚数高至 120 枚，但其基本原理在后来的一百多年并没有太大变化。清政府引进的造币机大多都是此类，引进过程经历了一个漫长的阶段，从酝酿至实施大体可以划分为三个阶段①。

第一个阶段是初期酝酿，由同治时期至光绪初年。同治七年（1868 年），福建船政钟大焜提议用机器仿制铜钱，他认为机器铸币，不仅节约铜料和制作精细，而且可杜绝钱币私铸私毁现象。光绪十一年（1885 年），福建船政就曾利用机器试铸"光绪通宝"光背机制钱。第二年七月，醇王奕譞提议直隶和江苏等省添购机器恢复制钱制造。机器造币正式提上议程，但仍在论证阶段，然直隶和江苏认为机器制钱成本过高，故没有正式采用。光绪十三年（1887 年），醇王奕譞下令直隶、江苏等省按照福建做法执行，同时要求设有机器局的四川等省份也进行推广。慈禧还下旨，令李鸿章购置一套机器，在天津机器局尽快开始铸币。清政府的直接干预，机器铸币方案最终敲定。显然，清政府引进西方机器造币的目的就是希望可以提高产量。

第二个阶段是造币机器的引进和试制，由光绪十三年至二十六年。光绪十三年（1887 年），直隶开始购置造币机器，尝试机器制钱，其试造的机制币，文字和图案清晰，轮廓较分明，但机器经常出故障。与此同时，钱局造币员工技术不熟练，效率低，

① 中国人民银行总行参事室金融史料组编. 中国近代货币史资料（第一辑）下册[G]. 北京：中华书局，1964.

人工成本高，不久机器造币就被迫停止了。浙、粤、吉、鄂等地也相继引进造币机器并试造机制制钱，但大多成本高、亏损多而最终停铸。然而，同期各地引入造币机器生产银元的做法却是成功的。光绪十六年（1890 年），广东省模仿外国币试制的银元，外观精美，为商民所爱，逐步在市场流通。随后一直到光绪二十五年（1899 年），新、直、鄂、闽、浙等地先后引进造币机器铸造银元。自此，机制法逐步得到人们的认可并推广开来。

第三个阶段是机制法全面推广，由光绪二十六年至清末。光绪二十三年（1897 年），御史陈其璋等提议引进机器铸造无孔铜元，利用机器铸造铜钱的方案再一次被提上议程。而当时的总理大臣奕劻及其他官员却认为，应当吸取咸丰大钱失败的经验教训，不宜推行机制铜元。然而，造机制铜元得到清决策层的支持。1900 年，光绪二十六年，广东省试制铜元，闽、苏两地相继仿效，并均取得成功。1901 年，光绪二十七年，清政府要求其他沿江沿海地区筹款机制铜元。此后，机制法得到清政府的进一步认可，很快在各省份普及开来，替代了传统的母钱翻砂法。

传统翻砂铸钱法绵延千年之久，然而在清末这种方法已经无法满足社会发展的需求。洋务运动的开展，为机制法的引入和推广奠定了技术及思想基础，推动铸币技术进一步现代化。19 世纪后期，有识之士开始试图用先进的机器造币来解决清政府币制问题。尽管在这一过程中遇到保守势力的怀疑乃至阻碍，但是铜元的顺利发行和普及使机制法迅速占据了优势，并最终彻底替代了传统母钱翻砂法。

铜元是利用先进机器造币技术，经过镕铜、辗片、舂饼、光边、烘洗和印花等工序而制成。西方现代造币工艺催生出铜元，改变了绵延二千年的方孔钱形制。然而，本质上铜元仍然没有脱离传统的铜钱体系，这也进一步表明铜元的出现是西方造币技术和我国铜钱制度融合的结果。

机制法取代母钱翻砂法是我国造币技术上的重大进步，更是现代化造币技术发展的必然趋势，具有十分重要的意义。这表明我国造钱技术已经逐步同国际接轨，为币制改革准备了物质和思想条件。

三、福建船政铸币体现的"船政文化"内涵

福建船政铸币是我国货币铸造工艺向近代机器铸币转型的努力和创新，而福建船政文化是以船政科技、教育为主体的文化，同时包含船政人物所孕育的精神品格与思想成果[①]。福建船政铸币活动虽然短暂，但却是我国近代货币史上的重要篇章，反映了我国洋务运动期间努力引进西方造币技术和推动铸币现代化的努力，体现了福建船政文化中的民族自强、崇尚科学、对外开放和当好表率精神，是福建船政文化的历史沉淀和文化传承。

（一）民族自强

福建船政，作为近代中国著名的洋务企业之一，集官办、军用、教育和造船为主要特色。清政府对其经费投入大、管理严、监督紧，这不仅使福建船政成为当时全国军事工业和造船业的

---

① 卢美松. 船政文化是近代中国先进文化的旗帜［C］. 张作兴. 船政文化研究. 北京：中国社会出版社，2003：12－19.

重要基地，而且有力地推动了我国民族资本主义经济的发展。从晚清到民国初期，福建船政的发展从船政经费投入上即可见端倪。

从创办（1866 年）到停止造船（1907 年），福建船政共制造大小船只 40 艘，年均 1 艘。而，该段时期拨付的国家经费累计 1921 万余两规银，每艘平均拨付 48 万两，无法满足原先期待的长远可持续发展目标。由于缺乏足够资金而无力进行大规模建设，使福建船政不能维持正常运转，甚至濒临破产。在福建船政长达 42 年的历史长河中，资金短缺矛盾一直是一个突出的问题，尤其在后期表现得更加明显①。福建船政前期，经费开支全部由清政府的财政拨款支持，主要包括购置机器和建厂的创办经费、制船经费和养船经费等。随着成船数量的不断增加和养船成本的提高，而资金又经常拨付不到位，导致船政经费陷入困境，难以维持正常运营②。为了弥补船政经费的不足，福州将军崇善决定在福建船政内设立铜币局，以实现铸币盈余的目的。福建船政铸币是我国洋务运动的产物，是福建船政在民族自强运动中的一项重要举措，体现了中华民族自强的精神和决心。这一精神理念，促使福建船政在艰苦创业和开拓革新的过程中，取得了许多前所未有的辉煌业绩，极大地促进了中华民族的思想解放、对外开放和中国近代化进程。

（二）崇尚科学

从公元前 221 年秦始皇统一六国并规定特制圆形方孔"半

---

① 唐岱蒙. 福建船政与清朝后期财政经济 [C]. 张作兴. 船政文化研究. 北京：中国社会出版社，2003：220－225.

② 沈传经. 福州船政局 [M]. 成都：四川人民出版社，1987.

两”钱后，圆形方孔钱就一直是我国封建社会的主要货币形制，并沿用两千余年之久。传统的铸钱工艺历经平板范竖式浇铸、叠铸和母钱翻砂铸造，均为人工操作，既低效又不精致，容易造假。晚清时期由于铜价不断攀升，铸钱无利甚至亏本，各省钱局陆续停止铸造铜钱，市场上一片“钱荒”景象。民间毁钱为铜的现象愈演愈烈，钱荒现象也随之加剧。为缓解现状，福建船政于光绪十一年利用现有条件，第一次启动机制铜钱铸造尝试，开启了我国近代机器铸造铜钱的先河。通过机器铸钱，一方面改变传统效率低下的手工铸钱模式，节约成本，提高产量；另一方面也期望用机器铸钱缓解难以解决的私铸难题[1]。然而铸钱过程中，由于技术和制度的引进速度较快，中国本土产业和经济结构难以适应这种变革，同时与传统势力存在冲突等原因，致使机制铸币历程存在一些阻碍和质疑。可以说，福建船政铸币活动正是船政人物敢于突破重重压力、勇于革新传统铸钱工艺和创新传统货币形制的努力尝试和实践，体现了我国当时对科学的崇尚和创新的推崇，推动中国货币现代化改革。

（三）对外开放

鸦片战争爆发以后，中外贸易规模不断扩大，商品经济快速发展，中国出现了以“银荒”为主要表现的货币危机问题，中国传统经济中的银两与制钱双本位制度已明显无法满足社会经济发展需求[2]。福建船政人物陈璧（1852～1928年）、严复

---

① 叶真铭. 近代机制铜钱——铸币工艺近代化的有益尝试 [J]. 东方收藏, 2013 (12)：12–15.

② 林航, 吴进海. 福州的三坊七巷与近代中国货币改革 [J]. 华侨大学学报（哲学社会科学版）, 2014 (02)：101–110.

(1853～1921 年）和陈衍（1856～1937 年）等著名货币思想家
与实践家提出要学习西方货币思想，介绍西方先进铸币技术与
钱钞印制技术，倡导币制改革，努力拯救清末货币危机，是中国
金融思想史上重要的篇章之一。他们或主张币制改革，或直接
参与近代币制改革实践，促进了晚清货币制度改革，并在某种
程度上缓和了晚清货币危机，推动晚清货币制度向国际接轨的
步伐。福建船政缔造者左宗棠和沈葆桢更是认为，知夷才能制
夷，不仅注重社会经济转型，而且注重吸收近代西方先进科技，
通过"请进来，送出去"措施，将开放意识转化为实际行动①。
福建船政正是在这样的环境下，将西方先进铸币技术"请进
来"，体现我国造钱技术的对外开放态度，为币制改革准备了物
质和思想条件。

（四） 当好表率

福建船政大臣沈葆桢有很强的爱国心与责任感，处处把国
家、民族命运放在第一位，坚定不移地走民族开放、自强之路，
不考虑个人的宠辱得失。在当时特别艰难的环境下务实开拓、
胆识过人、清正廉洁、赏罚分明，为同僚及后人所称赞。左宗棠
在给总理衙门的书信中，给予了高度评价，侧面体现船政领导
人物表率作用的重要性。福建船政（闽海关铜币局）拟通过铸
币弥补船政经费不足，然而最终宣告失败被迫停办，其中原因
之一就是铸币管理混乱、财政制度紊乱和贪污腐败现象。这在

277

---

① 林璧符. 船政文化内涵及主要精神 ［C］. 张作兴. 船政文化研究. 北京：中国社
会出版社，2003：36－39.

1907 年钦差大臣陈璧来闽考察铜币铸造的相关文献中可见端倪①。

第二节　福建"船政文化"在当代金融科技创新中的价值

一、金融科技创新演变

FinTech，即，金融科技的英文，取自"financial technology"。尽管"金融科技"最早见于 20 世纪 70 年代，但真正受到广泛关注和使用的则是近几年的趋势。金融科技是技术驱动的金融创新，旨在运用现代科技对金融产品、经营模式和业务流程等进行改造或者创新，进而促进金融发展提质增效②。巴塞尔银行监管委员会（BCBS）指出，金融科技在支付结算、存贷款及资本筹集、投资管理、金融市场基础设施 4 个领域最为活跃，创造出包括数字货币、智能投顾、股权众筹、客户身份认证在内的各种金融产品及金融服务。在新一轮科技革命与产业变革大环境下，金融科技快速发展，区块链、云计算、大数据、人工智能（AI）、物联网等信息技术与金融业务深度融合，给金融发展注入持续的创新活力。

① 刘敬扬. 福建机铸铜元史概说［J］. 中国钱币，1995（04）：21 – 24 + 1.
② 金融科技（FinTech）发展规划（2019～2021 年）。

（一）金融科技创新的阶段

从信息技术驱动金融行业变革的角度来看，目前可将其分为三个阶段①。

1. 金融信息化阶段

第一阶段，金融信息化（金融科技 1.0 版）。金融行业利用传统 IT 软硬件实现了办公与业务的电子化和自动化，进而提高了业务效率。此时 IT 公司一般不直接参与金融企业的业务环节，金融体系内 IT 系统属于典型的成本部门。目前，银行等其他机构中的信贷系统、清算系统等，是该阶段的典型代表。

在 20 世纪前半期，金融业是劳动密集型产业，它的经营高度依赖人工作业。二战后，全球经济步入快速复苏阶段，金融业规模迅速扩张。那时人工操作的金融体系并不能确保较高的运作效率，因此 IT 就成为促进金融体系经营效率提高的一个重要途径。20 世纪 60 年代，电子计算机进入金融业，能够快速地给出准确的计算结果，使金融从业人员的工作效率得到了很大提高。70 年代，银行柜台的业务量加大，自助银行服务应运而生，自动柜员机（ATM）可以随时满足人们自助存取款业务的需求，从而迅速得到推广。80 年代，支付领域开始电子化、信息化，比如 POS 机、智能卡、电子钱包等。我国在 90 年代就开始重视金融电子化与信息化建设。《国务院关于金融体制改革的决定》中提出需要加快金融电子化建设，构建现代化金融管理体系。

279

---

① 巴曙松. 中国金融科技发展的现状与趋势 ［N］. 21 世纪经济报道，2017 – 01 – 20（001）.

2. 互联网金融阶段

第二阶段，互联网金融（金融科技 2.0 版）。以构建在线业务平台为主，借助互联网或移动互联网渠道聚集海量用户与信息，进而实现金融业务中资金端、资产端、交易端、支付端的任意组合互联互通，实质就是变革传统金融渠道，达到信息共享与业务融合的目的。其代表有网络借贷、互联网基金销售与互联网保险等。

互联网技术渗透到金融服务的各个环节，金融业也开始启动线上业务平台建设，传统金融渠道也随之改变。数据成了金融机构重要的资源，结构化数据挖掘与应用可以为金融机构带来极大收益。20 世纪 90 年代，互联网快速发展，金融业也随之进行了巨大的变革。传统金融服务在互联网技术的推动下发生改变，开始出现跨越时空的网上银行，证券、保险、理财、基金等各种金融业务融入互联网并取得巨大成功。同时，互联网技术和金融服务之间的碰撞和融合催生了 P2P（目前已取缔）、众筹、第三方支付、虚拟货币等新型金融服务形式。

3. 金融科技阶段

第三阶段，金融科技 3.0 版。金融业借助区块链、云计算、大数据、AI、物联网等信息技术，改变传统金融信息收集来源、投资决策过程、风险定价模型和信用中介角色等，从而极大提高传统金融运作效率和解决传统金融痛点。AI 技术广泛运用于金融领域的信息采集与安全保护；区块链的去中心化和信息透明等特性增强金融服务安全性和真实性，减少信息不对称性；大数据技术更好地进行画像刻画与大数据征信；云计算则能够将海量数据存储到云端，提高数据处理的效率。其代表有大数据征信、供应链金融和智能投顾等。

数字化、智能化是这阶段的最大特点。新兴技术向金融领域渗透，促进金融系统转型，同时也给传统金融机构及金融系统的安全与健康发展提出重大挑战。国家层面开始重视金融科技发展规划，并强调金融科技应为实体经济服务，促进普惠金融发展。

历史是阶段性与连续性的辩证统一体，金融与科技的融合发展古已有之[①]。纵观人类金融发展史也是一部科技进步史，如冶炼、造纸、铸币技术和印刷技术等的不断发展，使货币流通由最初实物货币向金属货币和信用货币转变。信用货币的产生促使货币流通速度、规模及便利性大幅度提高。通信技术的进步解决了信息交互传递速度与成本效率问题，使金融可以更加高效地进行资源的跨期与跨地域配置。伴随着现代信息科学技术的进步，中国金融业已相继经历金融信息化和互联网金融阶段。当前，正逐步向移动化、数字化以及智能化等更高阶段发展。

（二）金融科技创新的特点

金融科技被广泛运用，不但有效降低金融服务成本，还促进金融服务场景化和降低金融市场准入门槛，改变了金融业务的模式和组织形式，并扩大了金融服务核心要素的范围。在新技术驱动下，金融创新不断发展，金融生态环境也发生深刻变化。利用区块链、云计算、大数据、AI、物联网等先进技术可以显著减少信息不对称性并增强风险定价与风险管理能力，增强民营企业、中小微企业的金融服务可获得性，实现普惠金融。然而，金

---

① 李东荣. 以服务实体经济为导向的金融科技创新才有生命力 [J]. 市场观察，2017（07）：20－25.

融科技的介入并未使金融的核心功能、运行基础机制以及监管目标发生改变①。甚至，当金融科技涉及跨地域、市场和机构时，其金融服务的风险传染性、波及面及传播速度将进一步扩大。

1. 金融科技的"变"

利用新兴信息技术打造新型金融服务模式在明显提高传统金融机构运营效率的同时也推出新型金融服务提供者，由此大大拓展了金融服务对象，使金融市场模式发生了深刻变化。

第一，在降低金融服务成本的同时提高了效率。在大数据等先进技术不断推出的背景下，金融机构能够根据客户交易记录与行为模式自动化评估信用水平，使其从传统资产抵押与正式财务报表风险控制模式中解放出来，显著降低金融信贷边际成本。语音识别、图像识别、自然语言处理等金融科技的发展，减少了客户服务中心和金融机构柜台的人力，促使金融机构零售业务由劳动密集型向资本密集型、智力密集型转变，经营效率明显提高。通过利用生物识别、AI 等技术，很多本来要到金融机构物理网点去处理的业务都能在互联网移动端上远程完成，明显减少了金融消费者在时间、交通等方面的成本。通过移动支付体系的融合，把信贷、支付、证券、保险和财富管理等金融业务融入一个手机应用之中，使金融操作变得空前便捷，金融服务效率大幅提高。

第二，推进金融服务场景化，使金融服务提供途径更加灵活多样。伴随着金融科技的运用，金融机构已经逐步实现了"从客户走向用户"服务模式的落地，从最初单纯的产品供给转变

① 胡滨，任喜萍. 金融科技发展：特征、挑战与监管策略［J］. 改革，2021（09）：82-90.

为平台化协同服务生态体系，提供个性化、场景化金融服务。金融服务场景化把金融产品与客户日常生活结合起来，做到线上与线下无缝对接，为客户提供更专业、更全面、更方便、更准确的金融服务。金融产品研发从用户实际场景出发，深挖有效需求，针对需求进行产品功能定制，提升需求匹配度，进而使得产品定位更精准，目标顾客群体更明确。通过整合潜在用户兴趣和消费习惯，可以达到更准确、更有效地获取顾客，服务方式灵活多样。

第三，降低了进入金融市场的门槛，拓宽金融服务供给者和需求者之间的范围和类型。在供给端，运用金融科技，脱离物理营业网点约束，显著减少人力，继而降低固定投资与边际成本，使金融机构市场准入门槛降低。与此同时，金融科技在变革金融业务运营模式与组织形式的同时，也衍生出股权众筹、第三方支付等新金融模式，丰富金融服务提供者类型。在需求端，在金融服务便捷性提高与服务成本不断下降的背景下，金融服务已实现"下沉"至更多消费者群体，特别是那些曾被传统金融机构忽视的长尾用户群体，做到了普惠金融。

第四，金融业务模式与组织形态的变革。在金融科技广泛运用的背景下，金融业务分工越来越细，金融服务与业务流程也得到了重新构建，部分本来属于金融机构负责的业务流程与服务环节也发生了剥离，外包给有技术背景的公司，为很多科技公司进入金融服务市场带来契机。通过互联网及搜索引擎技术的普遍应用，金融服务搜寻匹配成本大幅降低，一定程度上使得金融服务"去中介化"，进而弱化传统金融中介服务商角色。金融机构市场基础设施与内部市场治理职能随着大型科技金融平台这种"多边市场"的崛起而愈加突出，使得传统"金融中介"或者"金融市场"的概念很难界定它们的作用与界限。

第五，扩大金融服务核心要素的范畴。基于大数据的机器学习技术在金融科技中处于核心地位，在市场预测、信用评估、智能投资、欺诈预防以及风险控制方面都有着广泛的应用前景。大量基础数据的输入，是机器学习技术能否发挥最大功效的关键。如果没有足够的数据用于训练，很多基于深度学习技术的应用都很难取得可靠效果。金融服务的准确性与效率日益受到数据与算法的影响，这些数据与算法已经成为金融服务质量高低的关键。传统观点将资金视为金融服务的核心因素，但金融科技时代，数据与算法却成了全新的核心因素。

第六，加大货币政策的传导渠道。在货币政策工具方面，通过网络借贷和其他金融科技业务有效地减少了各种金融资产之间的转换成本和时间成本，增加了金融市场利率敏感性，对价格型货币政策工具有效性的发挥提供强有力的支撑。此外，某些金融科技业务还具有某种货币创造功能，使得传统货币层次上的界限变得模糊起来，这在某种程度上弱化了广义货币供应量的货币政策效应。一方面，从传导机制看，金融科技使得金融市场的流动性需求不确定度增大，进而影响市场波动性，提高央行监管难度与成本。另一方面，从中介目标看，第三方支付的普及，使流通中的现金量大幅度减少，对货币乘数的作用机理更加复杂，存在较大不确定性，一定程度弱化了传统货币政策中介目标作用。

2. 金融科技的"不变"

金融科技的普遍应用给金融体系带来巨大变化，主要表现为金融服务方式与形式的转变，而核心功能、运行基础机制与最终监管目标并没有变。

一是金融的核心功能尚未根本转变。在 Merton 和 Bodie 看来，金融体系提供了 6 个核心功能，即便利的支付结算方式；资源集中化和投资分散化机制；跨时空、跨产业经济资源转移的方式；风险管理方法；协助协调经济中各个部门分散化决策；解决交易各方信息不对称情况下激励问题的方法①。尽管金融科技的运用改变了以上功能的实现模式，但是这些核心功能自身并没有改变。例如，虽然移动支付技术大大增强了金融服务便捷性，但是其本质仍然是金融领域中支付结算方式。股权众筹等新型金融业态提供了有别于传统融资方式的金融模式，但是本质上仍是资金集中化、投资分散化。

二是金融运行的基础机制没有变。金融运行的基础机制是解决金融资金供需双方之间的信息不对称问题、抑制逆向选择和道德风险、构建互信关系以保证交易安全实现。在传统金融模式下，信任关系的建立与风险的控制是通过信用背景调查、资产抵押及贷后跟踪多种方式进行的。在金融科技时代下，利用大数据与机器学习技术对顾客行为模式进行分析并获取顾客信用画像已逐渐成为构建信任关系的主要方式。无论哪种途径，金融领域都面临着交易双方因信息不对称而产生的匹配、逆向选择与道德风险等难题，而这一实质性难题需要通过信任关系的建立与风险控制手段来加以克服，这仍是金融运行的基础机

285

①　Merton R C, Bodie Z A. Conceptual Framework for Analyzing the Financial Develop-ment, the Global Financial System: a Functional Perspective [M]. Boston, MA: Harvard Busi-ness School Press, 1995.

制，并没有因为技术手段的日益进步而出现本质性变化。

三是金融监管的目标没有改变。金融监管的目的是在防范系统性金融风险的前提下，保障金融消费者合法权利。在金融科技广泛运用的背景下，系统性金融风险出现新特点，消费者保护内涵得到新延伸。例如，AI 技术具有"黑箱"特征，很难验证其得出结论的过程，从而在算法发生重大失误时可能造成严重后果。与此同时，随着计算机、网络等现代科技手段被大量应用于金融科技活动之中，金融活动更加错综复杂，进而也加大了金融风险产生的可能性。很多以前没有涉足过金融领域的科技企业都参与了金融业务流程，也在一定程度上影响了金融风险的产生与扩散。从维护消费者权益的角度来看，大数据应用带来涉及隐私权、价格歧视和特定群体服务可及性问题。这一切都说明金融监管的最终目的并没有变，相反在新的时代背景下更显得必要。

二、福建"船政文化"对金融科技创新的启示

时任福建省委书记尹力出席"2022 年金融资本服务实体经济福建创新发展大会"时强调，要深入学习贯彻习近平总书记关于金融工作的重要论述，全面落实党中央关于金融工作决策部署，紧紧围绕服务实体经济，防控金融风险和深化金融改革三大任务，推动经济与金融良性循环、健康发展，在新发展阶段为建设新福建提供更优质服务。党的十八大以来，以习近平同志为核心的党中央高度重视金融工作，作出了一系列重要指示，有力推动金融业高质量发展。福建一直秉持着稳中求进的总体

基调,按照金融发展规律,不断深化金融改革,完善金融服务,促进金融和经济高度融合发展。近年来,全省金融综合实力不断提高,金融体系日益完善,融资渠道也越来越畅通,为经济社会发展提供了强有力支持。

目前,福建正在全面推动高质量发展,在全面建设社会主义现代化国家新征程上书写福建发展新篇章,广大金融机构与企业大有作为。坚持始终聚焦实体经济发展需求原则,并将其作为福建所有金融工作的出发点与落脚点,进一步加大金融服务乡村振兴力度,为民营企业、中小微企业提供更多普惠性金融服务,提高福建四大经济(数字经济、海洋经济、绿色经济和文旅经济)的金融扶持力度。坚持以市场为导向原则,优化金融结构,提高直接融资比例,推进融资便利化,减少实体经济成本,促进资源配置效率提升,不断推动金融和科技的有效衔接,加大金融支持科技创新、制造业发展力度,进而使金融业与经济社会协调发展。坚持高水平开放原则,不断营造良好金融生态,推动金融有序竞争,保障金融消费者合法权益及防范金融风险,打造市场化和法治化氛围,营造便利化、国际化营商环境,使得越来越多优质金融资源汇聚福建,主动服务融入"双循环"新发展格局。福建作为资本市场发展最早的省份之一,目前已成为创新的热土、创业的沃土、创造的乐土,正致力于打造成特色金融优势凸现、具有明显国际化特征的区域金融中心,为新福建建设注入了更加丰富的金融活水①。

---

① 周琳. 2022 年金融资本服务实体经济福建创新发展大会在榕开幕 [N]. 福建日报,2022－08－25(002).

287

（一）坚持科技自立自强

科技创新是大国之间竞争的核心领域。甲午战争之前，魏源曾提及要"睁眼看世界"，要"师夷长技以制夷"。陈璧等多位福建船政人物也提出要学习西方货币思想，引进西方先进铸币技术。这些都说明一代又一代的中国人一直探索着用科技来寻求我们民族振兴和国家富强的道路。当前，中国正面临百年未有之大变局，国际竞争已经演变为国家和国家之间科技实力的竞争。

秉持科技自立自强的理念，积极实施金融科技战略，强化数据基础设施建设，构建安全可控、先进高效的金融科技应用体系。通过技术和数据双轮驱动，提供强大的科技支持和客户服务能力，全面推进金融数字化。引导金融机构以客户需求为中心，运用区块链、云计算、大数据、AI、物联网等信息技术，积极探索创新产品和服务，以满足客户的多元化需求。完善金融科技发展的"四梁八柱"，促进金融与科技的深度融合和协调发展，显著提高老百姓对新型金融产品与服务的满意度。

（二）坚守服务实体经济的本源

秉持"科技以人为本"的核心理念，致力于提升金融服务的便捷性、可得性和包容性，推动经济向绿色、可持续方向发展，避免"数字鸿沟"与贫富分化的现象出现。通过大数据等金融科技，迅速挖掘数字经济中市场需求的变化情况，进而快速作出反应，提供和改善相应金融产品，实现经济高质量发展。同时，通过利用新兴信息技术建模分析企业运营数据，实时监控并掌握资金流、信息流、物流等信息的变化,从而实现资源的合理配置,引导资本向鼓励的战略新兴产业转移,促进实体经济良性持续发展。显然,金融科技已经成为金融服务实体经济发展的新途径。

尽管经济是金融的基础,金融创新要始终如一地坚持服务实体经济理念。然而,金融和实体经济关系不平衡、金融资源内部循环、金融创新脱实向虚等种种现象,都会在一段时间以多种不同形态反复出现。这一现象不论发达国家或发展中国家均很普遍,仅程度不同而已。造成上述现象的根本原因是制度不健全、竞争不充分以及非市场行为的干扰,还有部分从业人员对于金融与实体经济内在认识不足。为此,强调金融科技发展必须紧密围绕经济转型升级与结构调整产生的有效金融需求展开,不断增强金融供给适应实体经济需求转变的灵活性,始终坚持以金融创新为实体经济服务,严格遵守经济金融规律。

(三) 强化审慎监管

健全金融科技监管法规,强化功能和行为监管,避免监管套利,提升监管科技水平。规范市场秩序,避免市场垄断,确保信息安全与个人隐私,保护消费者的合法权益。尽管大数据等新兴技术快速发展,但其在资本市场的应用仍处于探索和发展的阶段,存在新的潜在风险和隐患。由于技术的高度复杂性和相互依赖性,平台安全、应用安全和系统运维等方面都面临着巨大的挑战,这也对监管工作提出了全新的要求。尤其在数据安全领域,越来越多的机构采用数据集中存储和云端管理的方式,一旦敏感数据遗失、泄露或盗用,所带来的负面影响和危害将难以估量。

寻求金融科技创新与风险监管的适当均衡。纵观全球金融发展长河，受内在脆弱性与外部规则滞后性诸多因素影响，每次重大金融创新均伴随风险迅速累积，甚至会导致金融危机连锁反应。例如，纸币代替金属货币增加通货膨胀的规模与范围，股票交易崛起孕育资产泡沫。从金融业创新风险规则动态循环演变过程看，金融创新和风险监管是没有冲突的，二者应维持适度均衡。2020 年，中国人民银行发布了三项金融行业标准，从多个角度对金融科技创新进行了规范，分别是《金融科技创新应用测试规范》《金融科技创新安全通用规范》和《金融科技创新风险监控规范》。规范旨在积极推进监管科技发展，全面提升资本市场监管科技化、智能化水平，促进新兴技术在监管过程中的广泛应用。《金融科技发展规划》也多次提及，要加快监管科技的全方位应用，实施穿透式监管，筑牢金融与科技的风险防火墙①②。

（四）加强国际监管合作

健全国际监管规则，加强反洗钱、反恐怖融资、反逃税、数据监管、运营管理和消费者保护等各个方面的合作，防止金融风险在跨境范围内传播，共同构建开放、包容、安全的金融科技

---

① 《金融科技（FinTech）发展规划（2019－2021 年）》提出，加强金融科技审慎监管，要建立健全监管基本规则体系，加大监管基本规则拟订、监测分析和评估工作力度，运用现代科技手段适时动态监管线上线下、国际国内的资金流向，探索金融科技创新管理机制，服务金融业综合统计，增强金融监管的专业性、统一性和穿透性。

② 《金融科技发展规划（2022－2025 年）》强调，要加快监管科技的全方位应用，强化数字化监管能力建设，对金融科技创新实施穿透式监管，筑牢金融与科技的风险防火墙。

生态。建立具有包容互鉴的金融科技跨界合作机制，促进与国际组织的沟通和交流，共同推进金融科技的技术攻关、风险防范和系统数据建设，共同致力于金融科技的应用发展和监管协作。

国际上对金融科技发展监管框架基本形成共识。许多国家监管机构及国际组织都提出了以促进金融科技发展为目标的政策与措施。英国、新加坡、澳大利亚等国家在金融科技创新方面提供了宽松的市场环境并建设了包容性更强、创新性更高的监管体系。美国政府发布的《金融科技框架白皮书》中强调了功能性监管的重要作用，并根据功能将金融科技相关业务纳入现有监管框架中。国际货币基金组织、国际标准化组织等国际组织也在不断探索构建金融科技全球政策框架。当前金融科技发展已经达成一系列共识，如以科技创新为驱动、以消费者保护为前提、以发展普惠金融为重点、以风险防范为核心、以标准规范为基础、鼓励多元主体良性竞合①。

---

① 李东荣. 以服务实体经济为导向的金融科技创新才有生命力 [J]. 市场观察，2017（07）：20 – 25.

第八章 福建"海丝文化"与金融融合发展

第一节 福建"海丝文化"的发展与货币交往

一、福建"海上丝绸之路"的形成与发展

1877 年，德国地理学家费迪南·冯·李希霍芬（Ferdinad Von Richthofen）首次提出"丝绸之路"概念。原指中西方陆上贸易通道，因以丝绸为主要货物贸易，故称丝绸之路。1913 年，法国汉学家沙畹（Edouard Chavannes）在其所著的《西突厥史料》中认为"丝路有陆、海两道"，第一次提出"海上丝绸之路"。然而这一概念，则是由日本学者三杉隆敏在 1967 年出版的专著《探索海上丝绸之路》中明确提出。

"海上丝绸之路"，简称"海丝"，是古代中国同世界各国开展经济和文化交流的海上通道，以当时东西洋之间一系列港口

网点所形成的国际贸易网。唐、宋、元鼎盛期,中国主要由泉州、广州和明州(今宁波)3个主港及其他支线构成。国家主席习近平曾提及泉州、广州、宁波等地的古港就是记载这段历史的"活化石"。[①]"海丝"不仅运送丝绸,还运送瓷器、五金、糖等出口商品以及香料、宝石、药材等进口商品,因此又被称为"海上陶瓷之路""海上香料之路"。

福建省素有"东南山国"之称谓,依山傍海,拥有漫长的海岸线(长3051千米,居国内第2位),大小港湾125个。其中,闽江、九龙江和晋江的出海口均为较好的交通贸易港口。在陆地交通欠发达时期,借助漫长海岸线和众多海湾良港等地理优势进行对外贸易以谋求发展。福州、泉州、月港(龙海)以及厦门等对外港口相继出现,由此而形成的"海丝"在世界范围内享有盛誉。通过繁荣的海外贸易,大批丝绸、茶叶、瓷器、钱币、中药、书籍等经由上述港口通过海上航路输出。历经岁月变迁,"海丝"的主港也跟着发生变化。其中,泉州被联合国教科文组织认定为"海丝"的起点。

自上古时代,福建同沿海以及中原各地的来往,主要由近海地区海运完成。福州地处江浙和广东之间,地理位置得天独厚,成为南北交通的重要中转港口,其地位举足轻重。据《后汉书》记载,"旧交趾七郡,贡献转运,皆从东冶(今福州),泛海而至",可见福州自古以来就是南方沿海地区的重要交通枢纽与通商口岸。三国时期,孙权出兵经略台湾时,即以福州为起点。隋炀帝率领军队三度征战台湾,也是从福建地区起程。

293

---

① 习近平. 携手推进"一带一路"建设 [N]. 人民日报, 2017 – 05 – 15 (003).

《汉书·地理志》① 最早、最详尽地记录了"海丝"航线。在西汉初年，汉武帝平定南越之后，便派遣使者穿越南海与印度洋，途经东南亚，跨越孟加拉湾，抵达印度半岛东南部，最终到达锡兰（今斯里兰卡），然后返航。汉武帝时开通的这条航路，开启了"海丝"。在唐中后期，随着中国经济重心向南方转移，陆上丝绸之路因战乱而受阻，而海路相较陆路安全度高且成本低运量大，因此海路逐步替代陆路演变为中外贸易的主要通道。宋朝时期，随着商业科技的高速发展，航海技术如指南针、水密封舱等的发明，以及牵星术、地文潮流等各种航海知识的沉淀，加之阿拉伯世界对海洋贸易的高度热忱，使得"海丝"得以蓬勃发展，达到了前所未有的繁荣。明朝实行海禁政策，"海丝"逐步衰落。郑和下西洋本质上是一种朝贡性质的航海行为，不可持续。海禁政策倒逼民间海外贸易转为走私性质私商贸易，民间海外贸易的需求张力与朝廷政策之间的矛盾与冲突，贯穿于明清两朝。这期间只有少数有限度的开禁，均为被动权宜之策。没有政治武装支撑的中国海商无力抗衡大航海之后政治军事商业一体化的西方扩张势力，海禁政策使中国退出海洋竞争，可以说是近代中国落后之关键所在。

纵观"海丝"的发展历程，大体上可以划分为以下历史阶段。其一，唐代中期之前是形成时期，隋唐之前，海路仅是陆上丝绸之路的补充形式；其二，唐中晚期为转型时期；其三，宋、元时期是极盛时期；其四，明朝时期转入衰落期。

① 汉书［M］.（汉）班固撰；（唐）颜师古注 . 北京：中华书局，2000.

二、福建"海上丝绸之路"的代表地区

（一）福州

闽越人自古习于水斗，擅用舟楫，濒海而居，大力发展海上贸易。汉元封元年，福州被确定为对外交通贸易港口，定期与中南半岛、夷洲（今中国台湾）、日本、澶洲（今菲律宾）等地通航。唐五代时，福州怀安窑生产的外销陶瓷器被直接贩运到日本和东南亚国家，而阿拉伯商船将各国商品运送到福州进行贸易往来。闽王王审知及其后裔非常注重发展海外交通贸易，设立市舶司为专门负责海外贸易的行政机构。宋元时期，福建进入海外交通鼎盛时期，福州也是重要贸易港口之一，是当时第一大港口泉州港的主要支线港与重要支撑，而且也是我国主要造船基地之一。造船装备精良工艺先进，处于国内领先地位。福州长乐太平港是明朝郑和七下西洋的出发之地，在福建市舶司由泉州迁到福州之后演变为与琉球经贸文交往的重要窗口。1844 年，清道光二十四年，福州正式成为五大通商口岸之一。

（二）泉州

泉州，被西方称为"刺桐"（zaitun），是联合国教科文组织确定的"海丝"起点。"海丝"的鼎盛时期，也是古代中国在中外贸易中占主导地位的时期，泉州作为东西方国际贸易网络的东方支撑点，占有重要而独特的历史地位。马可波罗的游记中，泉州港和埃及亚历山大港齐名，誉为东方第一大港。可以说，泉

州港是当时世界性经济文化中心。

泉州海外交通，起源于南朝，发展于唐朝。唐宋之交，我国东南地区经济快速崛起。当时，对外贸易的主港主要是泉州、广州和宁波。北边日本和朝鲜半岛，南边阿拉伯世界和南海诸国，两边客商都希望港口位置离自身更近更便利，这两个方向上的合力点便平衡于当时位于南北海岸中点的泉州上。基于这一南北辐射的地理优势使泉州在成立市舶司（1087 年，宋哲宗元佑二年）后，于南宋中后期成为第一大港，对外贸易繁荣。宋元之交，当时主管泉州港的蒲寿庚叛宋降元，客观上使元朝初期的泉州免遭战火，维持兴盛，依然是"海丝"的主港。元朝中后期，阶级矛盾空前尖锐，民族歧视和民族压迫现象严重，元末亦思法杭兵乱，重创泉州社会经济，严重影响其海外交通中心地位，泉州港走向衰落。明朝海禁，泉州港对外贸易受到极大限制。同期，海禁使得民间海外贸易被迫转为走私，远离官方监管的漳州月港逐步兴起。明成化十年（1474 年），泉州市舶司迁至福州，这标志着泉州港长达四百年外贸港地位的终结。清朝，受反清复明战争、海禁、迁界等因素影响，泉州社会经济破坏严重，昔日港口繁荣烟消云散，大量人民为谋生而开始下南洋，到台湾，成就了泉州第一侨乡及台湾同胞祖籍地之一。鸦片战争后，厦门列为五口通商口岸之一，泉州港沦为厦门港的附属港。

（三）漳州

据《漳州文化志》记载，"月港与汉唐的福州港、宋元的泉州港、清代的厦门港并称福建历史上的四大商港。"明朝海禁，民间海外贸易被迫转为私商贸易，沿海小港口成为当时走私活动的集聚地。据《明实录》记载，月港"外接海潮、内接山涧"，地理位置既隐蔽又便利，"闽人通番，皆自月港出"，月港迅速崛起并成为东南沿海最大的私商港口。隆庆元年（1567年），迫于国内外压力，明朝有限度放宽"海禁"，在月港开放"洋市"。"准贩东西二洋"使得月港得以正名，同时为加强对海商的控制，设立海澄县，月港一跃成为"海丝"唯一合法的民间海上贸易始发港。这标志着明朝对外贸易进入了月港时代，月港由兴起至繁荣将近 200 年。此时恰逢大航海后的扩张时期，繁盛时期的月港拥有 18 条航线，与 47 个国家和地区（包括东南亚与西亚、欧洲、拉美等）进行贸易往来，大量白银流入国内，推动我国银本位制的确立，在我国外贸史和货币史上具有重要的地位。

297

（四）厦门

宋朝，厦门港是泉州港的外围辅助港。明末清初，厦门港兴起。月港开埠后不久就遭遇朝代更替，郑成功和清军在闽南沿海展开了数十年的对峙拉锯和争战，兵荒马乱殃及月港。与此同时，清廷为了扼制郑氏而对沿海进行了迁界，盛极一时的月港航运和商贸也随之萧条。禁海和迁界导致了月港的彻底没落和衰败。然而，郑成功占领厦门后，厉行"以商养军"，发展海运，厦门港随之崛起，逐渐取代月港。1684 年，清康熙于厦门设立海关，正式替代月港在海外贸易中的地位。1842 年，厦门开辟为 5 个通商口岸之一。

三、福建"海上丝绸之路"分期与中外货币文化交流

马克思主义货币理论认为,商品交换过程必然产生货币,货币的职能不仅包括价值尺度、流通手段、支付手段、贮藏手段,还包括世界货币。货币是一个国家政治、经济、法律、道德、文化、艺术及综合国力的反映。货币包含丰富的历史文化,货币上的优美图案、书法文字、艺术雕刻和制作工艺往往是当时文明的结晶。中国古代货币,伴随着福建"海丝",大量输往世界各国,不仅作为"世界货币"使用,并且是一种文化交流。与此同时,古代外国货币也通过海上贸易不断输入中国。

(一)福建"海上丝绸之路"形成期与中外货币文化交流

西汉时期,汉武帝灭南越国后,将原已开通的南越国和印度半岛的海路进一步拓宽,促进海上贸易。据《汉书·地理志》描述,此航线以斯里兰卡为中转点,中国的丝绸等由此转运到罗马等地,同时,商船在此处购得珍珠、璧琉璃、奇石异物等回返。东汉时期,据《后汉书·西域传》记载,中国和罗马帝国首次进行了海上贸易往来,这也是东西方经济文化交流的重要事件之一。经由海路,中国商人将丝绸和瓷器从马六甲穿越苏门答腊抵达印度,同时购买香料和染料回国。印度商人则将丝绸和瓷器经由红海运往埃及开罗港,或者通过波斯湾进入两河流域抵达安条克,接着由希腊和罗马商人从埃及亚历山大港、加沙港等港口通过地中海抵达希腊和罗马两大帝国的各个城市。

通过海上贸易,中国输出丝绸、陶瓷器、铜铁器、漆器、茶

叶、中药及棉布等，换回珠宝、象牙、琥珀、玛瑙和香料、苏合油以及奇珍异兽等物品。早期"海丝"贸易的方式主要是以物易物，但货币作为商品交换的媒介，不可避免地出现在贸易过程中。

有商品交换，就会产生货币交易。在汉朝以前，物物交换是"海丝"上最典型的贸易方式，丝绸、青铜器等实物都曾经充当交易媒介，发挥着实物货币的职能。到汉朝以后，"海丝"贸易发展需要价值量大且便于携带与交易的金属货币，这些金属货币逐渐取代实物货币成为"海丝"上主要的交换媒介。考古资料表明，在朝鲜、韩国、越南以及东南亚等都出土有中国的方孔圆钱，如两汉时期的五铢，王莽时期的货泉、大泉五十等铜钱。相应地，在中国的广东英德、江苏南京等地区的南朝墓葬中也出土了萨珊、卑路斯银币。海上贸易推动了早期东西方货币跨地域交流。尽管此时的贸易方式以物物交换为主，但汉代五铢钱已开始担负起贸易流通货币的职能。

秦始皇统一中国后，规定秦半两为国家法定货币，这种圆形方孔的铜钱成为中国沿用 2000 年的钱币形制。汉代初期，沿用秦朝半两钱的形制，但在钱重上进行了数次调整，最终于汉武帝元狩五年（公元前 118 年）以"五铢"为文开铸新钱，结束了半两钱 130 多年的行用史，开启了我国古代货币史的五铢钱时代。五铢钱初期允许郡国共铸，元鼎四年（公元前 113 年），武帝禁止郡国和私人铸钱，将铸钱权收归中央，由上林三官铸标准五铢，又称为"上林上官五铢"、"三官钱"或"上林钱"，同时销废各种旧币。创设五铢钱不仅加强了中央对全国经济的管理，为汉朝国力的强盛奠定了基础，也因五铢钱技术先进，大小轻重适宜，标准一致，极大地便利了贸易交往，沿用长达700多年，一直延续到唐朝开元通宝，才逐渐被宝文钱取代。五铢钱被历史证明是中国古代最为成功的货币形制之一。

五铢钱也因信誉良好、币制先进和铸造工艺成熟，而被广泛认可和接受，大量流通到陆上丝绸之路共建国家和地区，甚至随海上贸易流通到东亚、东南亚、南亚等国家和地区，促进了早期中国与"一带一路"共建国家的贸易往来、经济发展与文化交流。在今天的新疆、中亚和东南亚多个国家也时常有五铢钱发现。一些"海丝"共建国家与地区不但流通中国五铢钱，还仿制五铢钱铸造本国货币，并使用"铢"作为货币单位，如中南半岛的扶南国（今泰国和越南部分地区）铸行带有"五金"或"五五"的货币，也与中国货币钱文习惯类似，直至今日泰国仍将"铢"作为货币单位。

（二）福建"海上丝绸之路"转型期与中外货币文化交流

唐朝时期，由于国内政治统一、经济繁荣，货币制度实施钱帛本位制。唐初，市面上的主要商品，如马匹和粮食等，其价格大都以绢帛来计价，贵重商品一律以绢帛计算。绢帛不仅作为价值尺度，还广泛用于各种支付手段，如赏赐、薪俸、纳税、租金、借贷等。盛唐时期，随着经济的繁荣，铜钱的铸造量大增，绢帛的货币地位开始动摇。唐中期以后，绢帛逐渐退出货币行列。

作为"海丝"贸易媒介的货币，唐朝除绢帛外，主要行用"开元通宝""乾元重宝"等铜质铸币，以及少量金银货币如船型银铤等。唐朝货币开始成为"海丝"的基准货币，丝绸之路其他货币和商品都以唐朝货币为依据进行折算，形成了以唐朝货币为基准货币的汇率雏形，一定程度上扮演了国际货币的角色，有效促进了中国与"海丝"国家的贸易繁荣。除了唐朝货币之外，丝绸之路上还流通其他丝路国家的货币，如突骑施铜钱、回鹘文铜钱等，以及东罗马金币、波斯萨珊银币、阿拉伯金币、嚈哒银币等。

　　唐代"中国钱币流入四夷"，促进了中国与西域的贸易繁荣。中国的钱币铸造从唐朝开始逐渐放弃采用平板范（如铜范、石范、泥范、陶范、铁范）竖式浇铸法和叠铸法，而开始改用母钱翻砂铸造工艺，生产效率获得了极大的提高。唐武德四年（621年）始创铸行"开元通宝"铜钱，不再标注货币本身的重量，而抽象为特定符号。"宝文钱"自此持续了1300多年，对后世货币的发展产生了极为重要的影响，形成了以"圆形方孔"铜钱为代表的、具有东方特色的东方货币体系。当时的"海丝"共建国家和地区如朝鲜、日本、琉球、越南、泰国、印度尼西亚等，不仅大量流通行用中国铜钱，还曾经长期仿制圆形方孔铜钱。

　　据《新唐书·地理志》，最早关于福建设立钱监的记载始于唐会昌五年（845年），当时福建钱监是全国23个钱监之一。作为福建历史上第一个独立的地方政权，闽王王审知铸造了"开元通宝"大铁钱。闽王的继承者之一王延羲在执政期间曾铸"永隆通宝"钱。近年来泉州出土一批带铜屑的唐朝"开元通宝"铜钱，说明这批钱是当时泉州本地所铸。泉州承天寺"永隆通宝"铁钱铸钱遗址的发掘，更是反映了当时泉州是闽国经济中心的地位①。福建及泉州的铸钱历史，也印证了唐五代时期

①　黄炳元."永隆通宝"钱范与泉州早期社会经济［J］.中国钱币，1987（04）：51.

泉州海外贸易的繁荣。五代时闽国铜矿尚未大规模开发，行使的货币主要是铁钱与铅钱，其自身价值低，难以充当对外贸易结算的主要媒介，很可能是易货贸易，或者主要用丝绸作为实物货币，辅以少量铜、铁钱。这批"永隆通宝"大铁钱很可能是为了应付海外贸易需求而铸造的，以弥补铜钱之不足[①]。

（三）福建"海上丝绸之路"极盛期与中外货币文化交流

宋元时期，福建海外贸易更加繁荣。据史书记载，福州"百货随潮船入市"，可见贸易之兴盛，时任福州知州的蔡襄称福州为"东南都会"。宋代福州外销商品由木材、铁器、纸张至荔枝、茶叶和瓷器，销路甚广。元代朝廷多次派遣使者"招谕南夷诸国"。明成化十年（1474 年），舶司迁至福州，福州造船业蓬勃发展。

据《宋会要》记载，外商"得中国钱，分为藏贮，以为镇国之宝，故入蕃者非铜钱不往，而蕃货亦非铜钱不售"。另据《宋史·食货志》载，"泉、广两舶及西南二泉司遣舟回易，悉载铜钱"，"钱本中国宝货，今乃四夷通用"。可见当时，福建对外贸易广泛使用铜钱。由于"海丝"贸易繁荣，货币需求量极为巨大。据考证，宋朝铸币数量要比唐朝多出十倍至三十倍，但许多铜钱通过贸易或岁币的方式流到国外，一度造成"钱荒"。宋宁宗嘉定十二年，严厉打击铜钱外流，出台新规，进口商品不以金银铜钱结算，而以绢帛、锦绮、瓷器、漆等货物交换。然而，铜钱外流始终禁而不绝。日本在数百年间所使用的"渡来

---

① 鲍展斌. "海上丝绸之路"与中外货币文化交流［M］. 北京：中华书局，2020.

钱",基本上都是从中国进口的。据统计,日本近几年出土或发现的中国铜钱多达 55 万余枚,宋钱占比 82.4%。到 1959 年东非已发现古代中国、埃及、罗马等国家钱币共 405 枚,中国占比 57%,且大部分为宋钱(91%),这彰显宋朝中国在东非贸易中的地位。由于海上贸易的快速发展和朝廷对铜钱出口的禁令,金银货币也都曾经用于"海丝"大宗商品贸易。

1974 年于泉州湾后渚港出水的宋代沉船,见证了"海丝"贸易的极盛。随船出水了 504 枚唐、宋铜钱,其中 33 枚唐钱,除 1 枚乾元重宝外,其他均为开元通宝。另有 358 枚北宋钱、71 枚南宋钱。其中,以"元丰通宝"最多(55 枚),"熙宁元宝"第二(43 枚),第三是"元祐通宝"(39 枚)。出水的铜钱中有 2 枚"咸淳元宝",属年代最晚(公元 1264~1274 年),这也成为海船沉没上限年代判断的有力佐证[①]。南宋沉船(出港)"南海一号"出土 14000 余件套文物、2575 件标本、55 吨凝结物,其中 13000 余件套瓷器、151 件套金器、124 件套银器、170 件铜器,另有铜钱 17000 余枚等。钱币中,年代最早的是汉代的五铢钱,最晚的是宋高宗时期的绍兴元宝。船载这么大量的货币,可以推论中国的铜钱是当时海上贸易的主要通货。沉船出土的一批金叶子、银锭等文物,反映出两宋时期中国商品经济异常活跃,且已延伸到海外贸易。

元朝除铜钱外,白银货币频繁用于海外贸易,纸币也流出海外,甚至影响了一些贸易国的币制。当时的白丝贸易盛极一时,在整个"海丝"商品贸易中占 70% 左右份额。元朝继承了北宋

303

---

① 张星. 和而不同的 10~14 世纪海上丝绸之路货币——以泉州湾宋代沉船为视角 [J]. 福建金融,2020(08):73-80.

交子、南宋会子和金代交钞制度，发行了中统元宝交钞、至元通行宝钞等纸币。在发行之初，元代纸钞因为发行量较少，有发行准备金（白银）作保障，币值比较稳定，曾在"海丝"共建国家与地区流通。后来，因纸钞发行量增加而不断贬值，中统交钞、至元宝钞等就逐渐退出了"海丝"贸易。元朝的钱币在日本屡有发现，有力地证明了元代中、日两国之间海上贸易与文化交流的频繁。元朝时，纸币虽然一度在局部地区作为海外贸易货币使用，但是最终未能成为"海丝"贸易主要使用的交换媒介。其中的根源在于元朝纸币信用基础不牢固，通货膨胀严重，导致货币信用问题得不到有效解决。

宋元时期，铜钱冶炼技术先进，货币形制极其精美。从大宋大元流出的钱币对其他国家和地区的货币文化产生了深远的影响，甚至形成了以中国货币为代表的东方货币体系。由于中国铜钱大量外流，周边国家受中国货币文化的影响，早期铸币也采用内方外圆的方孔圆钱，币面文字使用汉文，如日本的"宽永通宝"，越南的"太平通宝""太平圣宝""绍圣元宝"，印度尼西亚的"天下太平"，马来西亚的"乾盛通宝"等。

（四）福建"海上丝绸之路"衰落期与中外货币文化交流

明初实行海禁政策，目的在于防范退居海岛的国内反抗残余势力，以及来自海外的倭患。但明朝仍然重视维护和发展与海外各国的关系，即使在明初忙于稳固国基，几乎年年用兵的情况下，朱元璋仍然遣使海外各国，并通过减免税费等措施，招徕海外各国到中国贸易。待明朝江山稳固，社会生产完全恢复，明成祖朱棣便进一步继承和发扬朱元璋"厚往薄来"的对外政策，派遣郑和统领船队赴西洋开展朝贡贸易,宣扬国威、传播中华文化,并通过和平的朝贡贸易这种官方贸易方式,换回各国土产。

明朝永乐三年至宣德八年(1405～1433年),郑和率领船队七下西洋,随携运载大批货物及大量"永乐通宝"铜钱。1975年12月,北礁西北部海域礁盘外发现并打捞出一批重要文物,内含铜钱一万余枚,且多为不曾流通使用的"永乐通宝"铜钱。据考证,这批钱币很有可能是郑和下西洋船队中一艘沉船所遗留下的。据《明成祖实录》记载,"永乐通宝"铜钱是明成祖实施"怀柔远人"对外开放政策而铸造专门用于海外贸易和赏赐的一种国际性货币,因此在国内出土的数量较少。因铸造精良,流通到世界上许多国家和地区,日本、越南等国当时还大量仿造该币用于流通。

近代中国,由于鸦片贸易与鸦片战争,使中国在"海丝"贸易中丧失主动权,从根源上讲也是争夺货币引发的。清朝康熙年间开海禁,大量外国银元流入中国,西方列强在贸易中大量出超,难以为继,因此用罪恶的鸦片贸易来打破原有的贸易格局,并最终采用军事与政治手段解决经济问题,使中国近代经济社会遭到严重伤害。鸦片战争后,丧权辱国的不平等贸易与对外赔款,又使中国的白银大量外流。

鸦片战争后,泉州没有被列入通商口岸。泉州在对外贸易中的重要港口地位,自此被福州、厦门所取代,这成为近代福建外贸港口的大概格局。明清以来,泉州晋江一带,因地少人多,人们逐渐向海外迁移,到菲律宾、新加坡等地谋生,从事劳工、经商等各种行业。为赡家养口,海外华侨都不断将自己在海外辛

305

苦赚来的积蓄寄回家乡，即为侨汇。大量的侨汇促进了当地钱庄、当铺等民间金融业的兴起。同时，侨汇、侨资也带动了侨乡经济的繁荣。

（五）外国银币流入福建地区

明清时期，随着欧洲大航海时代开启，葡萄牙、西班牙、荷兰等在本国及各殖民地利用新发现的银矿大量铸造银币。并通过东南亚与福建等地贸易，大量白银从闽粤沿海流入中国，改变了这些地区民间货币的使用习惯，最终白银取得了本位货币的地位。外国钱币流入福建后，除参与流通外，一些金属货币进入服饰与装饰品领域而延续下来，用银元改制的纽扣或者装饰品，在当时是身份和富贵的象征。清末，在中国白银外流的同时，闽粤等地制钱长期缺乏，官铸铁钱、私铸铜钱信誉低落，日本、越南、朝鲜等国铜钱大量流入福建，为清末福建地区铜钱流通之一大特征。

16世纪70年代到19世纪初，中国与墨西哥之间就有一条"太平洋丝绸之路。明朝时期，中国海商源源不断地将西班牙从墨西哥运往菲律宾的白银输送至中国，同时中国的商品、移民流向菲律宾和美洲，历史称其为"丝银贸易"。流入福建境内的外国银币种类繁多，数量众多，其中数西班牙、墨西哥、英国、日本和法属安南银币等是数量最多、流通最广的①。

福建沿海地区，多次发现16世纪至18世纪的机制西班牙银币，而泉州则是我国发现西班牙银币数量最多的地方之一。葡

---

① 叶伟奇. 钱从海上来——从海上丝绸之路流入福建的外国银币 [J]. 东方收藏，2016（11）：85－90.

萄牙是最早与闽南进行贸易的西方国家，1518 年前后葡萄牙商船来到闽南，交易使用货币以西班牙银币为主。最初流入的西班牙银币是西班牙属各殖民地铸造的"块币"。"块币"的货币单位在西班牙语里称 Real（瑞尔，缩写为 R）。17 世纪以后著名的双铸地球银、国王双柱银币大量流入福建。西班牙双柱银元也是近代中国市场流通的主要外国银元之一，因其大小、轻重较为适用，早期中外贸易皆以其结算，谓之"本洋"。19 世纪 60 年代西班牙曾在菲律宾铸造头像金银币，亦有流入福建。

　　1821 年，墨西哥独立后停铸西班牙双柱银币，并于 1824 年铸造墨西哥银币。因该银币币面有只雄鹰，故又称为"鹰洋"。墨西哥银币沿用了西班牙银币的形制，在面值、直径、成色和重量上相近，货币单位改为 PESO（比索）。墨西哥银币的铸造量大，版式多。从清道光起大量涌入闽台地区并迅速取代西班牙银币，成为福建市场流通中的外来货币之首。

　　英国流入福建的货币，最主要的是 1895 年起在孟买、伦敦等地铸造的贸易银币和香港银币，分别俗称"站洋"或"港洋"，其他包括美国本土早期银币、英属各殖民地（主要是海峡殖民地及印度等亚洲地区）铸币等。香港银币为 1866 年由英国在香港设立的造币厂铸造，币面铸有"香港银元"四个汉字，1868 年停铸。英国贸易银币，铸于 1895 ~ 1935 年，是英国在英属印度的孟买、加尔各答及伦敦铸造的，专用于印度附近英属殖民地和中国。因为绝大多数在英属印度铸造、出口，所以又称"英国东印度银币"。这种银币铸工精美、成色统一、便于计算，深受百姓欢迎，是墨西哥鹰洋在中国市场的重要竞争对手。

　　早在公元 708 年，日本就开始仿照中国唐代的"开元通宝"

铸造"和铜开珎"铜钱，这是日本最早的铸币，以后各朝对中国宋、明年号钱多有仿铸。宽永三年（1626 年），日本开铸"宽永通宝"并大量流入福建各地。日本自铸铜币除正常圆钱外，还有一类异行钱，如长方圆角的仙台通宝、椭圆形的天保通宝及各类异形钱票等。明治元年（1868 年），日本发生资产阶级维新运动，实行银本位制度。从中国香港造币厂购进造币机器，在大阪市建立国家造币厂，并于明治三年（1870 年）开始铸造日本贸易龙洋银元及辅币。日本铸造贸易龙洋，旨在驱逐墨西哥鹰洋。明治三十年（1897 年），日本改行金本位制度后，日本龙洋大量输入福建，尤其是闽南地区。闽南民间历来有崇龙风俗，百姓乐意储藏，尤其将其应用于婚礼习俗上，给予"龙子"的美好寓意。大正三年（1914 年），日本停铸龙洋。福建地区均有发现日本所铸的各年份龙洋。

福建发现的早期法国货币主要有波旁王朝时期的路易十四、路易十五头像银币等。法国本土银币通行重量与中国等远东、印支国家不同，行用不便。1879 年，东方汇理银行发行交趾支那银、铜辅币。1885 年，中法议和，安南沦为法兰西的保护国，即"法属印度支那"后，法国在其铸造印度支那贸易银元，俗称"座洋""坐人""法光"，这是流入福建最多的法国铸币，与墨西哥鹰洋、日本龙洋、英国站洋齐名，成为近代福建市场流通的四大外来银币之一。

荷兰在 17 世纪以后逐渐成为海上贸易的霸主，建立以东印度群岛、印度半岛为主的殖民地区并曾一度侵占我国台湾。明末荷兰东印度公司的设立及对我国台湾的非法占据，使得福建与荷兰之间的贸易往来变得十分频繁。福建发现的荷兰联省共和时期银币主要有马剑银币及其辅币、女神站像银币、帆船双狮银币、威廉一世头像银币等，其中马剑银币较多。因马剑银币足重且成色优良，民间以为销熔重铸利润丰厚，因此被闽台地区金银店销熔甚多，官方当局也将其熔化并改铸其他币种，目前这类银币在福建地区已很少见。流入福建的荷兰银币，除本土铸造外，以荷属印度尼西亚或荷属东印度公司铸造为多。

此外，福建也曾流通过其他多种外国货币[①]，其中包括美国贸易银元、奥匈帝国早期银币、朝鲜铜钱、越南铜钱、柬埔寨红鸟币、神鸟币等，缅甸孔雀银币、泰国虎舌银、子弹银粒、大王宫银币等在福建亦不少见。

"海丝"贸易，是一种双向交流。随着我国对外贸易的发展以及众多华侨的频繁往返，宋代前后我国货币大量外流。16世纪以后，我国由于某种原因减少铸币，外国货币（尤其东南亚货币）大量流入。从货币的流通，可看出福建对外交往的繁荣和相互的友谊。在"海丝"贸易中，我国利用超强综合国力，不仅把丝绸、瓷器等重要商品充当货币，而且自身铸币质量好、使用方便、文化内涵丰富，成为周边国家和地区争相仿效的对象，同时一些国家直接从我国进口货币作为本国货币使用，时间长达数百年，成为一种国家战略。"海丝"货币文化交流大致分为三大阶段。一是，实物货币贸易阶段。这一时期的中外货币交流特点是，丝绸与瓷器在我国曾作为法定货币用来交换外国舶来品，且是世界各国与各地区普遍受欢迎的实物货币，长期在"海丝"各国通用，形成丝绸之路和陶瓷之路。二是，铜钱

[①]　叶伟奇. 钱从海上来——从海上丝绸之路流入福建的外国银币 [J]. 东方收藏，2016（11）：85－90.

贸易阶段。这一时期的中外货币交流特点是，铜钱大量外流，史称"铜钱之路"，产生专门用于"海丝"贸易的贸易铜钱，形成以中国为中心的东方货币文化圈。三是，丝银贸易阶段。这一时期的中外货币交流特点是，外国银元大量进口，形成白银之路，构成了以明王朝为中心的世界白银贸易体系。进口银元推动中国币制变革，从铜钱本位制过渡到银本位制。

四、福建"海上丝绸之路"货币交流体现的"海丝文化"内涵

从某种意义上说，"海丝"的发展史就是一部中华文化同世界各国家不同民族文化互相传播、互相碰撞、互相融合和不断创新的发展史。20世纪初，梁启超先生就曾形象地将中国的历史演变划分为"中国之中国""亚洲之中国"和"世界之中国"这三个互相递进的阶段。"海丝"的产生、发展演变及最后衰落，是中国从"亚洲之中国"向"世界之中国"转变的一个缩影，蕴含着极其丰富的文化信息和价值①。

中华祖先"在大漠戈壁上'驰命走驿，不绝于时月，在汪洋大海中云帆高张，昼夜星驰'，走在了古代世界各民族友好交往的前列"。②古代"海丝"承载了共建各国各民族人民的海洋活动及海洋人文精神，推动了古代中国和共建各国各民族的经济和文化交流，带动沿线各国各地区经济的繁荣发展和人类文

---

① 陈惠平．"海上丝绸之路"的文化特质及其当代意义［J］．中共福建省委党校学报，2005（02）：68-72．

② 习近平．弘扬丝路精神深化中阿合作［N］．人民日报，2014-06-06（002）．

明的持续进步。古代"海丝"文明史体现的是人格勇于创新、政治开放包容、经济合作共赢及文化交流互鉴的精神，已经成为中华民族自强不息、求真务实、倡导和平、有容乃大的文明符号之一。

　　2013 年 10 月，国家主席习近平访问东盟国家时，高瞻远瞩地表示中国愿与东盟国家一起建设 21 世纪海上丝绸之路。次年6 月，习近平主席在中阿合作论坛第六届部长级会议开幕会上提出"千百年来丝绸之路承载的和平合作、开放包容、互学互鉴、互利共赢精神薪火相传"①。随后，"海丝"精神的号召力与生命力不断增强。2015 年 3 月，我国发布《推动共建丝绸之路经济带和 21 世纪海上丝绸之路的愿景与行动》，正式明确"和平合作，开放包容，互学互鉴，互利共赢"是"海丝"精神的要义与内涵②。2017 年 5 月，习近平主席在出席"一带一路"国际合作高峰论坛时系统阐述了这一"丝路"精神。2023 年是共建"一带一路"倡议提出 10 周年。截至 2023 年 2 月中旬，我国已累计和 151 个国家及 30 多个国际组织签署了 200 多份共建"一带一路"合作协议，达成 3000 多个项目，投资规模将近 1 万亿美元，辐射带动国际合作"范式"效应明显。另外，亚投行、丝路基金等多个多边开发机构及国际合作平台设立，推动全球治理体系向更为公正合理的方向发展③。当今世界正在经历百年未有之大变局，我国加快推进构建以国内大循环为主体、国内

---

① 习近平. 弘扬丝路精神深化中阿合作［N］. 人民日报，2014 - 06 - 06（002）.
② 国家发展改革委　外交部　商务部. 推动共建丝绸之路经济带和 21 世纪海上丝绸之路的愿景与行动［N］. 人民日报，2015 - 03 - 29（004）.
③ 于洪君. 风雨十年路　扬帆再启航　关于"一带一路"国际合作的回顾与思考［J］. 人民论坛，2023（07）：6 - 10.

国际双循环相互促进的新发展格局，这与共建"一带一路"高质量发展的要求和目标是高度契合的。

纵观"海丝"的兴衰与文化交流史以及结合福建历史文化发展史，可将福建历史文化视为由古闽越文化、中原文化（汉文化）与海洋文化融合而成的带有明显地域性特点的混合性地方文化。其中，连接各大主要文化圈的"海丝"大动脉就是这类文化产生和发展的主导因素。

（一）"海上丝绸之路"影响下的文化特质

1. 开放性

在漫长的福建海外交通史上，福建先民汲取了海外民族的文化精髓，并将其融入中原汉文化进而形成开放性的文化特质[①]。在一定程度上，"海丝"就是一种复合型地域文化，即在不同时代、不同地区有着明显差异的两种或多种文化形态的复合体。通过福州、泉州、漳州月港、厦门等港口，福建人开启了通往东亚、东南亚、南亚和非洲等地的海外经济贸易和文化交流之旅，与100多个国家和地区建立了经济文化上的紧密联系。他们将中国的丰富物产和文化推广至海外，同时也将异域的文化和物产引入国内。一方面，长期奔走于广袤海洋本身就需要有开阔的胸怀；另一方面，为适应海上交通需要经常在异国他邦生活，接触不同的民族文化和风俗民情。这种经历更能激发他们拥有海纳百川的胸襟、广采博纳的动机，积极接纳"海丝"各共建国家与地区的文化信息，并融入自身民族文化中。与此同时，福建

---

① 陈惠平."海上丝绸之路"的文化特质及其当代意义 [J]. 中共福建省委党校学报，2005（02）：68–72.

吸引了大量来自国外的商人和传教士，他们将其特有的异域文化、宗教信仰、风俗习惯、语言文字乃至服饰礼仪带到了福建，设立蕃学，兴建文化场所。在漫长的接触和磨合过程中，逐渐接纳了异域文化，并培养出开放的胸襟。据推测，宋元时期生活在泉州的外籍人士数量竟达到泉州城总人口的一半，可谓"缠头赤脚半蕃商，大舶高舶多海宝"。福建至今仍有十余万名外籍后裔，其中包括阿拉伯金氏、铁氏、马氏、丁氏、郭氏以及斯里兰卡世氏等。福建文化的特征之一开放性得以形成，离不开这些外籍侨民所做出的卓越贡献。

2. 多样性

历经数百年甚至更长时间的传承和演变，从异域传入的文化逐渐在福建生根发芽，形成独具特色的多样性文化特征。这种多样性并非各种文化对自身没有改变的保留，而是在彼此不断碰撞和交融的过程中逐渐形成的。文化间的碰撞与交融往往以一种"同化"的形式出现。文化的多样性体现在其所带来的文化冲突，这种冲突是文化多样性的显著体现。所谓冲突就是一种文化间的相互排斥或对抗，它具有明显的普遍性和必然性。文化之间的矛盾，是由不同性质文化之间的冲突所导致的。文化的差异性和开放性是导致文化间产生激烈冲突的根本原因。文化的不同类型、模式和特点导致了其价值观念的巨大差异，即使在同一文化类型内部，也存在着不同的群体文化意识。这就使得文化的交流与融合受到了一定程度的制约，并成为历史发展的一大障碍。伴随着福建"海丝"的拓展，当古闽越文化、中原文化、汉文化、海洋文化、商业文化等不同特质文化相互交融，不可避免地会引发冲突。例如，以佛教与道教为代表的异质文化间的矛盾和对抗尤为突出。在海交史上，宗教之间的纷争是一种最为显著的冲突，其影响深远。宗教观作为一种精神信仰，承载着不同文化最核心的价值观念和民族精神，其所引发的冲突往往具有深刻的影响。从某种意义上讲，任何一种文化交融都会伴随着一定程度的宗教冲突。在福建的历史长河中，各种信仰体系基本上形成了和平共处的局面，然而，冲突仍不可避免。其中既有外来文化的影响也有本土文化本身的因素。主要体现在两个方面：一是本土文化（融合了汉文化和古闽越文化）中的宗教信仰和外来宗教之间的相互影响与碰撞。这种碰撞往往以"三教合一"形式出现。自唐中期起，随着伊斯兰教经海路传入福建，传统的道教民间信仰以及本土化后的佛教和伊斯兰教、印度教等产生了长期的摩擦，导致不同教派和信徒之间在传教活动、信徒争取、建教寺、生活习惯等方面发生了激烈的争执，如1362年的方济各会泉州主教遇害事件。二是外来宗教纷争不断。伊斯兰教、印度教、景教（基督教前身）等外来宗教为求立足之地，加剧了竞争和冲突的激烈程度。即便在同一信仰体系下，也存在着不同教派之间的争执。

3. 兼容性

在历史的潮流中历经抗据和冲突后，不兼容或相异的文化会逐渐趋于稳定，进而彼此相互渗透、互补与共生，形成文化内部的结构张力，即文化的兼容，又称文化整合。不同文化之间既存在着对抗又有合作，这种对立与竞争、斗争与妥协、融合与分离的辩证运动过程伴随着文化的融合而发展。文化的融合和冲突是一种内在的矛盾，它们相互交织，形成了一个不可分割的整体。它们既互相依存又互相制约，并随着社会历史的进程而不断变化。文化的演进和发展受到文化冲突的重要推动，这种冲突有时会改变文化的本质，为新文化特质的形成提供了必要的前提条件。文化的融合实际上是异质文化重新组合的过程，而新的文化在整合后所保留的原先各种文化成分数量，则取决于不同文化的势能水平。某种程度上说，文化的整合就是一种文化间的碰撞。文化的渊源、性质和目标取向各不相同，但在相互碰撞、协调和接纳的过程中，其内容、形式、性质、功能和价值取向等不断修正、变化和融合，以适应现实社会的需求，最终形成新的文化体系。

福建本土文化在与"海丝"共建国家与地区各种外来文化相互交融、融合的过程中，形成了一种全新的混合性文化。这一文化交流史，既包括了不同时期、不同地区、不同民族之间文化相互渗透与融合的历程，同时也包含着对各种外来文化的抵制与批判。尽管在其过程中文化抗拒和冲突难以避免，但它最终演变为符合时代发展要求的先进文化。唐朝以后，大批使节商人、传教士等来到福建，扎根福建，并把当地的宗教信仰、习俗礼仪及语言文字传到福建，融入福建。"学问即使远在中国，也当往而求之"昭示当时外来文化和福建传统本土文化融合的成功，体现福建文化的兼容性特质。

（二）"海上丝绸之路"影响下的民族文化心理

"海丝"影响下的混合性文化特质，同时反映出福建先民所沉淀下来的并影响到今天的社会文化心态及人民的文化性格①。

————————

① 陈惠平."海上丝绸之路"的文化特质及其当代意义［J］.中共福建省委党校学报，2005（02）：68－72.

1. 爱拼敢赢

福建地处我国东南沿海地区，福建先民很早便有出海远洋的生涯和传统，也慢慢与不同国家不同地区开展人际交往与贸易活动，促进海外贸易的快速发展。宋元时期泉州港更是迅速发展为与亚历山大港齐名的东方第一大港，在我国古代海外贸易史上具有重要地位。海上航行是古人最重要的生存方式之一。在当时的技术条件与航海环境下，远离故土、涉足重洋，即意味着必须冒着生命危险进行殊死搏斗。在海外交通史上，福建人面向汪洋大海，敢拼敢闯，勇于冒险，勇敢地与惊涛骇浪搏斗，从而形成了坚韧不拔的社会心理与文化性格，锤炼出敢于拼搏的冒险精神，同时也开拓出举世闻名的"海丝"航海通道。其中，福建民众耳熟能详的"敢为天下先""输人不输阵"及"爱拼才会赢"就是"晋江经验"中"晋江精神"的真实写照。

2. 重商谋益

福建三面环山，一面靠海。这一独特的地理环境决定了福建先人以海洋为基础谋生的方式。《山海经》曾记载"闽在海中"，为谋求生存和发展，福建先人通过舟楫之便，实现对外通商贸易。福建的崇商意识早在五代十国闽国时就已萌芽，闽王王审知在闽期间，力推海外贸易，将福州、泉州发展为远近闻名的重要港口。元朝时泉州设"市舶司"以促进对外贸易。福建人"轻生死"，携带丝绸、药物、纸张、瓷器、糖等特产，远出重洋，顺着"海丝"航道，销往世界各地。久而久之，福建商人便成为迁居国重要的社会发展力量，福建也成为有名的侨乡。明清时期，尽管实施严格的海禁政策，但福建先人也有违抗指令，偷偷下海。闽商逐渐发展为中国十大商帮之一，其中以福州和泉州为杰出代表。

3. 祖根意识

福建的移民历史源远流长，最早可追溯到唐朝，并于明清时期达到了巅峰。伴随着"海丝"的发展，这条对外贸易大通道为福建移民创造了便利条件。福建沿海地区土地狭小，人口密集，土地资源匮乏，自宋元明清以来，人地矛盾日益凸显。于是，福建先人开始沿着海路外出谋生，再加上古人历来热衷于经商冒险、兴贩逐利，因此大量移民涌向海外，尤其是东南亚等交通枢纽地区。福建侨胞深受传统中华文化的影响，对故土有强烈的心理认同及依恋。因此，他们不仅有强烈的家乡归属感和认同感，而且也能自觉地代代传承故土文化传统。这种根植于自己土壤中的"土"文化，使之成为一种独特而又稳定的群体存在。尤其是在涉及家族文化的方方面面，福建先人高度重视家族组织、祠堂、祭祖、族谱以及儒家伦理道德观念、家族观念、辈分观念、祖宗崇拜等。尽管身处他乡，但仍将祖地的宗教信仰、民间习俗、方言文字等带到世界各地。从某种意义上讲，这就是一种根深蒂固的"祖根"文化。移民和祖地之间的血缘和文化联系，形成了强烈的祖根意识，进而支持家乡经济社会发展。"晋江模式"的崛起，离不开海外华侨的支持。落叶归根、关心同乡、热心祖地的公益事业及回乡办实业等良好的传统习惯至今仍是福建经济社会兴盛的因素之一。

317

第二节　福建"海丝文化"与货币制度改革

一、"海上丝绸之路"贸易对我国货币制度的影响

从中外货币文化交流的历史来看，早在唐朝时期，中国铸钱上的一些纹饰就受到西方货币纹饰的影响。比如开元通宝钱币上的月牙纹和孕星纹，就受到西方打制币星月纹的影响，尤其是波斯银币的影响。波斯安息王朝的很多银币，国王头像前后经常出现星和月，形同孕星。波斯萨珊王朝在面的国王头像前后及钱币四周以及背后的祭坛上方都会有星月。这些月是月牙形，星是六芒星。其后随着"海丝"的贸易往来，外国货币大量涌入中国，同时给中国币制带来了重大冲击。从历史上看主要是从明朝至民国时期，中国货币政策受外国货币影响颇多。

外国银币（又称"番银"）经"海丝"大量涌入福建，除经由贸易渠道之外，也有来自民间的传入。受"倚银富国"思潮影响，无论是皇室还是富商，都在竞相争夺积银，而民间则以白银的数量来衡量对财富的拥有程度，所以华侨回国时大多带银币回国。从漳州、泉州出土的窖藏外国银币来看，近50年来漳州先后出土外国银币上百批，泉州在20世纪70年代出土10批，计163枚、3.62千克，以每枚27克计算，共有300枚以上，多数为西班牙早期十字银饼，也有少量的其他机制银币。大量的外国银币流入民间，人们不仅将其作为财富储藏，也充作碎银，

投入市场使用。

明朝中后期，大量外国银元涌入我国，这直接推动了明代以后我国银本位货币制度的推行，有效地化解了我国历朝历代无法妥善解决的钱荒以及因纸钞发行而导致的货币贬值，使物价趋于稳定，流通中的货币形态发生了变化，并对我国货币体系产生了一定影响①。

（一）推动完成白银货币化进程

尽管白银早是货币种类之一，但由于其货币属性大多受限于储蓄和贮藏，流通手段的作用未能得到充分发挥，因此在明代中叶之前，白银一直未能获得本位货币的地位。在宋代、元代及明代初期，白银货币职能主要表现为朝贡税赋、财富贮藏和世界货币（特别是海上对外贸易）等，但并未实现价值尺度、支付手段和流通手段职能。随着商品经济的发展，明代中期以后，白银作为商品开始进入流通领域。从明代中后期起，外国银币大量涌入福建，这使得白银在中国货币体系中的地位得到了显著提升。由于明初统治者实行重本抑末政策，所以国家对白银征收较多，并采取了一些限制措施。在嘉靖年间，明朝政府实施"一条鞭法"的税收和徭役制度，而在万历九年（1581年），内阁首辅张居正将其推广至全国。这一时期，随着国家财政收入不断增加，以及商品经济的发展，民间开始出现向官府购买商品并进行交换的行为，从而推动了银价的上涨。"一条鞭法"所涵盖的核心内容在于，田赋、徭役及其他杂征总为一条，合并征

319

---

① 叶伟奇. 钱从海上来——从海上丝绸之路流入福建的外国银币 [J]. 东方收藏，2016（11）：85－90.

收银两，按亩折算缴纳。通过将力役部分土地摊入田赋，有利减轻农民负担，且摊丁入亩完成了赋役合一的单轨制。白银的征收政策凸显了其在社会经济中的至关重要性，进而慢慢成为流通中的本位货币，不但在大额交易及政府财政收支上扮演着纸币与铜钱不可替代的角色，而且还被广泛应用于货物和劳动力的计价及日常支付，这标志着我国自唐朝以来开启的白银货币化进程已经接近完成。

（二）促进流通白银货币形态的变化

我国传统的白银货币，通常采用块状铸造方式，包括船形、方形、束腰形、圆形等多种形态，被民众亲切地称为"元宝"。在使用该货币时，由于其重量、形状和成色缺乏统一标准，因此需要进行称重和验成色等程序，不利于流通。当外国银币首次进入中国市场时，也和银块一样，使用时不是以枚计数，而是需要成色查验及重量称重，进而将其折算成银两进行交易。随着时间的推移，外国银币的成色和重量的固定化逐渐被商民所熟知和接受，从而赢得了他们的信任。从 19 世纪初开始，他们不再成色查验及重量称重，而是直接采用枚计数的方式。外国银币因其计数方式简单、成色稳定、样式精美、携带便利和使用方便等特点，广泛流通于福建一带，成为官方和民间交易、商业记账、纳税等经济活动的首选。在福建各地的银票、地契、借据以及各种文书中，均有大量使用"佛银""佛头银"等词汇来描述货币名称。

（三）引发中国商民仿铸银元

因我国银两制度滞后，导致含银量低（成色仅约90%）的外国银币，和国内纹银（成色高达95%以上）等值流通，致使纹银外流严重，对国家权益造成了严重损害，同时也引发了商民私自仿铸洋银的现象。为抵制这一现象，清朝统治者采取各种办法，但收效不大。道光十三年（1833年），御史黄爵滋就曾提及，由于洋银成色低、流通等值、使用方便等，闽、浙、苏、赣等多个省份商民均流行仿铸洋银一事。同年，林则徐也提及这一现象，更是指出部分商民为谋求经济利益而偷偷降低仿铸洋银的成色，致使其在民间乃至国际流通受阻的问题。自20世纪以来，福建各地都有许多早期民间仿铸外国银币被发掘和发现，其中包括西班牙的双柱银元和墨西哥的鹰洋银元等。由于民间仿铸工艺水平不尽如人意，早期仿铸银币的制作质量普遍较差，币文和图案出现了大量的错误和漏洞。清末民初时，由于西方国家银本位制崩溃，银价飞涨。福建的地方政府也纷纷加入到仿铸银元的行列中，其中"漳州军饷"被认为是我国最早的地方政府自铸银币。清道光和咸丰年间，福建台湾地方政府也有陆续仿铸多种银元，其中包括"寿星银饼""笔宝银饼"和"如意银饼"，且这些银元在闽、台两地均有流通。闽台地区是我国早期仿铸、自铸银元集中出现的主要区域，这与外国银币最早流入福建并在该地区广泛流通使用密切相关。

二、"海上丝绸之路"贸易对我国货币思想的影响

（一）货币思想的"西学东渐"和"东学西渐"

人文思想就是以人为本的思想。西方人文思想在明朝中后期

通过丝绸之路逐渐传入中国。而中国的一些民本主义思想也在此时传至海外。明中后期，我国社会经济剧烈变动以及在与早期西方殖民主义势力相互冲撞的进程中，推动了东西方之间文化的交流。尽管中国文化的对外传播可追溯到汉唐时期，但那段时间中国文化的对外传播主要限于亚洲邻近国家，对欧洲和其他西方国家造成的冲击是极为间接和比较微弱的。但在明代则不同，双方既在贸易和经济方面发生过直接而又具有某种对抗性的交往，又因西方大量耶稣会士东来而在文化领域有过直接交流[①]。"海丝"不仅是世界各国经贸往来的重要途径，也是文化交流通道。"海丝"的繁荣也给中国带来了西方传教士，他们在中国沿海一带传播宗教的同时，也向国人灌输西方文化和技术，成为"西学东渐"的主力军。西方传教士在中西货币文化交流上也发挥了重要的作用。西方传教士和中国货币之间的关系可以归纳为两个方面：其一，传教士遗留下来的书信、论著、文章和回忆录等诸多文献，为当今人们研究中西经济和文化交流问题提供了宝贵的历史资料；其二，西方传教士长期居住于中国，他们不仅从理论上重视中国货币制度和币制的变迁，而且通过教会私票发行的形式对中国近代币制变迁产生了直接的影响[②]。

随着中国"海丝"贸易的不断深化和西方人文思想和科学知识的不断引进，晚明时期的人文思潮在中国土地逐渐扎根、发芽并逐步发展，百姓对自由、平等和民主的追求已经在社会

---

① 陈支平. 从文化传播史的角度看明代的历史地位 [J]. 古代文明, 2011, 5 (03)：71 – 75 + 113 – 114.

② 李丹. 来华传教士经济学著译与西方经济学财富学说的输入（1800 – 1911）[J]. 基督教学术, 2020（01）：184 – 211 + 380.

生活的各个方面得到了体现。对比中国当时的人文主义思潮和欧洲文艺复兴时期的人文主义思想，其共同的特点在于反对束缚个体，倡导尊重个体，以促进广大民众的主体意识得到充分的展现。对于晚明时期的士大夫而言，他们希望通过自己的努力来改变这种状况，以达到理想中的人格状态。在王阳明心学思想的熏陶下，士大夫们的民主意识得到了进一步提升，他们坚信每个人都应该过上一种合乎人性、充满尊严的生活，让内心得到真正的自由。在 17 世纪、18 世纪的欧洲启蒙运动时期，英国的霍布斯和洛克、法国的卢梭等提出并完善了人民主权的理论，强调了人民作为国家的主人的地位。在我国，"君权神授"的传统思想根深蒂固，封建统治者往往把政治斗争的重心放在如何巩固皇权上。晚明思想已开始意识到制度根源的问题，并认为根本的解决方法就是制度的改变。人文主义思潮在晚明时期得到了蓬勃发展，这是由当时的社会历史背景所决定的。人文主义思潮的兴起为后来启蒙思想的涌现以及赋税制度和币制改革提供了内在的理论基础和思想准备。

323

　　明朝中叶之后的张居正提出"轻关市以厚商而利农"的"厚商"政策，他力推的"一条鞭法"赋税制度改革就具有一定的人文主义思想影响因子。"一条鞭法"是明代嘉靖时期确立的赋税及徭役制度，由桂薯在嘉靖十年（1530 年）率先提出，之后张居正于万历九年（1581 年）推广到全国。新法规定：把各州县的田赋、徭役以及其他杂征总为一条，合并征收银两，按亩折算缴纳。这样就大大简化了税制，方便征收税款。一条鞭法实施后，农民长期以来因徭役制而形成的人身奴役关系被削弱，从而使他们获得了更多的自主权。在此过程中，明廷还通过一系列措施来限制和减少徭役的征收。相较于明初的赋役制，采用一条鞭法能够更好地适应社会经济的发展，从而对商品生产的发展起到了一定的推动作用。"赋役的货币化，使较多的农村产品投入市场，促使自然经济进一步瓦解，为工商业的进一步发展创造了条件。"[①]

明末清初伟大的思想家黄宗羲有"中国思想启蒙之父"的美誉，他的新民本思想更具有浓厚的人文主义色彩，黄宗羲的新民本思想虽非直接来源于西方人文主义思想，但是或多或少受当时西学东渐的影响，他的思想具有时代发展的特征。黄宗羲所倡导的"天下为主，君为客"的思想主张，蕴含了人民当家作主的理念，其中包括对币制改革的设想，已经具备了民有和民权意识，因此成为一种朴素的民主启蒙思想。黄宗羲的思想在后世产生了深远的影响，为后世留下了不可磨灭的印记。黄宗羲的后学万斯大、万斯同、全祖望等，在各自的为学过程中，从不同领域传承了黄宗羲的学术思想[②]。黄宗羲的新民本思想聚焦于中国政治思想史上的重要著作《明夷待访录》，提出"工商皆本也"创新理念，主张改革赋税制度，实施"废金银"而"通钱钞"币制改革，以统一币制[③]。他主张将钱币（主要是铜钱）为唯一的商品交易和市场流通货币，保证货币流通和商品市场的活力，从而维护国家长治久安。这是他货币金融思想最可贵之处。从历史上看，金银等贵金属货币经常被封建帝王

---

① 邹晓涓. "一条鞭法"论析 [J]. 石家庄经济学院学报，2005（05）：674 – 677.

② 郭淑新，汤小宾. 论黄宗羲"启蒙"理念中的"敬畏"意识 [J]. 哲学分析，2021，12（03）：132 – 144 + 198 – 199.

③ 黄宗羲全集 [M]. 杭州：浙江古籍出版社，2005：38.

聚敛和官僚豪强贮藏难以作为商品市场有效的支付手段，流通不畅，不利于经济发展和民生进步。黄宗羲所提出的货币金融改革理论，是对其新民本思想在该理论领域的具体体现。这些主张客观上有利于资本主义生产关系的萌芽与发展。

中国对西方近代经济和金融思想产生影响的人不多。中国近代货币改革思想家王茂荫（1798～1865 年）是其中的佼佼者，他也是马克思在其名著《资本论》中提到的唯一中国人。他在中国近代内忧外患、社会危机不断加深的历史背景下，总结吸收了北宋以来纸币发行的十条经验与教训，针砭时弊提出了"以实运虚"的策略，限量发行可兑换的纸币以缓解清代财政困难及通货不足的压力，并相应开创了政府与银号相结合的发行体制，由此推动中国货币纸币化改革①。王茂荫的货币思想是根据他本人对当时中国的客观情况所作的深入研究而独立形成的。从某种角度说，它代表着中国古代和现代货币改革的方向，因而受到马克思重视，对马克思货币理论的形成产生一定影响②。

近代以来，帝国主义列强向中国输入大量鸦片，导致中国白银外流，造成"银荒"现象。银贵钱贱严重影响了老百姓的生计及商品流通，进而激化了广大民众和封建统治者的冲突，使清王朝的统治危机进一步加剧。为解决货币问题，魏源主张：其一，以银作为统一等价物，履行价值尺度职能。其二，行铸币，利流通③。他提出"仿铸西洋之银钱兼行古时之玉币、贝币"，

---

① 胡武林. 清朝的货币改革家——王茂荫［J］. 安徽决策咨询，2003（08）：52 - 54.

② 何平. 马克思笔下的王茂荫及其纸币理论［J］. 中国钱币，2021（05）：55 - 66.

③ 崔锐. 魏源经学思想探析［J］. 人民论坛，2011（24）：174 - 175.

"官铸银钱以利民用，仿番制以抑番饼"，在中国率先倡导铸造我国机制银币[①]。这为后来洋务运动代表人物张之洞在广州铸造国产机制银币奠定了理论基础。

晚清时期，郑观应（1841～1918年）撰写的《盛世危言》，是一个中国全面系统学习西方社会的纲领。在该书中，他抱怨在中国的外国银行不正当经营，鼓励建立中国的银行，"若今之洋商，所用银票并不由中外官吏验看虚实，不论多少，为所欲为"。康有为（1858～1927年）也提出：改铸银钱，以挽回利权；金本位制为救国之良药；发行纸币为时势所趋；建立完整的银行体系等。他的货币金融思想主要集中在改革币制和兴办银行两个方面。戊戌变法失败后，流亡到日本的梁启超接触到更多的西方知识，他在1903年出版的《生计学学说沿革小史》一书中介绍西方的经济思想。梁启超本人也创立一套系统的货币金融思想，内容包括对国家信用与民间信用的分析，主张改革币制与完善货币兑换制度相统一，提出官民可以自由造币的建议。他呼吁建立中央银行，鼓励发行外债和公债，强调币制一定要统一，坚持货币从银两本位、银元本位、金本位到汇兑本位的发展路径等。

（二）三坊七巷与近代货币制度改革思想

福州三坊七巷历史悠久，自晋、唐形成起，明清走向鼎盛，其坊巷格局直至今日依旧基本保留完整，是中国都市仅存的一块"里坊制度活化石"。三坊七巷地灵人杰，自晚清至民国初

---

① 夏东元. 论洋务运动的经济背景和思想背景——鸦片战争后中国社会经济变化与改革思潮［J］. 上海社会科学院学术季刊，1986（03）：61–71.

年，从这里走出了一批对中国近现代进程有着重要影响的人物。鸦片战争后，近代中国货币制度受贸易一体化影响，银两制钱双本位制的地位遭到了一定的动摇。改革旧有币制就成了中国儒家知识分子在那个时代不得不面临的一个现实课题。福州三坊七巷走出来的林则徐、陈衍、严复和陈璧等一代又一代官员、学者们对这一问题或者提出了相应的政策主张，或者直接参与到近代币制改革的实践之中，把传统中国儒家文化"经世致用"的治学精神演绎到了极致，对近代中国货币制度改革的成功以及与国际接轨作出了巨大贡献①。

作为近代中国睁眼看世界的第一人，林则徐（1785～1850年）也是近代中国货币改革的先驱。19世纪初，中国海禁渐开，外贸日益繁盛，大量外国银元流入中国，且深受欢迎。旧有银两币制难以适应当时经济社会发展需求，国内铸币权及银两货币制度的传统地位遭到了较大的冲击。鸦片走私猖獗之时，外商还将低色银元换得"足色纹银"，浇铸成银元后返销以谋取利润，加剧白银流出。同时，民间仿铸、私铸现象严重，使得银贵钱贱，国库空虚，商民交困。林则徐多次献言，力图化解当时的货币危局。林则徐认为鸦片贸易是造成中国白银外流和国库空虚的主要原因。因此，他向道光帝奏请严禁鸦片。关于外国银元泛滥一事，林则徐一方面认为官方没有必要查禁或抑价，而由市场运行机制及价格杠杆来调控，另一方面主张官方自铸银元。可惜的是，这一提议却遭到道光帝的全盘反对。而在民间私铸一事上，他提出官方统一收缴，严格查处，直到私铸问题完全解

---

① 林航，吴进海. 福州的三坊七巷与近代中国货币改革［J］. 华侨大学学报（哲学社会科学版），2014（02）：101–110.

决。他还支持有限制地发行和流通信用货币，以满足经济发展需求。尽管林则徐的货币思想未能最终落地，但他关于中国近代货币改革的思考和实践探索，在中国货币史上具有开创性的意义。

19 世纪 70 年代，国际上金本位制逐渐取代银本位制，使中国本来就比较落后的银两制货币体系更落后于国际，银价也随之下滑，导致中国对外贸易与对外还款中亏损巨大，加剧当时的货币危机。为维护国家利益和促进商品经济发展，1887 年两广总督张之洞奏准广东铸造银元，后调任两湖总督，开展湖北货币新政。显然，这距离林则徐提出的"自铸银元"提议已过去半个世纪。来自福州三坊七巷的陈衍（1856～1937 年）助力其进行湖北币制改革。陈衍在其发表的《货币论》著作及其他一系列文章中建言献策。其一，针对钱荒问题提出一系列改革建议。例如减少一文钱的流通，大量铸造小银元和十紫铜元，并规定其适用商品范围；改铸一文铜钱使货币兑换秩序有序。其二，建议整顿钱法并提出相关做法。如，统一货币发行权，固定货币间兑换比价，确立银本位制，待条件具备再逐步过渡到金本位制，进而从根源上解决钱荒和币制混乱。同时，他还严禁私人铸造钱币。针对当时的伪造官票泛滥问题，陈衍建议引进外国先进钱钞印制技术并使用日本暗字银纸，在一定程度上缓解了假官票横行现象。陈衍的货币思想，一方面充分考虑当时国情，另一方面又借鉴了西方先进经济理论，为湖北币制改革发挥了较大的作用[1]。

---

[1] 林航，刘艳. 陈衍币制改革思想探析 [J]. 上海金融学院学报，2013 (01)：41－51.

福州三坊七巷的又一位学者，也是福建船政培养的杰出校友严复（1853～1921 年），他的货币改革理念主要体现在《原富》和《论铜元充斥病国病民不可不急筹挽救之术》等文献中，彰显了他对于货币制度改革的深刻思考和对于国家治理的高度重视。他对当时社会经济状况进行分析后提出了一系列改革方案，其中最重要的是"重钱轻银""铸币以法为治"等观点。他认为当时出现的币制混乱是由多种原因造成的，其根本原因在于清政府缺乏统一有效的管理。他揭示了清末货币制度的多个问题。第一，由于缺乏全国货币的统一铸造和发行，各地自行铸造货币，外国银元大量流通市场，造成市场中货币规格和成色各不相同，地区间货币折算比价也十分混乱。第二，当时国际上已由银本位制转向金本位制，但我国还没有彻底由银两制钱的二元币制向银本位制转变，对外贸易显然处于劣势。第三，当时"铜贵银贱"，民间大量私铸劣质铜钱，对国内经济产生了不利冲击。为应对上述问题，严复建议收回各地铸币权，以实现全国铸币的统一和国家货币自主权的稳定。在此过程中，他提出了许多具体建议和主张，为当时的改革提供了理论基础与实践依据。他主张，一个国家在选择货币制度时，必须考虑到经济发展的需求和趋势，以确保其合理性和可持续性。他还认为，银元将逐渐取代铜钱及纹银，金本位制也将逐渐取代银本位制。在此基础上，他进一步提出了改革币制、发行流通新硬币以及推行近代金融事业的主张。在中国近代货币思想史上，严复的货币思想对于后世的币制改革具有深远的启示价值①。

---

　　①　林航，林惠盛. 严复币制改革思想探析与启示［J］. 经济理论与政策研究，2013（00）：21－32.

陈璧（1852～1928 年）作为清廷的重要官员，对清末货币制度的混乱问题也非常关注[①]。他于 1905 年和 1906 年两次上书请求"禁用私钱"，并提议并入各省的铜币局厂。在这一过程中，他积极呼吁清政府采取各种措施来改革币制，包括发行新钞、推广新式钱币等。他建议借鉴西方本位币与辅币的货币制度，建立以银元为主、铜币为辅的银本位制货币体系，并对旧银元进行改铸。同时，他还指出应收回纸币的发行权，交由中央进行统一管理，以确保纸币的发行和流通得到规范，解决各地银钱官票发行泛滥问题。宣统二年（1910 年），《币制则例》颁布，将银元确定为本位币。同年，收归全国纸币发行权，确定大清银行负责纸币发行和兑换。尽管由于王朝更替，陈璧的货币思想并未得到全面贯彻，但是他提出的币制改革措施加快了中国近代货币的变革步伐。

此外，还有刘攻芸、陈彪如等杰出的货币思想家和实践家，他们均是在三坊七巷文化的滋养下成长起来的。在民国时期，刘攻芸积极参与法币改革，创办华侨存汇款业务，推行储蓄运动，扩大工业贷款，且在民国后期极力反对"金圆券"发行和尝试回笼货币。在当时金融秩序混乱、经济社会发展不平衡的特殊历史时期，他的金融改革方案具有积极的作用。陈彪如，作为中国国际金融学创始人，系统地提出了上海国际金融中心建设基本框架，在国际货币体系、人民币汇率及改革人民币汇率制度方面做出了卓越的贡献，促进我国经济建设及金融体制改革。在近代中西货币文化的历史性撞击中，受西方货币思想影

---

① 苏全有. 论陈璧的经济思想与实践 [J]. 河南师范大学学报（哲学社会科学版），2006（02）：62 - 66.

响，当时中国政治界和思想界的许多著名人物都主张改革落后的封建币制，在当时情形下有一定进步意义。

第三节 "海丝文化"的古今交汇
对近代金融发展的影响

今天的福建，"海丝"遗迹随处可见，其中就包含中外货币遗存。这些货币支撑着"海丝"贸易。作为一种交易的媒介，它承载着技术与文化，也助力不同地区文明的传播与交流，还见证着历史上贸易与交往的盛景。

一、"海上丝绸之路"货币文化交流的历史意义

331

经济学家约瑟夫·熊彼特指出："历史的叙述不可能是纯经济的，不可避免要体现和反映那些不属于纯经济的制度方面的内容。"[1] "海丝"既是通商之路，也是货币文化交流传播之路。在古代丝绸之路上，流通的货币体系可分为两大类，一类是中国货币体系，另一类则是希腊货币体系。这两种货币体系对东西方国家或地区的货币铸造和发展产生了深远的影响，对当时及以后的经济产生了巨大的作用。中国货币体系主要覆盖了东亚和东南亚地区，而希腊的货币体系则覆盖了西亚、南亚和北

---

[1] 约瑟夫·熊彼特. 经济分析史 [M]. 商务印书馆，1991：29.

非地区①。先进的古代中国货币制度极大地影响了周边国家与地区，形成独具特色的东方货币文化圈。近代以来，由于封建统治的腐朽与保守，中国的货币制度发展落后，极大地影响了社会民生与经济发展，这时候，西方先进的货币制度通过海上贸易传入中国，并引发近代中国货币制度的变革，推动中国近代化历程。因此"海丝"货币文化交流具有重要的历史意义。

（一）推动世界货币形成

在古代中国与亚洲诸国的经济贸易往来中，中国铜钱扮演着不可或缺的角色，其重要性不言而喻。唐宋时期，铜钱因其卓越的品质和稳定的币值，迅速成为了当时备受推崇的"货币霸主"。出使过辽国的苏辙曾提及"钱本中国宝货，今乃四夷共用""北界别无钱币，公私交易并使本朝铜钱"。同样，出使过金国的范成大也表示"金本无钱，惟炀王亮尝一铸正隆钱，绝不多，余悉用中国旧钱"。在当时，东南亚的越南、缅甸、柬埔寨、老挝等国家，由于缺乏货币铸造能力或本国货币制度混乱，都倾向于使用中国货币。因此，伴随着宋朝与周边地区贸易的往来，大量宋朝铜钱外流，多次引发大范围钱荒现象。尽管曾经出台严刑峻法予以限制，但民间走私中的铜钱外泄现象始终广泛存在着。明朝时期，日本曾多次派遣使者前往中国进行贸易，并要求中国采用铜钱。"爪哇、旧港、锡兰均用中国钱。中国铜钱'四夷通用'地位有史为鉴。"在《瀛涯胜览》一书中可见一斑。根据《中国印度闻见录》描述，中国的铜钱已经流向了日

---

① 郑周胜. 丝绸之路金融交流合作历程及其镜鉴 [J]. 甘肃金融，2015（02）：68 – 71.

本和东南亚各地,并且已经扩散到了波斯湾地区,甚至延伸到了非洲东海岸。西沙群岛考古发掘中出土了大量的明代"永乐通宝"钱币,就是郑和率领船队下西洋时留下的珍贵遗物。唐宋铜钱"四夷通用",中国货币文化的输出为以中国货币为核心的东方货币体系的确立奠定了基础,为当时"海丝"贸易的繁荣发展提供了重要保障,同时也促进了各国商品贸易的稳定,加强各国之间的文化互动。宋朝铜钱依赖历代积累下来的完备货币制度,以及高度发达的商品经济和雄厚的社会经济实力,被世界贸易的"无形之手"推上了世界货币的地位。

明朝中后期至 19 世纪 30 年代,为换取丝绸、瓷器、茶叶等商品,西方国家输入中国的白银多达 5 亿两。大量白银涌入中国,促进了中国社会经济的发展,而西方白银的涌入则使 19 世纪的中国得以完成由铜钱向白银再到银元过渡的通货革命,亦为这段时间中外贸易的推动力量,白银至此成为具有实质意义的世界货币。然而,随着西方国家银源耗竭,丝银贸易难以为继,遂以鸦片取代白银从事罪恶贸易,受到中国政府与民众的反抗和抵制。鸦片战争爆发,从一定意义上讲,也是争夺白银这一世界货币的战争①。

(二) 推动区域货币文化圈形成与发展

中外"海丝"货币文化交往推动区域货币文化圈的形成与发展。古代中国货币文化对亚洲国家货币的货币体系产生了深远的影响。其一,货币形制等的影响。亚洲多数国家的铸币沿用

---

① 刘筝. 第五次东南亚历史货币暨海上丝绸之路货币研讨会论文述要 [J]. 中国钱币,1995 (01):56－57＋2.

了中国钱币的形制、文字、重量，乃至货币单位和名称。例如，钱币方孔圆形，名称使用"元宝""通宝"等，就连货币文字也大都采用"圆"字。公元708年日本奈良朝和铜元年首次铸造了汉文的"和同开珎"方孔圆钱；公元970年越南铸汉文太平兴宝；公元996年朝鲜成宗十五年开始仿铸我国的乾元重宝；公元1453年琉球秦久王铸造汉文的大世通宝钱[①]。正如日本汉学家葭森健介指出的那样，历史上的中国、日本、韩国、朝鲜、越南等国家与地区，均为东亚中华文化圈范围。其二，仿铸流通。古代中国与亚洲多个国家开展贸易往来，中国钱币受到热烈欢迎并广泛流通于各地，于是纷纷效仿铸造。其中，日本仿铸的中国年号钱多达36种，越南14种，朝鲜、印度尼西亚和泰国等地也多有发现。其三，钱币文字使用汉文，追求书法美感，与中国古代钱币一脉相承[②]。如安南的"景兴通宝"铜钱，楷、隶、篆、草均有，书法多变，具有深厚的中国书法功底。其四，标明铸地。沿用古代中国钱币的一些做法，在钱币背面标明铸造地及铸造时间。例如，1678年朝鲜铸造的常平通宝，1625年日本铸造的宽永通宝等。其五，发行纸币。古代日本、朝鲜、越南等多个亚洲国家效仿中国发行纸币，元代、明代的纸币分别在中亚、东南亚地区可直接流通。其六，中国文化元素的传播。伴随着商品贸易和文化交流，中国的文化元素也深刻影响到西方国家对东方的贸易货币铸造形制。例如，为限制本国银币外流，英

---

① 葭森健介，张宇. 东亚世界的形成与中国皇权——以六朝时期为重点 [J]. 南京师大学报（社会科学版），2010（04）：70-78+85.

② 戴建兵. 浅议中国与朝鲜的货币文化交流 [C]. 耿昇，刘凤鸣，张守禄. 登州与海上丝绸之路——登州与海上丝绸之路国际学术研讨会论文集. 北京：人民出版社，2008：319-326.

国于 1895 年特地设计和铸造新的一款贸易银元，形制上带有
"寿"字图案，具有强烈的中国元素，以满足对华贸易及香港市
场流通需求。此钱最早流通于广东、广西两省，后流传至北方，
尤其京津地区，逐渐占领了我国大部分地区，套取大量白银。

（三）推动币制改革与经济社会发展

在"海丝"贸易活动中，许多国家采用黄金、白银等贵重
金属作为交换媒介。阿拉伯、波斯和东罗马帝国普遍使用的金
币和银币，经随海外贸易源源不断输入泉州、广州和扬州等东
南沿海港口，这迫使中国东南沿海地区首先开始试行银本位币
制。"海丝"贸易大量使用外国货币也推动了中国货币制度的改
革和商品经济的发展。

1. 推动币制改革

335

自明朝中后期起，西方银元开始涌入国内，以满足贸易往来
需要和外国商人以碎银兑换获利的需求。随着白银在市场上的
大量出现，银元的用途也发生了变化，逐渐由一般等价物转变
为支付手段和流通工具。在鸦片战争爆发之前，外国银元的涌
入对我国的货币流通产生了深远的影响。一方面，人们在日常
结算中更倾向于使用银元进行结算，而非其他货币。另一方面，
银元的货币单位是元，在一定程度上导致了银两结算的被动状
态。大量流通的外国银元为外国银行进入中国市场奠定了基础。
除了银元的流通和外国银行的涌入，外国银行发行的纸币对票
号及钱庄造成的冲击更为深远。中国的货币体系首当其冲地受
到了冲击。明朝末年，由于人口激增和战争需要，全国货币供应
严重不足，出现了通货膨胀。在太平天国时期，云南滇铜的运输

受到了极大的限制，致使铸钱频繁中断，铜钱产量下降。由于政府对官营钱局控制不力，出现大量私铸现象。铜钱的走私问题日益严重，随之而来的是严重的通货膨胀问题，朝廷不得不采取制钱减重和过度发行纸币等措施来度过这一危机。最后采用由机器铸造的铜元来替代铜钱流通①。历朝历代的封建朝廷并未确立明确的货币体系，清朝的货币体系基本沿用明朝的银两铜钱并行本位，大数以银为主，小数则以钱为主。外国银元的涌入对银钱并行的制度造成了一定的冲击，从而形成了银两、银元和铜钱三种货币的并行流通。清代中叶以后，随着商品经济发展和资本主义萌芽，出现了白银大量外流的现象。货币市场一片混乱，缺乏明确的本位币，主辅不分，既有称量的货币形式，也有计数的货币形式。随后，随着铜元的出现，制钱被广泛取代，成为市场上流通的主流货币。与此同时，各式各样的纸币在市场上流通，包括外国银行所发行的各种纸币。清末的货币流通逐步走向瓦解，中国社会也慢慢演变为半殖民地半封建社会。中国近代的货币体系呈现出一种混沌无序的状态，货币形态错综复杂，缺乏统一性，在政治、经济、文化、科学和军事等方面都落后于世界主要资本主义国家的货币制度发展水平。因此，清政府被迫思考对货币体系进行整顿和改革的必要性，不得不采取一系列措施来维护它统治下的金融秩序。

2. 推动商品经济蓬勃发展

随着"海丝"贸易的兴起，中国商品在全球范围内掀起了一股热潮，同时中国货币也在沿线国家与地区得到了广泛流通。

---

① 李勇五. 货币制度演进与票号产生、衰亡的历史逻辑 [J]. 上海金融，2013 (04)：98－100＋119.

336

由于唐朝国力的繁荣和货币的稳定，唐高祖所铸造的"开元通宝"在东亚和东南亚地区畅通无阻，成为当时备受欢迎的"国际货币"。明朝时期，通过"海丝"大量白银涌入中国，逐渐主导中国的货币流通市场。明代中后期，随着商品经济发展和对外贸易规模不断扩大，白银作为一种贵金属被广泛用作支付手段，促进了商业资本的蓬勃发展。随着商品经济的活跃，隆庆元年明确确立白银的法定货币地位，一条鞭法的实施则表明明朝廷正式确定白银作为本位货币的地位①。

"海上丝绸之路"的货币文化交流，推动"海丝"沿线国家与地区的货币经济发展。"当时在日本流通的铜币尽管种类繁多，但绝大多数是宋钱，其后则是明钱。"日本学者大宫泰彦在谈到中国铜钱大量流到日本时说："这笔钱币，对于日本国内钱币的流通，当然产生了很大影响，在日本货币史上和经济史上是特别值得注意的。"② 在当今世界范围内，大量中外钱币文物的发现已经成为中外友好交往的历史见证。海上货币之路曾经扮演着桥梁和纽带的角色，促进了中外经济文化交流和友好关系的建立③。

二、"海上丝绸之路"货币文化交往的历史启示

"海丝"货币的流通，不仅承担起货币的经济职能，而且形

---

① 徐董. 古代海上丝绸之路对中国港口经济的影响 [J]. 企业导报，2014（07）：42 + 6.

② 中村新太郎. 日中两千年——人物往来与文化交流 [M]. 长春：吉林人民出版社，1980：192.

③ 林文勋. 钱币之路：沟通中外关系的桥梁和纽带 [J]. 思想战线，1999（05）：92 - 98.

成了"海丝"货币文化，发挥着货币的文化职能。"货币的文化职能是指货币在人们的文化生活中发挥独特作用的专属功能"[①]，包括社会信用、精神寄托、收藏鉴赏、宣传教育、传播知识，研究悟道和文化交往等内容。货币的文化职能和经济职能互相作用，共同影响着货币的流通与发展。

历史是现实的有机组成部分。"以史为镜"可以知道国家兴衰存亡之原因，指明未来发展的道路。政治稳定与经济可持续发展是一国货币维持币值稳定和实现国际化的先决条件。目前，我国已具备上述先决条件，人民币国际化大势所趋。"海丝"中外货币文化交往对融入共建"一带一路"与有序推进人民币国际化进程，提供有益的启示。

（一）对外开放拓宽中外货币交往的广度

中外各国之间的贸易往来，互通有无，促进了"海丝"沿线国家与地区经济繁荣。跟丝路开通早期有限范围内的易货贸易相比，"海丝"贸易繁荣时期所涌现出的"海丝"沿线国家与地区共同认可的通用货币，促使"海丝"贸易更加便利。譬如，唐朝的开元通宝是东亚一带公认的国际货币，影响力强大。中国货币史上，有"宋钱遍天下"和"四夷共用"之说。一方面，反映当时国力强盛及在国际上的地位；另一方面，也促进了中外货币的交流，便利中西方贸易。拜占庭金币与萨珊波斯银币也曾经是东西方贸易的通用货币，并通过丝路贸易流通到中国。"自19世纪末以来，我国境内5~8世纪的墓葬或其他遗存不断

[①] 鲍展斌. 马克思货币理论新探［J］. 宁波大学学报（人文科学版），2018，31（01）：92－99.

发现来自西方的拜占庭金币和萨珊波斯银币。"① 这些国际通用货币对于促进"海丝"贸易繁荣具有不可或缺的重要作用。因此,"海丝"贸易中的货币交流,有效地打破了东西方地域上的隔绝,推动"海丝"沿线国家与地区之间的经贸畅通、物资交流和人员交往。

15、16世纪以来,随着新航线的开辟和西欧早期殖民扩张与掠夺,世界市场开始形成,各国大力发展海洋贸易。而原本为世界领先国家的中国却日益封闭,自明初即实施严厉的海禁政策,错失了与时代发展共振的机会。尽管明朝时郑和七下西洋是我国航海史上的一大壮举,加强了与世界各国的友好关系,但也有学者认为其不计经济效益的做法,显然违背了经济发展规律,对明朝造成巨大的经济负担。1567年,明穆宗即位,正式改"海禁"为海上贸易开放。凭借当时对外贸易的绝对优势,大量外国白银源源不断流入中国,满足国内货币需求,形成历史有名的明代海上"丝银之路",推动从事银钱汇兑业务钱庄的发展②。明朝中后期经济繁荣,在江南一带出现资本主义萌芽很大部分原因来自实施银本位货币制度的功劳。而明朝灭亡的部分原因也与后来西方国家采取贸易保护政策,致使明朝海外白银来源枯竭,经济衰落,国库空虚有关。近代以来,清王朝更加闭关锁国,由于积贫积弱,封建统治的保守和落后,加上列强侵略和政局动荡造成社会经济秩序的严重破坏,使得币值不稳定、货币信用缺失、货币铸造工艺陈旧、货币换算复杂、币制落后

---

① 张立民,李文娟,曹源.丝绸之路钱币与中外文化交流研究[J].甘肃金融,2018(06):45-48.

② 骆伦良.谈明朝海上丝绸之路的货币文化特点及启示[J].广西金融研究,2006(S1):47-49.

等，无法适应时代发展需要。而隶属于西方货币体系的机制货币，因币值统一、换算方便、铸造工艺先进，利于大宗贸易结算使用而被广泛接受。

显然，发展对外关系必须适应经济发展规律，坚持改革开放。唐宋时期由于政局稳定、经济繁荣和货币政策先进，所铸造的货币规范统一、质量可靠、币值稳定，从而得到周边国家的普遍认同，推动货币文化的融合，并对周边国家的货币制度改革产生了深远影响。宋代中国货币的国际化达到鼎盛时期。中国古代货币在"海丝"贸易中长期作为国际硬通货使用，主要有以下几个方面的重要原因：其一，掌控国际贸易中主要流通商品结算方式与定价权，定价是货币与商品生产发生关系的桥梁。如果没有定价权和结算方式选择权，就不能成为国际贸易结算货币。掌握国际贸易中主要流通商品的定价权与结算权，是成为国际硬通货的前提条件。其二，货币铸造质量好、信用高、数量多。中国铜钱往往成为"海丝"沿线国家与地区的国际储备货币。其三，官方积极引导，推动货币文化研究与传播。其四，货币文化的广泛传播与深入影响。其五，形成以中国货币为核心的东方货币文化圈。其六，以强大的综合国力为后盾。

（二）货币文化提升中外货币交流的深度

货币除了价值尺度和流通手段等经济职能之外，还具有文化职能。货币本身是文化的载体，富含历史文化信息，如钱文、形制、币材和图案等。这些体现本民族历史、文化和艺术等内容的货币，通过对外贸易得到异国他乡民众的赞赏和仿效，继而融入其相应文化体系之中，推动世界范围内的文化融合。秦始皇统一货币时采用"外圆内方"的形式，这一货币形制是中国古代"天圆地方"哲学思想的反映。外圆为天，象征天命，内方为地，象征皇权，从而巧妙地把天命与皇权统一的理念结合在小小的方孔圆钱之中。方孔圆钱是天命皇权的象征，方孔圆钱流通之处，即是皇权覆盖影响之处，可见秦始皇一统天下的气魄。方孔圆钱对后世影响极其深远，其形制在中国两千多年的封建社会里一直沿用，还通过"海丝"影响到周边国家与地区，形成了以中国货币为主导的东方货币文化体系。中亚和西亚使用雕刻有图像和文字的金银钱币，明显是受希腊货币体系的影响。美元与美国国会大厦上都有"In God We Trust"这句话，美元以上帝的名义充当世界第一货币与孔方兄代表的天命皇权在理念上有异曲同工之处。这正是发挥货币文化职能威力所在。同时，货币交流还带动了"海丝"沿线各国与地区的人员往来，把本民族的文化习俗带到异国他乡，实现不同民族文化之间的交融共生①。

　　货币的文化属性，即民众对货币价值的心理认同对成为国际化的储备货币很重要。"劣币驱逐良币"的现象不仅在金属铸币流通时代存在，在纸币流通中也广泛存在②。人们大都会把肮脏、破损的纸币或者不方便存放的劣币尽快花出去，而留下整齐、干净的货币。这种现象在现实生活中也比比皆是。根据这一原理，人们往往把自认为是良币的货币储存起来，只使用那些

---

① 郑周胜．丝绸之路金融交流合作历程及其镜鉴［J］．甘肃金融，2015（02）：68 - 71.

② "劣币驱逐良币"，又称为"格雷欣效应"，是指当一个国家同时流通两种实际价值不同而法定比价不变的货币时，实际价值高的货币或银子（良币）必然要被熔化、收藏或输出而退出流通领域，而实际价值低的货币（劣币）反而充斥市场。

品质不佳的劣币。良币（硬通货）的标准是不仅制作精良，富有文化内涵，不易仿造，而且币值稳定，流通方便，容易为大众接受。良币在市场上被劣币驱逐，表面上看良币被雪藏起来似乎丧失了流通功能，实质上良币被国家或民众储存不等于不流通，而是作为财富的象征不轻易动用。

目前，中国与东盟货币金融合作发展迅速。由于文化相近，人民币币值相对稳定，在东盟区域内接受程度较高，人民币在东盟正在由贸易货币变成投资、融资货币。新加坡已超越伦敦，成为仅次于香港的全球第二大离岸人民币中心。中国与东盟共同设立了亚洲区域外汇储备库，建立中国—东盟投资合作基金，表明一些国家已将人民币列为官方储备货币。

华人华侨有很强烈的文化认同，发挥华人华侨在构建"海丝"与人民币国际化过程中的重要作用。伴随着南亚、西亚等国家基础设施建设的蓬勃兴起，充分发挥华人华侨在双边贸易和投资领域中的桥梁和管道作用，为华人华侨及相关企业参与21世纪海上丝绸之路经济带项目、跨境投融资等提供配套金融服务。

（三）货币信用影响中外货币交流的稳健性

用价值符号代替金属货币是时代发展趋势。金银已不再是交易媒介，而是一种贵重商品，一定程度上成为财富的象征。虽然金银目前仍然是国际储备货币的重要组成部分，但世界上绝大多数国家都确立了纸币信用制度。纸币不再与金银挂钩，纸币本身没有价值，仅仅是一种价值符号，代表价值和财富，但是却给商品交换、货币汇兑带来了很大的方便，推动贸易迅速发展①。随着电子货币应用的普及，法定数字货币极有可能成为未来世界贸易的主要交易媒介。

纸币作为一种价值符号，必须维持其所代表的货币价值的相对稳定性。货币流通规律要求货币的流通量与实际需要量相匹配，也就是说，货币所代表的价值量等于商品劳务价值量。金银本身就是一种特殊商品，不仅具有价值，还有使用价值，能自动保值而不会引起币值的大幅波动。而纸币的面值仅代表一定的商品劳务价值量，当纸币发行过多，就容易出现物价大涨，纸币贬值。因此，纸币发行必须符合货币流通规律，即纸币流通量符合商品劳务需要量，纸币才能保持相对稳定②。这在中国近代史上有过惨痛教训。这就要求发行纸币时，必须根据市场商品劳务需求量有计划地印制，合理调控纸币在市场上的流通量，维护纸币的信用。

343

三、"海上丝绸之路"货币文化交流的当代价值

"海丝"货币的世界性融合，促进了货币文化上的认同与融合，对各贸易国货币制度变革产生了深远影响，加速推进国际货币体系的形成与发展。

国家主席习近平访问中亚、东南亚国家期间，相继提出了共建"丝绸之路经济带""21世纪的海上丝绸之路"等重要倡议，倡议强调相关各国要打造互利共赢的"利益共同体"和共同发展繁荣的"命运共同体"。这一跨越时空的宏伟构想，富有历史

①② 骆伦良.谈明朝海上丝绸之路的货币文化特点及启示 [J]. 广西金融研究，2006（S1）：47－49.

底蕴，融通古今，连接中外，顺应和平、发展、合作、共赢的时代潮流。它承载了丝绸之路沿线国家与地区发展和繁荣之梦，为古老丝绸之路注入了全新的时代内涵。了解"海丝"灿烂的货币文化，有助于我们树立民族自信和文化自信，弘扬中华货币文化，继续增强中华文明传播力影响力，充分发挥人民币的文化职能，推动人民币文化尤其是信用文化在世界各地广为传播、深入人心，促进人民币国际化，全面推进中华民族伟大复兴。

党的二十大报告，提出"中国坚持对外开放的基本国策，坚定奉行互利共赢的开放战略，不断以中国新发展为世界提供新机遇，推动建设开放型世界经济，更好惠及各国人民""我们实行更加积极主动的开放战略，构建面向全球的高标准自由贸易区网络，加快推进自由贸易试验区、海南自由贸易港建设，共建'一带一路'成为深受欢迎的国际公共产品和国际合作平台"。[①]

当前，我国正面临百年未有之大变局，国际格局和国际体系正在发生深刻变化，在此基础上借鉴"海丝"发展史的丰富经验，进而优化我国"海丝"贸易经济体系的构建。第一，深刻认识到和平和发展两大世界主题的重要意义，在建设国内社会环境和处理国际问题关系时，时刻把全力维护社会和世界的和平发展作为头等大事来抓，并以此来营造"海丝"贸易经济发展的有利国内外市场环境。第二，要充分把握现代贸易经济市场的本质需求，科学合理地优化"海丝"的贸易资源配置，顺应时代潮流，充分拓展对外贸易经济的开放范围，从而使得与

---

① 习近平. 高举中国特色社会主义伟大旗帜 为全面建设社会主义现代化国家而团结奋斗——在中国共产党第二十次全国代表大会上的报告 [J]. 中华人民共和国国务院公报，2022（30）：4-27.

之相对应的贸易经济体制获得最优改革。第三，对"海丝"的变化性内涵进行全方位解析，同时随时关注贸易经济市场内需求的变化情况，运用科学手段对贸易商品结构和交易形式进行实时不断的调整，以推动相应贸易经济的长期发展，并提供充足的动力①。

纵观国际金融史，一国货币的国际化进程要求该货币发行国具备以下条件：第一，经济实力强大；第二，政治稳定，社会和谐，文化繁荣；第三，宏观经济环境平稳；第四，发达的市场经济体系；第五，有强大的创新能力和可持续发展能力；第六，货币政策先进，信用卓著；第七，实施开放政策，货币文化传播强大。英镑、美元等国际储备货币的崛起史可为人民币国际化提供参考借鉴②。美元替代英镑，成为主要国际货币，有诸多的有利条件。其一，美国经济贸易迅速发展。庞大的经济规模为美元国际化提供了前提。其二，中央银行成立。1913 年美联储的成立，增强了国际投资者对美元的信心，有利于稳定美元币值及以美元计价的金融工具市场。其三，美国金融市场蓬勃发展。尤其是贸易承兑市场的建立，提高了美元在贸易信贷的应用。其四，世界大战的影响。两次世界大战后，西欧强国的黄金储备迅速流向美国，超强的经济实力与雄厚的黄金储备，奠定了美国

345

---

① 李化敏. "海上丝绸之路"贸易经济发展的历史逻辑与路径——评《梯航百货万国商——海上丝绸之路货币与贸易（泉州）》[J]. 国际贸易，2022（05）：97.

② 温信祥，徐昕. 人民币国际化的全新历史时期——"一带一路"与未来国际金融体系 [J]. 人民论坛·学术前沿，2015（16）：61–71＋85.

英镑于 19 世纪崛起，取代西班牙银元成为当时主要的国际货币。在金本位制度下，黄金和英镑是国际货币体系中的两大支柱。美元于 20 世纪崛起，取代英镑成为最主要的国际储备货币。20 世纪 20 年代，美元在国际贸易信贷中的使用第一次超过英国；1940 年到 1945 年，境外流动资产中的美元总量由英镑的 1/2 增至英镑的 2 倍；1944 年，美国建立起用美元替代英镑的布雷顿森林体系；1954 年各国外汇储备中美元的比例超过英镑。

在资本主义世界的盟主地位。但即便如此，美元取代英镑也经历了艰难的过程和漫长的时间。

伴随我国综合国力与经济实力的显著增强，人民币在国际上的地位也稳步提升。稳健发展和渐进推进改革，保持币值稳定是有序推进人民币国际化的关键因素。以史为鉴，重点聚焦提升经济实力和金融监管与汇率开放的再平衡，增强国家经济实力，提升外贸竞争力。坚持审慎、渐进式的金融改革，协调货币与汇率政策，维持币值稳定。加强资本账户管控，防止资产泡沫，并充分发挥区域经济和货币合作。

第四节　新发展格局"海丝文化"下的
金融融合发展路径

当今世界正在经历百年未有之大变局，大国竞争与博弈加剧，地缘政治风险抬升，金融波动显著上升，我国加快推进构建以国内大循环为主体、国内国际双循环相互促进的新发展格局，意味着我国进入全新的发展阶段。党的二十大报告，提出"推动共建'一带一路'高质量发展，维护多元稳定的国际经济格局和经贸关系。"，"高质量发展是全面建设社会主义现代化国家的首要任务。"[1] 面对国内外的复杂形势，福建"十四五"规划中提出，"深化 21 世纪海上丝绸之路核心区建设，全面提高对

---

[1] 习近平. 高举中国特色社会主义伟大旗帜　为全面建设社会主义现代化国家而团结奋斗——在中国共产党第二十次全国代表大会上的报告 [J]. 中华人民共和国国务院公报，2022（30）：4-27.

外开放水平。坚持更大范围、更宽领域、更深层次对外开放，坚持以开放促改革、促发展、促创新，建强用好重大开放平台，以'一带一路'建设引领全面开放，塑造国际合作和竞争新优势，加快建设开放强省"①。时任福建省委书记尤权指出，"主动融入和加快推进 21 世纪海上丝绸之路建设，有利于进一步拓展福建与共建国家与地区在港口航运、海洋能源、经济贸易、科技创新、生态环境等领域的全方位合作，为在更高层次、更宽领域上推动福建科学发展跨越发展开辟重要平台"。

一、新发展格局"21 世纪海上丝绸之路"与人民币贸易圈建设

关于世界货币问题，"马克思指出，世界货币执行一般支付手段的职能、一般购买手段的职能和一般财富的绝对社会化身的职能。它的最主要的职能是作为支付手段平衡国际贸易差额"。②

人民币国际化内涵既包括在境外流通、跨境贸易结算等方面所发挥的作用，也包括在国际市场上和投资者中成为被广泛接受和认同的一种投资与储备货币。一个国家的经济规模、金融市场的稳定、开放和发达程度以及投资者认可程度、持有和投资该货币的意愿，是最终决定该国货币可否作为国际储备货币的关键因素。所以，从某种程度上说，人民币国际化一定是一个

---

①　全方位推动高质量发展超越　奋力谱写全面建设社会主义现代化国家福建篇章 [J]. 海峡通讯，2021（01）：14 - 16.

②　宓文湛. 马克思实践视角的确立和货币理论的创新 [J]. 财经研究，2004（06）：95 - 103.

渐进的进程。

（一）21世纪海上丝绸之路倡议推动人民币贸易圈的形成

随着"一带一路"倡议的推进，2015年人民币国际化取得重大突破，人民币国际化进程迎来重要里程碑事件——人民币正式被纳入国际货币基金组织特别提款权（SDR），成为与美元、英镑、欧元、日元并驾齐驱的世界五大支付货币之一。这是SDR迎来的第一个来自发展中国家的货币。截至2022年，人民币在全球外汇储备中的占比位居全球第五，已有80多个境外央行或货币当局将人民币纳入外汇储备。

以史为鉴，显然为有序推进人民币国际化，古代"海丝"货币文化交流的历史经验和教训具有较强的借鉴和思考意义。从经验来看，一国货币的国际化一般要经历"周边化"、"区域化"再到"国际化"的进程。现阶段，人民币已实现"一带一路"共建国家与地区周边化，人民币能在缅甸、老挝、越南、新加坡等国直接使用，参与当地的经济建设。人民币"区域化"成为当前的现实目标。其一，人民币短期内成为全球储备货币的概率低。这一进程将不可避免地对美元地位提出挑战，这一进程必然是长期、困难和不确定。其二，人民币区域化是"国际化"的基础。人民币应首先以亚洲周边国家与地区为基础，促进人民币在大中华区，东盟地区和"一带一路"共建国家与地区上的应用，致力于使人民币成为东南亚乃至亚洲地区最重要的区域货币。其三，需要建立强大的人民币信用体系。人民币崛起成为国际储备货币的关键是要求人民币具备足够强大的信用。布雷顿森林体系解体之后，美国放弃金本位制，美元与黄金脱钩，实施与黑金（石油）挂钩政策，即与石油等全球资源类商品挂钩，也就是全球大宗商品的交易均以美元计价与结算，从而实现"无本万利的铸币税"收入。这一政策卓有成效，成为维持美元霸主地位的强有力措施。因此，在货币国际化过程中，一国政府应充分考虑到本国经济发展水平及所处时期所需的各种条件，制定合理可行的货币国际化策略，使其对经济增长产生积极影响。就当前人民币国际化阶段而言，一方面，进一步简化境外投资者进入中国市场投资流程，为国际投资者持有和配置人民币资产提供支持；另一方面，持续推进离岸市场人民币投融资产品创新，打造离岸市场人民币资金池和良好的生态系统，为境外主体使用人民币提供更多便利。

（二）21 世纪海上丝绸之路人民币贸易圈建设

人民币区域化，旨在以西太平洋、北印度洋、地中海与西大西洋沿岸各国间的海上贸易通道上实现主要贸易结算、储备和投资货币人民币化。通过与沿路各国间的专业化分工合作，共同参与构建区域商品贸易体系与金融市场体系。中国是 21 世纪海上丝绸之路建设最重要的发起国、出资国、经济大国、贸易大国以及货币金融大国，可以为共建国家与地区专业化分工及区域合作提供人民币交易工具及平台，成为 21 世纪海上丝绸之路人民币贸易圈最重要的推动者、获益者和公共产品以及相关制度安排最重要的提供者①。"一带一路"建设以及亚非欧国际贸易、金融和政治格局的重大调整和转型，共同促成了人民币贸

---

① 保建云. 论海上丝绸之路建设与海上丝路人民币贸易圈的形成与发展 [J]. 江苏行政学院学报，2015（02）：43－48.

易圈的形成和发展。

随着中国和相关国家及地区贸易的深入发展,"海丝"人民币贸易圈是"一带一路"建设及全球贸易自由化和货币国际化的必然结果。从目前看,人民币贸易圈的雏形正在逐渐成形。要形成人民币贸易圈,必须满足五个方面的条件[①]:其一,中国必须与相关国家或地区的贸易发展达到一定规模,是相关国家或地区的主要贸易伙伴或第一大贸易伙伴;其二,人民币是中国与主要贸易伙伴国或贸易伙伴国间贸易结算的主要货币形式,其在贸易圈中的应用广泛,信用程度最高;其三,在区域货币汇率形成机制中,人民币成为本身与各贸易伙伴国货币以及贸易伙伴国货币间的主要中介和核心纽带;其四,在贸易区内,人民币已成为主要的储备与投资货币,同时,各国之间形成了以人民币为主要融资工具的金融产品和金融衍生产品交易市场,尤其是区域性人民币债务交易市场和境外人民币离岸交易市场的形成;其五,在中国和贸易伙伴国家以及贸易伙伴国家之间,贸易自由化程度高于该成员国和贸易圈外部经济体间的程度。

"海丝"人民币贸易圈的形成,有赖于"海丝"沿线国家与地区间贸易通道的构建、贸易规模的不断扩大、人民币贸易结算体系的完善、人民币投融资机制以及离岸人民币交易中心网络的建设和形成。中国已成为沿路多国最大的贸易伙伴,中国与东盟、沙特阿拉伯、印度、尼日利亚、土耳其、南非和澳大利亚等"海丝"沿路国家中较大经济体具有巨大的贸易发展潜力。

---

① 保建云. 论海上丝绸之路建设与海上丝路人民币贸易圈的形成与发展 [J]. 江苏行政学院学报,2015(02):43-48.

沿线国家与地区在金融环境、基础设施、物流服务等方面也具有很大的互补性。"海丝"人民币贸易圈是一个涵盖亚、非、澳、美、欧等沿海主要经济体的贸易区。尤其是在中国—东盟自由贸易区形成和升级的背景下，"海丝"人民币贸易圈有望进一步扩大。

伴随中国与周边国家及地区经济贸易往来的进一步加深，人民币在区域经济中的角色越来越重要，成为推动区域经济发展的重要力量。实施自由贸易区建设是我国的一项重要举措。自贸区建设将为人民币提供一个更为便捷的结算渠道和投资平台。随着人民币国际化进程的不断深入，自贸区建设已成为优化配置全球金融资源、提升人民币国际地位的重要途径。2010年，中国—东盟自由贸易区正式启动。2015年，中韩自贸协定、中澳自贸协定正式生效。2023年，中国与新加坡宣布实质性完成自贸协定升级后续谈判。十年来，随着"一带一路"倡议的推进与落实，中国和周边国家贸易联系的日益紧密，将促使人民币在双方贸易结算中的应用更为广泛，创造了中外金融合作和货币互换需求，增加了人民币贸易结算的需求。尤其在跨境电商蓬勃发展及数字人民币稳步推进的今天，人民币的跨境结算进入新的发展阶段，进一步推进人民币国际化进程。然而，人民币的国际化之路仍然面临着重重阻碍和挑战，人民币外汇交易市场不够成熟、对外资本输出的贡献度有限、人民币对国际市场大宗商品的计算与计价功能发挥不足、金融监督体系不够完善，尤其可能对国内的宏观经济稳定与金融稳定带来严峻挑战。因此，一方面，建立健全金融风控体系，继续推动经济与金融改革和开放，积极参与全球金融治理改革，打造法治化、市场化和国际化的营商环境，大力提升中国在国际货币金融事务方面的话语权；另一方面，强化区块链、云计算、大数据、AI、物联网等信息技术的应用，加强与沿线国家数字贸易，推广数字人民币，助推人民币国际化。

二、新发展格局"21 世纪海上丝绸之路"的金融融合路径

（一）金融融合理论

金融融合理论，又称金融一体化理论，最初源于"最优货币区理论"[①]。国际货币基金组织认为，金融融合即为不同区域间金融活动相互渗透、影响，形成整体联动发展的态势，有区域内外金融资产之间的高替代性以及金融资产的高流动性两种层次。广义的金融融合理论体系内涵丰富，有"金融地理学""金融中心理论""区域金融协同理论""共同市场理论"等观点[②]。经济与金融相互作用，区域金融融合必然是区域经济一体化进程中的内在体现，也会反作用区域经济一体化的深入发展。在双循环背景下推动 21 世纪海上丝绸之路共建国家区域经济一体

---

① 经济学家罗伯特·蒙代尔（Robert A. Mundell）于 1961 年提出"最优货币区理论"，用生产要素的流动性作为确定最优货币区的标准，因此该理论又被称为要素流动论。蒙代尔认为，一个国家国际收支失衡的主要原因是发生了需求转移。浮动汇率只能解决两个不同通货区之间的需求转移问题，而不能解决同一通货区内不同地区之间的需求转移；同一通货区内不同地区之间的需求转移只能通过生产要素的流动来解决。

② "金融地理学"侧重研究金融地理区位因素对金融要素的影响；"金融中心理论"主要研究金融中枢的聚集与辐射效应；"区域金融协同理论"主要统筹区域内各金融主体之间的合作以达到均衡发展的目的；"共同市场理论"着重研究金融生产要素市场一体化所带来的经济效益。

化，最为重要的一环是推进金融一体化。

东盟是福建 21 世纪海上丝绸之路核心区建设的重点合作方向。近年来，福建积极利用中国—东盟自由贸易协定及其升级版带来的利好政策，推动与东盟各国经贸发展，成效显著。东盟已超过美欧，成为福建的第一大贸易伙伴，东盟市场成为我省外贸回稳向好的重要动力。"一带一路"建设，即以政策沟通、设施联通、贸易畅通、资金融通和民心相通等"五通"为主要内容。作为我国对外开放的前沿省份，福建"海丝"历史悠久，资源丰富，是我国少有的"五通"俱全的省份，有担当 21 世纪海上丝绸之路核心区的独特条件和综合优势。

（1）政策沟通高地。福建一直是我国对外开放排头兵之一，同东盟及其他"海丝"沿线国家与地区开展合作有着历史和区位优势，基础坚实，经验丰富。（2）设施联通枢纽。福建位于台湾海峡东岸，海洋地理位置上有南北贯通、东西交汇等得天独厚的区位优势，"海陆空"在福建沿海已形成"海丝"交通接点，具备成为"海丝"互联互通枢纽条件。（3）贸易通畅门户。福建同东盟经济互补性较强，经贸合作向来活跃。东盟是福建"引进来，走出去"的重点合作伙伴，自中国—东盟自贸区启动以来，福建与其经贸往来持续蓬勃发展。（4）资金融通窗口。福建同"海丝"沿线国家与地区之间的资金融通历史悠久，源远流长。福建民营资本发达，同东南亚等"海丝"沿线国家与地区经贸往来紧密，资本实力雄厚的华侨、华人群体同福建的资金往来也非常紧密，频率高金额大。与此同时，伴随以人民币为计价基础的中国—东盟海产品交易所建设的推进，福建可作为我国同"海丝"国家及地区资金融通的前沿平台。（5）民心相

353

通楷模。民心相通，是"一带一路"建设成败的关键点与落脚点，其核心在于文化相识、相容、相融。古老的福建"海丝"建设就是依靠福建先人走出来的，干出来的。在这一过程中，华侨、华人不愧为先行者、见证者与实践者。民心相通的过程，就是要做到双向融合①。古老的福建"海丝"建设，逐渐形成了福建开放、多样和兼容的混合性文化特质。

2018 年，福建立足"海丝"核心区的定位及港口、区位优势，推出"丝路海运"品牌，意在构建开放合作、共建共享的"一带一路"航运物流生态圈。2022"丝路海运"国际合作论坛上，时任福建省委书记尹力说，"丝路海运"形成了与中欧班列相得益彰、陆海内外联动、东西双向互济的国际贸易新通道。福建将加快海丝核心区建设，推动"丝路海运"行稳致远，为实现高质量共建"一带一路"美好愿景贡献福建力量。中国航海学会理事长何建中提出，要传承和发扬丝路精神，把"和平合作、开放包容、互学互鉴、互利共赢"的核心要素，融于"丝路海运"发展实践中。

2020 年，东盟国家人民币跨境流动总规模累计达到 4.15 万亿，同比增长 72.4%；2021 年，中国—东盟跨境人民币结算 4.8 万亿元，同比增长 16%，十年来增长将近 20 倍。到 2021 年底，中国已与越南、印度尼西亚、柬埔寨三国达成双边本币结算协议，并同印度尼西亚、马来西亚、新加坡、泰国等国家达成货币互换协议。② 中国—东盟货币当局紧密联系，多元货币合作不

---

① 黄端. 福建全面融入"一带一路"推进 21 世纪海上丝绸之路核心区建设［N］. 中国经济时报，2017 - 05 - 10（006）.

② 广西金融学会. 2022 年人民币东盟国家使用报告［M］. 北京：中国金融出版社，2022.

断升级。2021 年又新增 16 家东盟金融机构为人民币跨境支付系统（CIPS）的间接参与者，CIPS 年处理中国—东盟跨境人民币业务 3.3 万亿元，同比超 50%。一方面，东盟国家的金融机构深耕人民币市场并不断完善支付清算网络；另一方面，人民币在东盟国家的货币银行间市场区域交易得到了积极拓展，离岸市场的人民币产品进一步丰富升级，许多创新型跨境人民币业务顺利落地，进而提高了市场主体使用人民币的便利程度，优化了边民互市跨境结算服务。这一系列数据显示出人民币在东盟已经成为硬通货，而且跨境流动速度还在加快，更显示出中国东盟经济合作更加密切，经济交流更加丰富。人民币在东盟基本上可以取代其他国际货币，特别是在东盟与中国的经济合作交流领域，人民币已经占据主流，这也意味着人民币国际化进入更高层面。

金融一体化是东盟经济共同体的重要组成部分，东盟致力于实现区域内金融发展的协调和融合，推动成员国相互开放金融市场，营造良好的区域金融环境。东盟努力推动《东盟银行业一体化框架》的谈判，目的是增加东盟各成员国银行业务之间相互对接的渠道。这一框架以金融业务标准兼容为核心，例如，"东盟标准银行"必须在所有权、资本充足率、资产规模以及市场美誉度上实现标准统一，进而提升金融服务质量与行业竞争力，有利于加快域内贸易与投资，促进地区经济持续增长与金融包容发展①。

新冠疫情的冲击加快了东盟推动经济一体化和优化区域金融

---

① 商务部国际贸易经济合作研究院，中国驻东盟使团经济商务处，商务部对外投资和经济合作司. 对外投资合作国别（地区）指南——东盟（2021 年版）.

环境的努力。2020 年以来，东盟央行行长和财长会议进一步推动了金融一体化进程。2020 年 10 月，第 16 届东盟央行行长会议和第 6 届东盟财政部长和中央银行行长会议举行，旨在加强东盟金融一体化的合作伙伴关系，促进经济增长，加强金融稳定，以及确保可持续性金融行业的发展。会议要求东盟金融一体化高级委员会继续监督，进一步推动东盟金融一体化的进程，并通过资本账户自由化（CAL）、金融服务自由化（FSL）、东盟支付结算系统（PSS）、资本市场发展（CMD）、东盟银行业一体化框架（ABIF）、金融环境（FINC）和能力建设（SCCB）等，加快推动实现《2025 年东盟共同体愿景》东盟金融一体化的目标。2021 年 3 月 30 日，东盟财长和中央银行行长举行第 7 届年度会议，致力于通过数字化和可持续的经济复苏，推动东盟金融一体化进程。会议作出了九项承诺：一是欢迎东盟成员国迅速并大规模实施的各种政策步骤，包括财政和货币政策，以恢复经济并从新冠大流行的影响中维持金融稳定；二是完成从《东盟服务框架协议》过渡于《东盟服务贸易协议》的工作计划，并确保落实更具实质性和意义的金融服务开放市场准入的承诺；三是通过完善东盟银行业整合框架准则，为数字时代的东盟地区银行业整合制定战略步骤；四是致力于通过逐步取消限制，进行监测和定期进行政策讨论以及增加人力资源能力来使东盟地区的资金流动畅通；五是鼓励东盟地区的支付系统联系起来，以促进贸易、商业和金融包容；六是制定东盟可持续金融分类，将其成为所有成员国发展基于环境的金融和融资系统的指南和共同语言；七是支持《东盟可持续银行原则》倡议，将其作为东盟中央银行制定适合每个国家环境的银行惯例提供指导；八是继续发展金融在东盟的包容性，包括通过监测和评估活动以及制定有关数字金融知识政策的指导方针；九是赞赏并支持东盟网络安全弹性和信息共享平台的运行，以此作为在东盟中央银行之间交换信息以应对网络安全威胁和制定联合缓解措施的手段。由于东盟各成员国经济发展水平和金融监管能力存在差异，目前东盟金融一体化尚处于较低发展阶段，还未形成统一开放和可流动的区域金融市场。

（二）金融融合的实现路径

1. 促进生产要素互联互通

（1）数据要素"通"

当今时代，数据是新型生产要素，数字化转型是推动数字经济创新发展的核心。2021 年，福建省数字经济增加值达 2.3 万亿元，数字经济增加值占经济总量比重达到 47%，数字经济已成为福建经济高质量发展的新引擎。随着"一带一路"倡议的不断推进，福建与全球多个国家和地区的经贸往来日益频繁，尤其是以东盟国家为代表的"海丝"共建国家与地区，数据流动复杂多样，数据资产日益重要。随着数字化生产力与生产关系的重塑，数字经济已成为"海丝"共建国家与地区经济发展的新动力，而数字人民币有望成为金融融合发展的有利载体。

大力发展数字经济，强化数字货币的运用。紧密围绕国家有关部门及福建省"十四五"数字福建专项规划，加快推进区块链、云计算、大数据、AI、物联网等信息技术在数字跨境金融服务的运用，促进数字经济和实体经济的深度融合，尤其助力民营经济高质量发展，提升经济双循环发展效率。抓住福州、厦门数字人民币试点城市示范建设机遇，搭建特色跨境金融科技应用场景，提高数字人民币的推广应用力度。

（2）资本要素"通"

发挥福建"多区叠加"的政策优势，先行先试，加大金融创新，促进金融融合，打造人民币国际化"试验田"，推动"海丝"核心区高质量发展。福建自贸区是"海丝"体制机制创新的试验田。福建应当好好把握自贸区、海丝核心区、福州新区等"多区叠加"的战略机遇，强化和"海丝"沿线国家与地区的经贸合作，健全多层次资本市场体系，大力发展直接融资市场，增加有效金融服务供给，主动有序扩大金融业对外开放，促进国际资本"引进来"，扩大人民币流动的范围。

通过"丝路海运""数字丝路""丝路飞翔"等21世纪海上丝绸之路核心区标志性工程的建设，加强与"海丝"沿线国家与地区的基础设施互联互通、经贸合作与人文交流。有序提高跨境资本和金融交易可兑换程度，搭建境外融资平台，支持开展境外项目贷款。增加资金流通途径，创新跨境金融工具，积极融入全球价值链，推动投资、贸易、消费和金融等领域自由化便利化。

（3）人才要素"通"

福建在"一带一路""人"方面，具有独特的历史、地缘、人文等综合优势。就人员而言，据统计，全球约6000万华侨华人中，福建籍华侨华人约1600万，占比27%，高度集中于东南亚地区。台湾70%以上的台胞祖籍地为福建，香港1/6的居民祖籍地为福建，澳门1/5的居民祖籍地为福建。① 从"海丝"共

① 黄端. 福建全面融入"一带一路"推进21世纪海上丝绸之路核心区建设［N］. 中国经济时报，2017－05－10（006）.

建国家与地区引进的人员中，宋元时期波斯与阿拉伯人后裔高达 5 万人，形成了我国南方独特的回族聚集地。就文化而言，福建历史文化视为由古闽越文化、中原文化（汉文化）与海洋文化融合而成的带有明显地域性特点的混合性地方文化，走出去并广泛传播的有妈祖文化、客家文化及以陈靖姑为典型代表的一系列传统民间信仰文化，同时又融合引进来的基督教、摩尼教、伊斯兰教、婆罗门教等宗教文化，享有"宗教博物馆"美誉的福建泉州，其文化双向融合的遗迹随处可见。就人种与语言而言，据福建福州平潭、漳州东山以及台湾的三处考古发现，我国东南沿海和南太平洋多个国家与地区同属于南岛语族、南岛语系①。

统筹国内国际双循环，开创人才发展新格局。坚持解放思想、海纳百川的原则，依托福建各类国家级重大开放平台，强化科技招商和总部经济，扶持总部经济发展，尤其大力培育和发展金融服务等服务业总部企业，引入更多国家级和高水平创新平台来福建设立分支机构，引导更多的国内外一流创新资源与高端人才智力来到福建，打造面向"海丝"沿线国家与地区的高端人才荟萃、创新要素聚集、国际交流合作云集的人才集聚区。同时，加强金融科技人才队伍的建设，助力推动金融创新融合发展。

2. 促进区域内金融发展的协调

（1）市场融合，实现标准兼容

基于"机构协同、市场互联、货币互通、产品互认、基建

---

① 黄端. 福建全面融入"一带一路"推进 21 世纪海上丝绸之路核心区建设［N］. 中国经济时报，2017 – 05 – 10（006）.

互通"五个维度,逐步推进和实现金融的深度融合,从而实现更高层次的协同效应①。机构协同,积极推动"海丝"沿线国家与地区互设金融机构,探索建立征信交流与合作机制,打破异地协同壁垒。市场互联,完善"海丝"沿线国家与地区的经济发展与资本市场的运行对接机制,深化金融机构与标准的兼容,确保市场互联互通。货币互通,推行法定数字人民币,有序推进人民币国际化,提升人民币国际化影响力。产品互认,丰富海外市场金融交易品种,为全球投资者提供以人民币计价交易的风险对冲工具,保证相关金融服务产品的普适性、流通性和风险可控性。基建互通,运用区块链、云计算、大数据、AI、物联网等信息技术助力"海丝""新基建"建设,保障金融融合发展。

(2)冲突协调,强化法治保障

"海丝"沿线国家与地区的金融体系发展阶段及监管和制度质量差异较大,政治互信不足,区域金融一体化进展远远满足不了当前资本流动的需要,更迫切需要强化法治保障,有效协调各种冲突。比如,跨境金融消费纠纷的顺利解决,需要有健全的消费者权益保护对接平台。加强政府间交流机制,统筹布局做强门户、搭建平台、优化环境。重点建设丝路海港城、国际航空城、现代物流城,加快推进高铁进机场、国际深水大港等建设,加快打造海陆空联动的国际大通道。持续办好数字中国建设峰会、中国国际数字产品博览会、海丝博览会暨海交会、海丝国际旅游节、中国跨境电商交易会等活动,高标准推进中印尼"两国双园"建设,加快打造与东盟国家经贸合作交流新高地。

---

① 唐朔.新发展格局下粤港澳大湾区金融融合发展研究[J].新金融,2022(06):17-24.

大力弘扬"马上就办、真抓实干"优良作风，依托福建自贸试验区、海丝中央法务区建设，重点服务企业降低物流成本、创业成本、运行成本，加快打造市场化、法治化、国际化的一流营商环境，通过若干合作项目的成功开展以取得与"海丝"沿线国家与地区之间的信任，实现互惠共赢。加强国际沟通与协调，为"走出去"的企业提供与国际惯例接轨所需的必要支持与援助。构建"海丝"投资风险预警机制、风险专项基金和保险补偿基金，及时发布"海丝"投资机会和风险信息，确保"走出去"的企业在遇到不可抗力或非企业经营不善造成的损失时能得到一定补偿，减轻风险。另外，"走出去"的企业以联盟的形式拓展海外市场，在一定程度上提升市场竞争力、降低冲突协调成本。例如，由上百家小企业联合组成的晋江著龙国际企业联盟，共同开拓东欧纺织服装市场，效果良好①。

（3）数字风控，提升监管效率

为实现"一带一路"倡议背景下多边协同合作监管目标，并在互惠共赢与和谐发展的基本框架内提升监管效果和效率，借助区块链、AI、云计算、大数据等信息技术打造线上监管综合服务体系，优化金融科技服务机制，简化流程并促进兼容，营造安全稳定服务氛围，确保各国交互的及时性，提升双边监管沟通效率，为应对跨境金融科技服务风险提供依据。

3. 打造特色金融

（1）以科技金融保障重点项目

《福建省"十四五"战略性新兴产业发展专项规划》提出，

---

① 蔡勇志. 福建打造"海丝"核心区的主要问题与对策建议——基于50位厅级干部的问卷调查［J］. 福建论坛（人文社会科学版），2017（03）：187–191.

以集中优势资源实施重大攻关为主导路径，推动战略性新兴产业融合化、集群化、生态化发展，将战略性新兴产业打造成为福建省现代产业体系新支柱。以关键核心技术攻关为重点，以产业链供应链自主可控能力增强为目标，重点发展新一代信息技术、新材料、新能源、生物与新医药、高端装备、海洋高新、节能环保等七大重点领域，对量子信息、区块链、6G、深海科技、基因与生物技术等未来产业进行前瞻布局。海陆丝绸之路城市基础设施建设及国际产业合作基金、印尼露天煤矿项目等 15 个项目已列入国家"一带一路"重大项目储备库①。以"福建品牌，丝路扬帆"为主题，集中展示高质量对接 RCEP 等福建改革开放成果和中印尼"两国双园"等与东盟合作重点项目，着力宣传福建品牌和营商环境。加速跨境金融科技布局与数字化转型，强化重点项目生命周期中全方位各个阶段的金融服务体系支持，尤其是新基建领域重大工程的扶持力度，助力"海丝"金融基础设施"硬联通"。

（2）以绿色金融服务低碳产业发展

2018 年，中国金融学会绿色金融专业委员会和伦敦金融城"绿色金融"倡议共同发起了"一带一路"绿色投资原则倡议，旨在加快发展绿色金融，消除基础设施融资缺口，应对"一带一路"沿线投资项目在脱碳方面的重大挑战。该倡议已经成为全球行动平台，截至 2022 年 1 月底，拥有 41 个签署方，其持有或管理的总资产超过 49 万亿美元，为"一带一路"项目提供了有力的资金支持。签约方涵盖亚洲、欧洲和非洲的 15 个国家和

---

① 黄端. 福建全面融入"一带一路"推进 21 世纪海上丝绸之路核心区建设［N］. 中国经济时报，2017 – 05 – 10（006）.

地区，包括商业银行、投资银行、政策银行、保险公司、"一带一路"投资方和项目开发商。2021 年 11 月，"一带一路"绿色投资原则指导委员会发布了支持《联合国气候变化框架公约》第 26 次缔约方大会的声明，并重申了支持"一带一路"共建经济体按照《巴黎协定》净零排放愿景制定和实施气候目标的承诺。福建为促进绿色经济发展，专门成立绿色金融改革试验工作领导小组，并将绿色金融工作纳入福建省"十四五"金融业发展专项规划，出台《福建银行业保险业推进绿色金融发展的指导意见》。

发展绿色金融对于"海丝"沿线国家与地区突破资源环境约束，实现互利共赢具有重要的战略意义。一方面，在法律上明确规定环境污染者应承担的责任，并及时向银行业金融机构提供环保违法违规企业名单和企业节能环保信息，开展节能环保认证，切实提高银行业金融机构绿色金融政策的可操作性和执行效率。另一方面，建立和完善绿色金融监管指标体系，督促银行业金融机构落实相关绿色信贷政策，完善绿色信贷制度，创新融资产品和服务手段，融资与融智相结合，提升绿色金融服务水平。例如，兴业银行就形成了涵盖绿色信贷、绿色租赁、绿色信托、绿色债券、绿色基金、绿色理财、绿色消费等多门类的集团化绿色金融产品与服务体系。2020 年，福建成立三明、南平两个绿色金融改革创新试验区。截至 2023 年 5 月，示范区已累计推广四批次 31 项绿色金融可复制创新成果，致力打造具有山海特色的绿色金融"福建样板"。其中，南平绿色发展集成改革、宁德农村生产要素流转融资模式和龙岩林业碳汇指数保险等绿色创新被评为中国改革 2022 年度地方全面深化改革典型案例。

（3）以普惠金融服务小微企业发展

秉承"金融为民"初心使命，全面推动普惠金融发展。在"海丝"建设中，促进与沿线国家与地区经贸支付结算的便利化，不断拓宽合作商户涵盖范围，扩大小额电子支付应用场景。建立和完善普惠金融发展长效机制，着力为实体经济提供发展。福建宁德、龙岩也以国家级普惠金融改革试验区建设为契机，通过数字化、信息化赋能普惠金融，推进普惠金融改革创新发展，促进数字金融与实体经济深度融合，取得了明显成效，彰显普惠价值。

（4）以海洋金融服务海洋经济发展

《福建省"十四五"海洋强省建设专项规划》提出，大力发展海洋经济，建设海洋强省，是福建高质量发展的必选选择。《加快建设"海上福建"推进海洋经济高质量发展三年行动方案（2021－2023 年）》中提出，加大金融支持力度，加快"海上福建"建设，促进海洋经济高质量发展。鼓励社会资本通过市场化方式设立和运营"海上福建"建设投资基金，健全海洋项目投融资机制。积极运用地方政府专项债券，扶持符合条件的海洋项目。鼓励政策性金融机构为海洋基础设施建设、海洋科技创新和海洋产业发展等重大工程项目提供中长期优惠信贷支持。发展涉海保险等业务，扶持有条件的海洋企业开展债券发行、上市融资与再融资业务。金融机构可着力发展海洋产业优势集群、培育海洋新兴产业、扶持重点海洋产业项目与基础建设项目，配套海洋产业供应链融资，促进传统海洋产业转型升级，推进海洋强省建设。

4. 提升跨境金融水平

（1）实现跨境融通

福建在"海丝"建设中的优势突出，经贸合作紧密，面对日渐多样化、复杂化的"一带一路"跨境金融需求，应不断创新金融服务，积极提供融资、财务、交易金融和境外资产管理等专业化、综合化金融服务，主动推动"走出去"和"一带一路"金融服务，拓展国际市场。打造"账户通"体系。在监管框架允许内，建立弹性账户体系并逐步做到"账户通"。根据需要适配账户体系为企业提供多元化金融服务。创新"结算通"产品。丰富线上跨境金融产品以提升金融服务效率和便利企业国际结算需求，如全流程多渠道的"快捷汇"、"快捷兑"、"快捷证"与"快捷贷"等。丰富"跨境通"场景。依托大数据等技术，创新跨境服务场景及产品，构建"金融＋科技＋场景"的服务模式，推动投融资互联互通。完善"财资通"服务。实时提供外汇资讯，完善外汇财资服务，倡导汇率中性理念，助力企业汇率管理。同时，打造特色服务品牌，提升国际影响力[①]。如工商银行着力打造的融资产品，包括出口信贷融资、资源支持结构性融资、跨境兼并收购和境外项目融资等。

（2）推动外贸创新

促进新型离岸贸易业务开展，打造特色新型离岸贸易模式。支持外贸企业通过跨境电商等新业态新模式拓展销售渠道、培育自主品牌。积极发展"跨境电商＋产业带"模式，带

---

① 唐朔. 新发展格局下粤港澳大湾区金融融合发展研究［J］. 新金融，2022（06）：17-24.

动跨境电商企业对企业出口。发展特色贸易金融,完善与"海丝"沿线国家与地区在投资保护、税收、海关、金融等方面的创新合作机制。深化闽台经贸合作,吸引台资企业借力福建拓展东盟出口市场,带动福建、东盟与中国台湾间的物资及资金流动,实现互利共赢①。上海自贸区具有在贸易、投资和金融领域开放上可复制和可推广的经验。华夏银行上海分行充分利用自贸区跨境投融资便利和先行先试的独有条件,研发了自贸代理通产品"一对多代理通",为企业发展保驾护航。通过"一对多代理通",企业可利用自身在华夏银行申请的贸易融资授信额度,为其委托的多家集团内进/出口代理企业申请贸易融资额度②。

"十四五"期间,构建"双循环"新发展格局,是关系我国现代化建设全局的战略部署,旨在重塑我国国际合作和竞争新优势,助力经济高质量发展。福建通过开拓"陆丝"新通道、整合"海丝"新航运,推进"丝路投资",发展"丝路电商",深度融入"一带一路"建设,打造连接国内国际双循环重要枢纽。

尽管当前"海丝"共建国家与地区存在着发展不均衡、要素流动不通畅等痛点,但挑战和机遇共存。福建紧紧围绕国家"一带一路"建设总体规划与布局,贯彻落实中央支持福建加快发展的一系列政策措施,发挥福建"海丝"历史优势、区位优势、政策优势、平台优势和侨缘优势等,促进生产要素互联互

---

① 尤权. 加快建设 21 世纪海上丝绸之路核心区 [N]. 学习时报, 2016 – 09 – 12 (001).

② 孟扬. 银行业跨境打造资金融通"主动脉" [N]. 金融时报, 2019 – 10 – 08 (002).

通，统筹协调区域金融发展，打造特色金融，提升跨境金融水平，推动金融融合，实现"海丝"沿线国家与地区金融基础设施的"硬联通"、国际机制对接的"软联通"和文化的"心联通"，推动福建经济高质量发展，助推"双循环"新发展格局构建。

第九章 福建"红色货币文化"
与新时代金融本质再考察

本章以福建"红色货币文化"为研究重点，在从历史学视角系统梳理福建"红色货币"发展、演变等现实问题基础上，以经济学思维深入分析福建"红色货币文化"的精神内涵，探寻福建"红色货币文化"中的新时代金融本质，着重归纳总结福建"红色货币文化"在金融领域、创新领域的时代价值。

第一节 福建"红色货币"的发展与演变

一、福建"红色货币"的发展

（一）全国"红色货币"发展概述

红色货币是指在中华人民共和国成立以前，中国共产党领导的红色政权发行的各种货币的统称。经济参考报资料显示，据不完全统计，从大革命时期至解放战争时期，中国共产党共建立了 404 个货币发行机构，发行了 514 种名称、7 种币材的货币，并制定完善了现金准备、实物准备等货币发行准备制度，为支持中国共产党的革命事业提供了重要资金保障，也为新中国货币发行乃至经济建设提供了有益经验。中国共产党红色货币的发行始于农民协会组织创建的金融机构，并逐步演变为由各地苏维埃政权、抗日根据地、解放区政府的金融机构和银行发行，在特定的区域范围内流通使用。红色货币的发行流通集中在硝烟弥漫的战争年代，虽然只有 20 余年，但它作为一种承载着中国共产党领导下的金融事业发展的物证，恰恰是当前传承革命精神、弘扬红色文化的最具影响力的载体，也在中国货币发展史上留下了浓墨重彩的一笔①。

目前学术界普遍认为，红色货币的发行发轫于第一次国内革命战争，发展于第二次国内革命战争（土地革命战争），壮大于抗日战争时期，成熟于解放战争时期。根据发行时间的先后顺序，红色货币大致可分为"苏维埃币""抗币"（边币）和"区币"三种类型。"苏维埃币"发行于第一次国内革命战争、第二次国内革命战争时期，由革命根据地苏维埃政府创办的工农银行、中华苏维埃共和国国家银行发行，是中国共产党、红色政权最早发行的红色货币、红色铸币。"苏维埃币"主要包括 1926年湖南省衡山县柴山洲特别区农民协会组织成立的柴山洲特别区第一农民银行发行的"柴山洲特别区第一农民银行壹元"布质钞票，1927 年湖南浏东平民银行发行的面值五角的临时兑换券、常洋贰角信用券，1928 年井冈山红军造币厂、湖南耒阳工

---

① 王永珍. 诞生于闽西的全国第一批农信社［J］. 福建党史月刊, 2019（03）: 63.

农兵苏维埃政府发行的"工"字银元和劳动券，以及1931年发行的大量红色货币。见图9-1。

图9-1 主要"苏维埃币"

注：图依次为"柴山洲特别区第一农民银行壹元"布币、常洋券、"工"字银元。

"抗币"（边币）发行于抗日战争时期，主要在晋察冀、晋绥等19个抗日民主根据地发行。由于当时的根据地大多处于日伪军的包围分割当中，故"抗币"（边币）的发行流通仅限于本根据地区域内，无法实现跨地区使用，但这并不妨碍其为各抗日根据地军民自力更生、艰苦创业、发展经济提供金融保障。"抗币"（边币）主要包括华南地区根据地银行等发行的代用券"地方流通券"，山西兴县农民银行发行的农民银行币等。

"区币"发行于解放战争时期，主要发行地涉及陕甘宁、东北、华北、华东、中原等几个规模较大的解放区，故常被称为解放区货币（简称"区币"）。"区币"作为成熟红色货币的代表，其重要的体现在于由跨区域银行等金融机构统一发行，如由原华中抗日根据地的各行政公署设立的地区性银行合并组成的华中银行发行，又如由东北解放区增设的东北银行、关东银行、嫩江银行等发行。

（二）福建"红色货币"发展历程

福建作为全国著名的革命老区聚集地，涵盖了中共苏区的主体和核心区域，是毛泽民、阮山、赖祖烈等全国早期的红色金融家，在毛泽东思想的指导下开展货币发行、支持民族独立等红色金融活动的重要实践地。红色纸币设计之父黄亚光就是福建长汀人①。

福建红色货币的发展与红色政权不断壮大的现实背景分不开，主要经历了土地革命时期、抗日战争时期、解放战争时期三个阶段，不同阶段的红色货币发展动力、演变机制、流通区域有所不同②。

1. 红色金融事业的开拓期（1927 年 8 月~1937 年 6 月）

土地革命时期，福建龙岩、上杭、古田等革命地区基本确定了符合当地实际情况的土改政策（从没收一切土地归福建省红色革命政权所有，到没收一切公共土地和地主阶级土地），大部分农民获得了重要的生产资料——土地，拥有了自给自足、自力更生的基本条件。在此背景下，福建革命地区粮食产量显著提

---

①　黄宁. 福建省最早的红色金融机构——蛟洋农民银行［J］. 党史研究与教学，1990（03）：54 - 55.

②　如土地革命时期，红色货币主要在龙岩、永定、上杭等闽西地区流通；抗日战争时期，主要在闽赣两省的抗日根据地及其福鼎、宁德、霞浦、寿宁、拓荣、周宁、古田、罗源等县、市边远毗邻区域流通。

升，猪肉、鸡蛋等农产品产出规模日益扩大。然而，由于敌人的军事封锁力量逐渐加强，直接导致革命区农产品出口锐减、价格奇低，城市工业品因运不进来导致价格急速上涨，农产品与工业品价格差距过大所形成的"剪刀差"现象，加剧了白色区域资本市场对红色区域农民的剥削，严重阻碍了福建革命事业的发展。

在上述背景下，福建红色革命政权遵循马克思的劳动价值学说和商品交换理论，不断探寻如何发挥金融的资源调配功能，解决迫在眉睫的"剪刀差"问题。一方面，成立"类中央银行机构"，发行能够在革命根据地自由流通的货币。福建成立了全国最早的红色信用合作社——永定太平区信用合作社，并逐渐发展成为闽西信用合作社。信用合作社的启动基金由"打土豪"所得、募集私人股金两部分构成，为独立发行足值的股票、纸币奠定了信用基础，保证了所发行的货币得到革命地区市场主体的认可、使用。有了自己的红色货币，福建红色政权按照市场原则，收购滞留在革命地区的农产品，有效防止了"谷贱伤农"形势的蔓延。在此期间，涌现出了19世纪30年代邵光县委、邵光苏维埃政府所在地的"铸币模具"等一大批珍贵历史文物。

另一方面，有效保证了"红色货币"的正常流通。一是成立并颁布了独立自主的金融机构和科学合理的金融政策。1930年11月7日，中国共产党在土地革命时期建立最早、制度最完善、存在时间最长的第一家股份制银行，也是中国人民银行的前身，被誉为"共和国金融摇篮"的闽西工农银行成立[①]。闽西

---

① 刘敬扬，张晓东．十九路军"闽西农民银行"纸币性质刍议［J］．东南学术，1993（2）：59－63.

工农银行颁布了苏区最早的银行组织纲要《闽西工农银行章程》,是我国红色金融史上首部"银行法",推动了中国革命金融法制的进程。在此基础上,闽西工农银行根据土地革命实际需要,遵循市场规律发展金融事业,其独立经营的范围包括存款、放款、汇兑、买期票、买卖金银、发行纸币等。图9-2为闽西工农银行股票。

图9-2 闽西工农银行股票

二是基层不断探索红色货币流通的适用性问题。如龙岩蛟洋暴动发生后,福建红色革命政权在"义合祠"① 创办了"蛟洋农民银行",发行了面额为一角、一元的"流通券"纸币,用白色玉扣纸木刻板印刷,红色票面上沿从右至左正楷横书"蛟洋农民银行流通券"。除蛟洋周围的北四区使用外,毗邻的古田、连城的庙前、莒溪和龙岩的大池、小池等地均可使用;"流通券"

---

① 乡里有纠纷时,有关人员商议调解的场所。

可用于农会创办的商店，或农协会发给"农民自卫军"补贴，医药费、工资、贷款等。① 又如赣东北苏维埃银行闽北分行行长徐福元为促进自发红色纸币的流通，按照银元本位的货币制度，铸造供苏区使用的足量银元——"红洋"。"红洋"的版式有两种，一种重量为 26.3 克，成色 94%；另一种重量为 26.6 克，成色为 88%，成色均不低于同时期白区流通的银元。

2. 红色金融事业的调整期（1937 年 7 月～1945 年 7 月）

抗日战争时期，由于全国抗日形势的不断变化，以及福建的特殊地理位置、发展阶段，福建成为了全国为数不多的未被日军占领的省份。福建红色政权在此期间得以稳固、发展壮大，其领导的红色金融事业进入重要调整期，以此积累的丰富经验有效支撑了全国范围内红色金融机构的权威性树立，红色货币发行、流通制度改革，以及相关金融配套措施完善。

一是积极树立闽西信用合作社、闽西工农银行等红色金融机构的权威性。一方面，积极建立政治背书。如在红色金融机构运行过程中，坚决贯彻毛泽东在蛟洋文昌阁指导召开的中共闽西"一大"精神——"苏维埃政府既为工农兵的政权，它的工作自然就为工农贫民兵士谋利益的"。坚决执行闽西第一次工农兵代表大会通过的"经济政策决议案""借贷条例"等法条规章，明确商人不得操纵金融。另一方面，积极建立经济背书。如为维持币值稳定，闽西信用合作社发行了股票，向百姓和商户募集银元等作为发行纸币的股金，并承诺 1 元银元和 10 毫纸币等价兑换。又如中华苏维埃共和国临时中央政府从 300 万元公债中，拨

---

① 蒋九如．福建革命根据地货币史［M］．北京：中国金融出版社，1994（02）：247 - 248.

出 20 万元用于发展闽西信用合作社。图 9-3 为中华苏维埃共和国经济建设公债券。

图 9-3 中华苏维埃共和国经济建设公债券

375

二是积极探索能够保证红色货币高效流通的规章制度，维护红色货币形象。如面对赣东北苏维埃银行闽北分行发行的"红洋"的含银量高、外流现象严重等问题，进一步优化红色货币铸币制度，明确标明"闽浙赣省苏维埃政府"所铸，防止其在白区流通使用，以此保证苏区正常的红色货币流通、金融运转。又如根据抗日革命根据地红色货币流通量大小，适时回收部分货币。闽西工农银行建行初期发行了 3 万元的临时纸币，后不久发行正式纸币，临时纸币收回；国家银行发行了中央苏区统一纸币后，闽西工农银行发行的纸币陆续收回，保证了新发行红色货币的正常流通。再如由于敌人封锁导致过多的红色纸币发行用于支援战争（无法遵循货币流通规律），福建省红色纸币泛滥贬值客观上导致人民蒙受损失，一旦福建红色政权稳固便采取了 1:1 比价回收，维护了红色金融机构的信誉。

3. 红色金融事业的成熟期（1945 年 8 月～1949 年 10 月）

解放战争时期，福建红色政权先后经历了自身发展壮大、支撑全国解放台湾两大阶段，红色金融事业在不同阶段的历史任务有所不同，但在红色货币发行、流通、停发等不同阶段表现出成熟特征，有效推动了新中国金融事业的发展。

一是遵循经济规律，适时发行有利于战争需要的红色货币。如 1949 年前夕，由于闽中地区解放战争已进入白热化状态，大部分部队面临粮食紧张、生活资源严重不足等问题。闽浙赣人民游击纵队闽中支队司令部结合土地革命时期、抗日战争时期红色货币发行经验，于 1949 年 5 月在驻地莆田大洋发行了闽中支队部钞票（一角和伍角两种面额），作为银元辅币支付司令部机关工作人员每月伍角的津贴费。随着解放战争形势的急速好转，闽中支队部钞票完成了其历史使命，并于 7 月底停发。闽中支队部钞票后续回收处理工作稳步推进。显然，解放战争时期，以闽中支队部钞票为代表的红色货币在设计、发行、流通、停发等重要环节均体现出了科学合理性。

二是通过发行、流通红色货币，尽量减少国统区物价飞涨的消极影响。如 1949 年 2 月，为了让人民免遭金圆券贬值的损失，闽粤赣边委成立财政经济委员会，并以军民合作社的名义发行流通券，在根据地内流通使用，取代港币、银元，逐步统一货币市场。6 月 18 日，闽粤赣边区纵队闽西南临时联合司令部发出"闽西财字第一号"布告："查本区大小街市交易概以米、硬币或港币计算，群众深感不便，且对发展工商政策妨碍尤多。本部有鉴及此，并得我区群众之迫切要求，特呈请中国人民解放军闽粤赣边区纵队政治部批准，于本月 18 日暂时发行'军民流通券',以便我全闽西军民使用。"司令员丘锦才、政治委员范元辉签署发布"军民流通券细则"。闽西流通券的流通范围主要在永定、上杭、龙岩县城及其主要集镇,较大程度上遏制住了闽西解放区物价上涨趋势,维护了人民群众的切身利益。图9-4为闽西军民合作社流通券。

图9-4　闽西军民合作社流通券

三是根据解放战争的阶段性需要,适时设置红色金融机构、停发红色货币,以此为解放台湾战争提供更好的金融支持。如1949年8月,鉴于闽西军民合作社流通券发行效果好于预期,按照金融机构发展规律,应在龙岩、上杭、闽南等地设立分社,扩大红色金融事业发展成果。但在一切准备就绪之时,国民党胡琏残部溃退窜扰,导致部分分社无法成立,闽西分社适时转移至永定的下洋,峰市支社转移大埔湖寮继续进行兑换业务。9月,随着龙岩等部分城市的解放,中共福建省第八地委取代了闽粤赣边区党委,军民合作社闽西分社及所属机构也相应撤销,闽西军民合作社流通券停止发行。为进一步优化闽西金融机构,在闽西分社统计出营业状况表,并将全部现金库存及账表移交给闽西地委财委会后，重新安排了闽西分社 30 多位同志的工作，为构建新的红色金融机构、支持解放台湾提供了优质的人力资源。

此外，为消除闽西军民合作社流通券对新的金融市场影响，中央银行分批分类地对其进行了科学的回收。据统计，在 1949 年 6 月至 12 月期间，闽西军民合作社流通券发行流通总量为 77290 元。其中 10 元券 2783 张，占 2.7%；一元券 44600 张，占 43.4%；一角券 42000 张，占 40.9%；五分券 13200 张，占 12.8%。新中国成立后，中国人民银行对其进行了回收。1950 年 1 月 16 日，中国人民银行龙岩支行将闽西军民合作社流通券按每元兑人民币 200 元（3 月 18 日后按每元兑人民币 1000 元）进行回收，至 1951 年 10 月共计收回 59985.80 元，于 1952 年上交中国人民银行福建省分行销毁。

二、福建"红色货币"的演变

福建红色货币的演变总体遵循金融发展规律，但由于世界范围内尚未存在可参照借鉴的成功案例，导致其演变过程较为曲折、复杂。但福建红色货币的发展演变离不开当地革命事业发展的现实需求，尤其体现在如何解决"剪刀差"问题，如何购买枪支弹药支援前线，如何保证部队机关工作人员基本生活等，这就要求及时树立红色金融机构、红色货币的权威性，维护红色政权的良好形象，更要求红色货币的发行流通目标、手段、制度不断向市场化、高级化、现代化演变升级。

（一）福建红色货币发行流通目标演变

如前所述，福建红色货币发行流通的初衷是解决经济问题，尤其是保障革命地区人民的切身利益。对此，福建红色政权通过发行能够在革命地区自由流通的货币，以及保障粮食局调剂闽西各地粮食资源等方式，基本控制住了粮食价格，消除了工农业"剪刀差"给农民、革命事业带来的消极影响。

但经济与政治始终不分家，经济问题的解决往往是建立在独立政权的基础上的，尤其是在土地革命时期、解放战争时期，福建反动势力同样会发行流通属于自己的货币、股票、债券等。故保证红色政权的稳固成为了福建红色货币发行流通的第二个目标，这个目标的实现不唯需要红色货币发行流通过程中的重要战争资源支持，更需要红色货币使用者对发行的纸币、流通券认可。福建红色政权为实现政权稳固目标，在红色货币发行流通过程中不断探索发行流通手段、制度，不遗余力地树立、维护自身良好形象。如在蛟洋暴动后，福建红色政权在上山打游击前，一律用大洋、银毫和铜板兑换蛟洋农民银行发行的支票，以此保证不失信于民。

（二）福建红色货币发行流通手段演变

福建红色货币发行流通的手段主要是从手工绘制向机器防伪，从县域向市域、省域范围扩大流通等高级阶段演变升级。具体来说，从发行角度看，福建红色货币从简单的手工绘制开始，再向铸币模具、统一发行演变升级，在面额、设计、材料、技术等方面均表现出了较强的、成熟的发行流程、发行标准、发行能力，进一步确定了其成为主权法定货币服务革命事业的地位。上述经验做法对新中国成立后，人民币在全国范围统一发行具有一定的借鉴意义①。

从流通角度看，福建红色货币在不同阶段的流通范围、流通速度不尽相同，常会因特殊事件的发生导致发行数量过多、流通速度过慢、流通范围过广，进而造成通货膨胀、伪币泛滥问题，严重影响红色政权的权威性和良好形象。对此，福建红色政权对于红色货币的流通手段也在不断向市场化演变，如将结合已有的银元作为银根，并根据银根规模的不断变化适时回收部分纸币、流通券，保证其在流通过程中的购买力；又如针对部分货币、流通券购买力逐渐下降问题，福建红色政权还会以修改面值或票面设计等方式，保证红色货币购买力和防止伪币流通。

（三）福建红色货币发行流通制度演变

福建红色货币发行流通制度的演变大致经历了基本制度确立、发行机构建立、流通制度完善等重要阶段。在基本制度完善阶段，福建红色政权就提出，红色货币的发行流通必须接受党的领导。中共闽西特委是闽西苏区金融工作坚强的领导核心，负责机构设置、人员配置、立法立规等红色货币发行流通的重要金融工作安排，以此保证党对金融机构的政治领导，对金融职能的科学定位，对金融秩序的统筹打造，对金融服务的具体要求。在发行机构建立阶段，福建红色金融机构在上述基本制度框架下，根据革命事业现实需求和敌我力量对比，适时成立

380

---

① 洪荣昌. 辞旧迎新的红色货币 [J]. 福建党史月刊, 2019 (2)：2.

如闽西合作社、闽西工农银行等金融机构,以此发挥金融配置紧缺性生活资源、战争资源的功能。

在流通制度完善阶段,福建红色政权先后出台了《关于金融流通问题》《闽西工农银行章程》《合作社条例》《借贷条例》等红色货币流通的规章制度。例如,为禁止杂钞伪币在根据地流通,闽西工农银行提出按减低四分比价兑换红色货币、流通券,以此推动杂钞伪币到国统区购买革命根据地的生活必需品;为扩大红色货币流通的"银根"规模,福建红色政权积极协助、开展进出口贸易,鼓励将根据地重要的成品纸、木材等出口,换取大洋等现金;为防止与红色货币高度挂钩的大洋外流,规定"凡携带大洋与毫子来往白区办货在20元以上者,须向市区政府登记,取得现金出口证才准出口,无出口证及非为办货用的,一律不准出口,向银行或兑换所兑换大洋的,也要有现金出口证为凭"。

第二节 福建"红色货币文化"的精神内涵与新时代金融

一、福建"红色货币文化"的精神内涵

福建红色货币文化的精神内涵具有宏观、微观两面性。从宏观上看,福建红色货币文化的精神内涵脱胎于中国红色文化,即在马克思主义思想指导下,在邓子恢、方志敏等红色金融革

命家的直接领导下，结合福建革命事业发展的实际需求，百折不挠地通过建立红色金融制度、红色金融机构，以及发行流通红色纸币、流通券等金融手段实现民族独立、人民独立。从微观上看，福建红色货币文化具有福建特色，即在红色货币的设计、发行、流通等过程中，体现出了福建特有的包容、创新、果敢、担当等文化品质。

（一）坚持党领导的精神内涵

无论是如何实现马克思主义本土化的理论探索，还是福建金融事业发展的实践创新，福建红色货币的发行流通始终坚持中共福建红色政权的领导。如在闽西苏区时期形成的"党管原则、发展经济、广开财源、独立自主、自力更生、以民为本、精简节约"财经思想影响下，中共闽西特委直接指导着福建共产党人一手抓枪杆子、一手抓钱袋子，围绕土地革命，开创红色金融，在闽西苏区创立了多家农信社及闽西工农银行，开启了通过"红色农信"和"红色国库"巩固红色政权的探索与实践。

中共闽西特委在充分掌握革命地区人民生活状况、金融发展现状的基础上，先后发布第七号通告《关于剪刀差问题》①《合作社讲授大纲》《取缔纸币条例》《闽西工农银行章程》等政策性纲领文件，明确规定"发行纸币机关，要信用社才有资格；信用合作社要有 5000 元以上的现金，请得闽西政府批准者，才准发行纸币，但不得超过现金之半数。""闽西工农银行应以

① 通告称："由县区政府经济委员会有计划地向群众宣传，并帮助奖励群众创造合作社，如生产合作社、消费合作社、信用合作社等，使农民卖米买货不为商人剥削，而农村储藏资本得以收集，使金融流通。"

调剂金融，保存现金，发展社会经济，实行低利借贷为经营方针；掌握多种储备，注重经济发行，排斥非苏区纸币，统一银毫兑换率"等，无一不体现出党的正确领导地位。上述政策为闽西各地区新设红色信用合作社、闽西工农银行，以及红色金融机构发行流通纸钞、股票、流通券等金融货币提供了方向性指引，进一步明确、巩固了党在红色金融事业发展进程中的领导地位。

（二）为人民服务的精神内涵

中国共产党是属于人民的红色政党，福建红色政权在发行流通红色货币的过程中始终将"为人民服务"奉为圭臬，尤其是在金融发展规律下积极探索福建劳动人民如何摆脱封建地主阶级、国民党统治区资本家的剥削，争取实现"土地资料自由""生活用品自由""让人民过上好日子"。相对于封建社会或国民党领导下的货币制度，福建红色货币改变了以往货币是剥削工具的性质，成为了"为人民服务"的工具，有力地支持了福建乃至全国的民主革命。

土地革命时期以来，福建红色政权发行的红色纸币、流通券、股票均是以提升人民群众地位为初衷，这在红色货币的设计当中均体现得淋漓尽致。如在全国最早由信用合作社发行的股票——永定县第一区信用合作社股票（见图 9-5）设计图案中，除相关文字说明外，整个背景以黄色为主，象征着劳动人民赖以生存的黄土地；红色部分以五角星旗帜、五角星为主，象征着红色政权下的劳动人民应团结起来，积极争取实现民主独立、地位平等；两边以火炬为衬托，象征着"星星之火，可以燎原"，更体现出农民群众通过辛勤劳动获得收获的不易，需要红色政权"枪杆子"的守护；正中间以立体的球状物体作为支撑，并配以"世界大同"的文字，体现出福建红色货币文化中对世界劳动人民的关注，更反映出其包容的精神内涵与世界格局。

图9－5　永定县第一区信用合作社发行的股票（部分）

（三）尊重金融规律的精神内涵

福建红色政权在发行、流通银元、纸币、流通券、股票等红色货币的全过程中，始终坚持、遵循马克思主义政治经济学经典理论和金融规律，既保证了红色货币独立发行、安全发行，又保证了红色货币的保值流通、顺畅流通，并根据经验做法凝练出了尊重金融规律的精神内涵。福建红色货币尊重金融规律主要体现在金融人才任命、培养，以及通过广泛调查研究控制金融发行量、流通速度等诸多方面。

在金融人才任命、培养方面，如由于我国革命红色金融事业的奠基人曹菊如 10 岁就考入了商业学校，对经济管理等相关领域较为熟悉，故在闽西工农银行成立之初，他先后被任命为闽西工农银行委员会委员、会计科科长、党支部书记。在没有开办银行经验和规章制度的现实背景下，曹菊如采用中式账簿的旧记账方法，保证了闽西工农银行发行、流通货币的正常运转。新中国成立后，他先后任中央人民银行副行长、行长、党组书记，为我国建立独立的、稳定的货币制度和社会主义金融体系做出了卓越贡献。又如闽西工农银行首任行长阮山，早年毕业于福州法政大学，在规章制度制定领域颇有建树，被任命为行长后，他带领闽西工农银行工作人员调查实际金融问题，发行红色纸币，保存现金，收购金银，发展社会经济和实行低利借贷；并牵头制定了一套适合现代银行的管理制度，为新中国创办国家总银行奠定了理论基础，积累了实践经验。

在广泛调查研究方面，中共闽西特委在发布《中共闽西特委通告（第七号）——关于剪刀差问题》前，对当时混乱的金融局面进行了广泛调研，并据此提出"打破高利贷剥削，低利供贷；政府筹集基金，高吸低抛粮食，稳定粮价；鼓励农民创办信用合作社发行纸币，吸收存款，流通金融等"[①]，上述观点成为后来闽西乃至全国红色金融实践的重要性纲领文件。

（四）勇于创新担当的精神内涵

如前所述，福建红色货币的发行流通环境较为特殊，外显为

---

① 熊鹭. 土地革命时期闽西红色金融的实践与启示［N］. 金融时报——中国金融新闻网. 2021. 6. 21. https：//www. financialnews. com. cn/ll/gdsj/202106/t20210621＿221467. html.

革命战争局势瞬息万变、红色货币主体需求复杂多样、可借鉴的成功案例凤毛麟角，故红色货币发行流通的重大决策中不仅表现出了不惧困难、善于斗争、团结奋斗等福建特有文化，更蕴含了敢于创新、勇于承担失败的革命精神。

在敢于创新方面，福建红色政权在邓子恢、方志敏、阮山、陈海贤、赖祖烈、曹菊如、黄亚光等老一辈金融革命家的带领下，结合福建红色革命紧密依靠农民群众、"农村包围城市战略"等既定方针、事实，创造性地提出以建立信用合作社等方式，利用长汀南阳铸铁生产合作社、造纸合作社、手工业合作社、消费合作社、农具合作社、耕犁合作社等各类农村信用合作社将广大农民群众团结起来发行红色货币，保证了红色货币发行之初的权威性和市场流动性，有效地支持了福建乃至全国革命地区的生产、消费及革命战争。

在勇于担当方面，在福建红色货币发行流通中不可避免地出现了不可抗拒的阻力，部分红色货币相关决策由于战争形势变化而显得不合时宜。对此，所有福建红色政权领导干部勇于承担风险，并及时做出政策调整，将由此带来的损失降低到了最低。如闽西第一家红色金融机构——蛟洋农民银行主营借贷业务、发行流通券，但因地方军阀的围剿而被迫在半年后停止营业，导致红色金融机构的建立时间、地址受到质疑。此时，蛟洋农民银行创始人、红四军第四纵队司令员、政委、党代表傅柏翠同志站出来承担了责任，并根据红色金融机构建立、运行的经验及时进行优化，为推动中共闽西"一大"提出"举办合作社""统一度量衡及币制"等主张做出了杰出贡献。

（五）理性看待风险的精神内涵

福建红色货币在萌芽、发展、成熟等不同阶段均面临市场风险、信用风险、流动性风险、操作风险、法律风险等一系列影响红色金融机构发行流通红色货币的风险，上述风险在金融业发展规律中客观存在。但任何一种风险将不可避免地带来难以估量的严重后果，而革命战争时期可能面临多种金融风险叠加的特殊情况，对福建革命事业可能是毁灭性的，直接导致各方势力"谈金融风险必色变"的现象尤其突出。福建红色政权在面对金融风险时，常表现为"讲事实、找原因、想主意"，无一不映射出红色货币中的理性精神。

例如，在理性看待红色货币信用风险方面，政权的稳固是货币独立发行、正常流通的先决条件。随着福建红色政权力量的时强时弱，红色货币信用也时好时差，尤其是当时闽西地区流通的货币不仅包括国民党中央银行、中国银行、交通银行、农民银行发行的纸币，还涉及闽西南军阀张贞办的"民兴银行"和各地商会、商店发行的纸币，更存在大量杂洋等劣质银币的客观背景下，红色货币面临"劣币驱逐良币"的信用风险问题。在无法在短时间内增强红色政权力量的现实情况下，福建红色革命家并没有因此而退缩或激进，即并未以停发或多发红色货币等过激方式解决棘手的经济问题，而是在广泛调研、合理取证的基础上，适时建立、发展人民群众资金互助组织——信用合作社，以适时改变红色货币设计模式、发行方式、发行时间、流通领域等创造性方式，在解决关乎人民群众切身利益的工农品"剪刀差"问题过程中，提升红色货币的市场信用和流动性。

二、福建"红色货币文化"与新时代金融

(一)从福建"红色货币文化"探寻新时代金融本质

众所周知,金融是现代经济的核心,其通过资金融通实现各类生产资料的最优化配置,推动经济社会的高质量发展。金融天然所具有的"造血功能""输血功能",奠定了其在所有行业中的重要地位,高利润、高收入、高风险已经成为了新时代金融的新标签。在上述光环和标签下,新时代金融逐渐多元化、模糊化,严重阻碍了其推动中国式现代化的进程,亟待从红色金融文化中探寻其本质与核心。

1. 新时代金融的准则是坚持党的领导,底线是守住风险

福建红色货币之所以能够呈"星星之火,可以燎原"之势,离不开邓子恢、阮山等老一辈中国共产党人的正确领导、探索。正是由于福建红色货币文化中明确了中国共产党的领导地位,才有福建红色政权不断利用马克思主义政治经济学经典理论,结合福建革命地区货币发行流通的实际情况,创建了农民信用合作社、闽西工农银行、蛟洋人民银行等一系列红色金融机构,发行了一大批高效安全服务革命战争、革命地区经济社会发展的纸币、流通券、股票等红色货币。

新时代金融具有发展规模大、涉及领域广、内部结构复杂,以及金融风险易发生、易传染、危害大等重要特征,这就决定了新时代金融管理的广度、难度、深度均达到了新的高度,其健康、稳定、可持续发展的重要准则就是坚持党的领导。实践无数

次证明，中国共产党无愧于中国工人阶级、中国人民和中华民族的先锋队，其自我学习、自我净化、自我否定的优良传统，保证了中国共产党人在面对金融问题时，始终将人民利益放在第一位，始终坚持将马克思主义理论中国化，并在金融管理进程中不断学习专业知识、探索适宜性制度创新、勇于承担自己的错误。如中央政治局会议、中央经济工作会议多次强调，金融安全是国家安全的重要组成部分，要深入推进金融领域适宜性改革，持之以恒防范化解重大金融风险，不断提高金融治理体系和治理能力现代化水平。

2. 新时代金融的属性是经济工具，核心是为人民服务

从福建红色货币的发展历程可以看出，闽西红色金融兴起的初衷是解决工农产品"剪刀差"问题，维护革命地区劳动人民的切身利益。但解决"剪刀差"问题可以有成立粮食局、调配粮食资源等多种经济路径，红色货币只是其中的一种重要经济工具。福建红色货币文化中蕴含的为人民服务，是福建乃至全国红色货币体系能够不断完善、长盛不衰的重要精神力量和最低评判标准。

新时代金融是解决"人民日益增长的美好生活需要和不平衡不充分的发展之间的矛盾"的重要经济工具，但并不是唯一工具，需要多种新时代技术、经济工具的配合。作为资金、人才、技术等核心生产要素在不同区域、不同行业间高效流通的平台和载体，新时代金融运用互联网、大数据、云计算、人工智能等新技术降低资金融通成本，不仅是推动贫困地区、低收入行业依靠高质量生产资料实现跨越式发展，提升地区、行业间的均等化发展水平的重要经济工具；更是提升人民群众的收入水平、改善生活条件，增强其获得感、幸福感的重要经济工具。新时代金融在发挥货币职能、金融功能过程中，首先应将"是否有利于满足人民日益增长的美好生活需要"作为基本评判标准，以此优化货币发行、流通制度，充分彰显新时代金融的绿色化、普适性等文化内涵。

3. 新时代金融的天职是服务实体经济，遵循金融规律

福建红色货币的发行流通注重解决"保护劳动人民利益、支援前线战争"等实际问题，而不是借此加入地主阶级或国民党资本家行列，将红色货币作为剥削人民群众的工具。福建红色货币文化中的尊重金融规律，即是在革命金融家的带领下，以红色货币的流通推动革命地区的土地、农产品、劳动力、资本等稀缺性生产资料合理配置，盘活人为分割的条块经济；而不是以"滥发纸币""高利贷""劣币驱逐良币"等掠夺性方式，赚取广大人民群众的劳动成果，从而加剧革命地区贫富差距。

新时代金融不同于新中国成立初期的金融，也不同于改革开放初期的金融。新时代金融更多的是面临经济的结构性调整，而非规模上的突破。这就必然要求防止"制造业空心化""金融空转化"。一方面，经济结构性调整离不开制造业的基础支撑，制造业现代化、国际化离不开技术创新、产业链创新，这就要求新时代金融在服务实体经济过程中充分尊重创新规律、产业竞争力规律，适当向产业价值链的高风险、高附加值等环节倾斜；另一方面，新时代金融服务实体经济离不开信用、杠杆、风险的识别，这是金融体系健康稳定运行的重要前提，但信用、杠杆、风险的测度、防范应如何以"高质量服务实体经济"为重要参照标准，避免因超额利润或绝对安全使得金融资源在金融机构

内部或资金资源充足的国有大型企业流转，远离了金融以"活水""造血"等方式高效配置优质资源、服务实体经济的初衷。

4. 新时代金融的使命是善于创新，高质量服务新经济

福建红色货币的发行流通时常受革命形势的影响，甚至有时会被迫停止红色金融机构的运转、红色货币的发行。但上述问题并没有击垮福建革命，相反还推动了红色金融革命，主要原因在于福建红色政权善于创新，尤其是在红色金融机构的创建、红色货币的设计、红色货币的流通等方面，无一不体现出福建红色货币文化中的善于创新、敢于创新精神。

新时代金融面临服务新经济的新问题，这是前所未有的，需要传承好福建红色金融中的创新基因，服务好数字经济、绿色经济、海洋经济等新经济的高质量发展。在服务数字经济方面，新时代金融应首先做出自身的数字化转型，唯有通过数字化技术武装后的金融体系，才能更加高效率地服务新经济主体；其次要找准数字经济发展过程中的重点领域和薄弱环节，有针对性地、创造性地服务数字产业高质量发展。在绿色经济方面，重点通过为制造业技术创新提供金融资源，提升其生产效率，降低环境污染程度；对于绿色环保产业，新时代金融也要做出适当性倾斜，结合其产业特征创造性地推出新金融产品。在海洋经济方面，重点支持海洋技术相关企业，探索构建"海洋金融利益共同体"的体制机制，为"一带一路""海上丝绸之路核心区"建设提供带有新时代属性的金融支持。此外，积极探索普惠金融模式创新，根据不同地区、不同收入人群的现实金融需求，开发"农惠宝""健康宝"等一系列符合新时代新农村经济建设的金融理财产品。

（二）福建"红色货币文化"的时代价值

习近平总书记多次强调，"要把红色资源利用好，把红色传统发扬好，把红色基因传承好"①。新时代金融相关监管部门、市场主体应该把学习"红色货币文化史"，同总结经验、观照现实结合起来，坚定地传承和发扬红色金融革命传统，尤其是深刻领悟、挖掘福建红色货币文化的时代价值。福建红色货币文化的时代价值主要体现在金融领域和创新领域。

1. 在金融领域的时代价值

福建红色货币文化在金融领域的时代价值重点体现在提高政治站位、增强业务本领两个方面。福建红色货币文化始终坚持党的集中统一领导、为人民服务。在政治站位方面，新时代金融领域的中央人民银行首当其冲。由于各级央行的各项工作关系到党和人民的核心利益，具有鲜明的政治属性，故其应始终坚持忠诚担当，不断加强党对金融工作的集中统一领导。如增强政治意识，提高政治站位，锤炼政治品格，善于用政治眼光观察、判断和解决金融领域复杂问题，坚决贯彻落实习近平总书记关于金融工作的重要指示批示精神，把党的意志、主张、重大决策部署落实到位。又如提升支付清算、货币金银、征信、国库、金融科技等服务和管理水平，严厉打击电信网络诈骗和跨境赌博，解决群众"急难愁盼"的具体金融问题，有效提升金融服务的可获得性和满意度，更好地满足人民对美好生活的向往和追求。

---

① 中共中央党史和文献研究院．习近平书信选集［M］．北京：中央文献出版社，2022．

在增强业务本领方面，福建红色货币文化中始终坚持尊重金融规律、理性看待金融风险，其在增强金融管理专业本领方面的诸多实践具有时代价值。新时代金融机构应加强学习金融经典理论、金融发展史，以及与自身金融业务高度相关的专业知识，如商业银行应掌握存款、贷款业务流程，相关客户的金融需求难点、重点；保险机构应掌握保险产品的定价原则、客户需求目标效用函数中的核心指标；证券机构应系统剖析国内外股票发行、流通的异同点，建设好智能化股票交易平台等硬件基础设施。又如金融机构应始终坚持服务实体经济导向不动摇，加大对普惠小微、乡村振兴、制造业、科技创新、绿色转型等重点领域和薄弱环节的金融支持力度；把握好"促发展"和"防风险"的关系，树牢金融风险意识，加强金融风险监测预警和处置，守住不发生系统性区域性金融风险底线。

393

2. 在创新领域的时代价值

福建红色货币文化在创新领域的时代价值重点体现在勇于创新、敢于担当等方面。福建红色货币在发行流通过程中敢于从农村信用合作社出发，创造性地团结一切可以团结的劳动人民力量；敢于承担由此带来的劳动人民对红色货币信用质疑，并通过股份制、红色货币设计（图案和含银量）等诸多方面创新解决上述问题，这对于制造业、工业等新时代创新领域主体具有重要的借鉴价值。

一方面，创新领域更多面临的是"从0到1""从无到有"的现实问题，诸多技术创新往往需要市场的检验，故高风险、高回报的特征客观上就要求创新领域主体敢于创新、敢于做毁灭性创造。新时代正面临芯片、光刻机、操作系统、激光雷达、高端电阻电容等领域的核心技术"卡脖子"问题，相关产业链技术端、品牌端等高附加值环节均被国外企业占领，一旦国内企业向核心技术挺进，便会引来国外技术封锁，直接导致如中兴、华为等高新技术企业的芯片断供。面对上述技术创新的灾难性打击，大部分创新企业选择用高价购买国外核心技术专利，从而获取少量的产业链市场销售端利润，而非通过金融、研发等手段实现突破。对此，创新领域主体应发扬福建红色货币文化中的敢于创新精神，敢于通过搭建研发人员、研发经费融合平台，遵循理论创新、技术创新规律，将关键核心技术牢牢掌握在自己手里，以此获取超额利润。

另一方面，创新领域由于风险过大，常容易导致大部分企业望而却步。但创新必然面临失败，失败必然会累积为成功。福建省红色货币文化中的敢于承担精神并不仅是敢于承担失败，更能正视失败，并找到解决的突破口。新时代创新领域失败案例不在少数，但成功案例必然存在着敢于承担失败、擅于找到解决之道的因素。故新时代创新领域主体应更多地考虑如何通过挖掘稀缺性科技人才、融通研发资金，以及有组织地发挥技术研发经费、研发人员等核心生产要素功能，如何通过建立"利益共享机制""风险共担共同体"有效避免、化解客观存在的失败。

3. 在其他领域的时代价值

福建红色货币文化在其他领域的时代价值更多地体现在乡村振兴、绿色经济、法治建设等三大领域。

在乡村振兴领域，重点需要构建以特色农业产业为核心的利益共同体，探索符合新时代新农村建设的适宜性合作制度框架。

福建红色货币文化为新时代乡村振兴进程中的农村合作提供了宝贵经验。如土地革命根据地时期，以龙岩、永定和上杭为中心区域的闽西根据地为发动群众促进物资和资金的流通，破除高利贷的剥削，创办了消费合作社和信用合作社，为新时代乡村振兴过程中农业生产要素的聚集、农业机械化和现代化，以及农产品网络销售平台的构建提供了新思路、新方向。又如闽西根据地大举兴办信用合作社的做法得到临时党中央政府的肯定，推动颁布了中国共产党的第一部有关信用合作社章程——《信用合作社标准章程》，为新时代探索构建如何利用好现有农产品电商销售网络平台、吸引优秀人才服务建设乡村振兴等规章制度提供了重要参考。

在绿色经济领域，重点在于培养既懂绿色经济发展理论，又懂绿色经济相关技术研发、转化的复合型管理人才，为新时代绿色经济创新发展提供智力支撑。福建红色货币文化中关于人才培养方面的经验做法在当前仍不失指导意义。如在闽西工农银行成立之初，中共中央不拘一格地挖掘曹菊如的专业潜能，并为其提供银行记账相关书籍，鼓励其创造性地参与到金融机构相关制度建设当中，为其后来作为毛泽民得力助手参与组建中华苏维埃国家银行打下了坚实基础。新时代绿色金融的大部分领域处于"无人区"状态，全球范围内均缺少可模仿、可借鉴的成功案例，故亟待从国家层面培养一大批懂得马克思主义理论、掌握绿色发展技术规律和行业实际情况的专业性复合人才，从需求表达机制、利益激励机制等多渠道创造性地用好绿色经济领域的高层次人才。

在法治建设领域，重点在于坚持真理，分类解决问题。福建红色货币文化中遵循金融规律的精神内涵在当代同样具有重要价值。如在闽西红色金融的实践中，由于高利贷对农民的剥削是土地革命时期的重要问题，故党在最初就把打击高利贷作为土地斗争中的重点任务。闽西第一次代表大会果断提出"纠正过去取消一切债务的错误观念"，并根据债务成因区别对待：对普通商家赊账，仍旧要还；对月息在二分以上的高利贷"一律取消"；月利在一分五厘下的"还本不还利"①。从福建货色货币文化中不难看出，新时代法治建设首先要有正确的理论导向，要始终坚持将马克思主义理论中国化，探索符合新时代中国现代化发展的法治建设。其次，在解决法治建设问题时，应进行分类处理，防止"一刀切"带来的不公平、腐败现象。最后，法治建设关乎国家前途、民族命运，应在党的坚强领导下做好规划、贯彻执行，真正做到具有新时代特征的有法可依、有法必依、执法必严、违法必究。

---

① 佚名. 土地革命时期闽西红色金融的实践与启示［N］. 金融时报，2021（6）：21.

第十章　福建货币文化的当代价值与传承创新

福建货币文化是我国货币文化发展史的重要组成部分，集中反映了东南沿海地区货币起源、发展、创新服务地方社会经济发展的文化规律、精神内涵与时代特征，对当前如何充分发挥我国现代金融体系高效、安全、创造性地为实体经济"造血""输血"功能，提供了答案之源、成功之本。本章重点结合新时代中国特色社会主义发展阶段、发展理念、发展格局的新要求，以及福建省以"四大经济"建设实现高质量发展超越的新路径，系统阐述福建货币文化的当代价值与传承创新，以期进一步丰富其内涵与外延。

第一节　福建货币文化的当代价值

当前，我国已经进入了"新发展阶段、新发展理念、新发展格局"的"三新"时期，亟待从各个领域积极探索如何解决新发展阶段的主要矛盾，如何确立新发展理念的指导原则，如何明确新发展格局的路径选择。福建货币文化作为构建现代金融体系的重要精神源泉，在金融市场创新、金融工具衍生、金融风险管理、金融科技变革等领域极富时代价值，为金融更好地服务"三新"时期经济社会发展创造出了文化引领价值、取向价值、指导价值以及文化创新推动价值。

一、福建货币文化在迈入新发展阶段进程中的当代价值

（一）新发展阶段的界定与任务

"新发展阶段"是习近平总书记首次在 2020 年 8 月 24 日的经济社会领域专家座谈会上提出的。随后，他在十九届五中全会等不同场合多次强调，"今天我们所处的新发展阶段，就是社会主义初级阶段中的一个阶段，同时是其中经过几十年积累、站到了新的起点上的一个阶段"。"新发展阶段是我们党带领人民迎来从站起来、富起来到强起来历史性跨越的新阶段"。"新发展阶段，就是全面建设社会主义现代化国家向第二个百年奋斗目标进军的阶段"。[①] 显然，新发展阶段不唯是中国共产党正确领导、中国人民勤劳奋斗下取得的良好形势，更是中国特色社会主义进入新时代后，全面建成社会主义现代化强国进程中的重要时期，同样面临如何解决人民日益增长的美好生活需要和不平衡不充分的发展之间的社会主要矛盾。

相对于社会主义主要矛盾中的"人民日益增长的物质文化

① 习近平总书记 2021 年 1 月 11 日在省部级主要领导干部学习贯彻党的十九届五中全会精神专题研讨班上的讲话；https：//m. gmw. cn/2022 - 09/06/content_36005203. htm.

需要"阐述，新发展阶段的"人民日益增长的美好生活需要"
是我国生产力发展到一定阶段的必然产物，更加深刻地反映出
人民对物质文化的需求层次更高、更全面等阶段性、时代性特
征。但囿于我国仍处于社会主义初级阶段，生产力水平仍有较
大的提升空间，仍然存在发展不平衡不充分问题，亟待在中国
共产党的正确领导下，解决人民"急难愁盼"的地区间、城乡
间、产业间收入结构性失衡问题，以及优质教育发展、医疗建设
体量、住房资源普及、自主创造力、精神文明建设等不充分
问题。

（二）福建货币文化在新发展阶段的时代价值

如前所述，我国迈入新发展阶段是中华民族伟大复兴的关键
时期，客观上要求全党、全国各族人民统一思想、共同奋斗，在
解决新发展阶段社会主要矛盾的过程中体现社会主义优越性，
尤其要充分发挥社会主义金融体系服务现代化国家建设的优越
性。福建货币文化中所蕴含的"社会主义金融发展离不开中国
共产党的坚强领导，其本质属性是为人民服务""金融活动的源
动力是服务社会经济发展""服务实体经济是金融的天职"等精
神内涵，无疑将有效引领新发展阶段金融从业者、监管者坚守
金融初心、使命，塑造正确的金融观、义利观。

1. 福建货币文化——"坚持党的领导"的时代价值

福建货币文化中"坚持党的领导"的精神内涵，在金融解
决新发展阶段主要矛盾过程中，具有强化党中央对金融工作集
中统一领导的正确价值取向。新发展阶段的金融工作是在社会
主义市场经济制度框架下进行的，这就决定了其不同于西方经

济学"效率优先"的单一价值取向，而是注重在确保市场资源配置的决定性地位前提下，从国家层面的全局出发，统筹各类金融资源在不同领域、不同区域的高效流通，从而为提升、优化我国社会生产力水平、结构，以满足人民日益增长的美好生活需要，进而为全面推进建设社会主义现代化国家提供公平公正的"造血""输血"的金融功能。

具体来说，新发展阶段的金融要高效精准、健康安全地服务我国社会经济高质量发展，就必须在金融体制改革、金融创新、金融风险管理等方面做到坚持党的领导，集中体现在增强政治意识、大局意识、核心意识、看齐意识，坚定道路自信、理论自信、制度自信、文化自信，做到坚决维护习近平总书记党中央的核心、全党的核心地位，坚决维护党中央权威和集中统一领导。

福建货币文化是在金融活动、金融市场变迁、金融工具衍生、金融科技变革、金融风险管理等区域金融发展史中不断精练、传承下来的，内含"实践是检验真理的唯一标准"的马克思主义哲学思想，其"坚持党的领导"等红色文化基因是经过无数次失败和成功经验反复验证的。如土地革命战争时期，在福建红色货币文化的引领下，通过党领导下的集中民主制决定成立闽西工农银行，并制定相关法律法规保证红色金融活动安全有序开展、红色金融工具满足市场需求，深刻表现出相较封建时期地主阶级主宰下的钱庄、典当，以及当时"国统区"资本家操作下金融机构的先进性、优越性，为新发展阶段以"统一思想、顾全大局、发挥自身制度优势"等方式解决社会主要矛盾植入了"坚持党的领导"的文化基因。

2. 福建货币文化——"为人民服务"的时代价值

福建货币文化中"为人民服务"的精神内涵，为金融解决新发展阶段主要矛盾指明了满足人民日益增长的美好生活需要的正确价值取向。新发展阶段解决社会主要矛盾的核心在于"四个坚持",即坚持以人民为中心的社会主义发展思想,坚持新阶段发展为了人民、发展依靠人民、发展成果由人民共享,坚持新阶段发展进程中体现全过程的人民民主,坚持推动全体人民共同富裕取得显著的实质性进展。

具体来说,新发展阶段的"为人民服务"旨在满足人民日益增长的美好生活需要。新发展阶段的人民美好生活需要至少包括物质、精神两个层面,客观上导致在我国现有的经济领域中,除金融以外的任何单个产业或经济工具均难以同时满足以上两个层面的需要。从宏观上看,金融作为现代经济的核心,天然具有融通功能,故新发展阶段满足人民美好生活需要亟待现代金融服务不同领域实体经济,服务组合型经济工具推动形成经济合力,提高新发展阶段生产力水平、优化生产力结构,满足人民日益增长的物质层面需要;亟待现代金融在教育、医疗、社会保障等领域配置资金、人才等优质资源,集中满足人民日益增长的精神层面需要。从微观上看,金融服务人民的关键前提在于金融从业者是否树立正确的服务意识,尤其是在开设新的金融服务项目、金融服务措施、金融服务手段等过程中是否自觉增强服务群众的意识①。

福建货币文化天然具有浓烈的人民导向。无论是封建时期的金融活动,还是近现代的金融市场变迁,抑或社会主义改造时期的金融科技变革,均反映出了"心怀天下苍生""救民于水

---

① 袁能煌,林东明,潘登记.加强金融服务意识的几点认识[J].金融与经济,1993(2):58-59.

火""人民当家作主"等精神内涵，为增强新发展阶段金融服务人民物质、精神需要的意识，提供了诸多良好的精神养分和正确指引价值。如在福建侨批文化的影响下，近现代的大批华侨有更多的机会接触、认识到国外金融市场的先进性，他们不遗余力地宣传、推动探索外汇市场业务、建立金融衍生工具市场，并提出"教育为立国之本，兴学乃国民天职"口号，为福建家乡捐办各类学校 1000 余所，依靠国内外金融力量改善福建人民物质、精神生活水平。

3. 福建货币文化——"守正创新"的时代价值

福建货币文化中"守正创新"的精神内涵，为金融解决新发展阶段主要矛盾提供了正确的指引价值。新发展阶段的社会主要矛盾是社会主义发展到初级阶段的客观产物，解决的根本在于坚持马克思主义思想指导，坚定不移地走中国特色社会主义道路，即"守正"；解决的好坏则在于如何坚持马克思主义思想指导，如何走好中国特色社会主义道路，即"创新"。

具体来说，金融服务解决新发展阶段社会主要矛盾的"守正创新"主要体现在两个方面。一是自身发展的"守正创新"，即回归本源，创造性地服从服务于经济社会发展；优化结构，完善金融市场体系、金融机构体系、金融产品体系；强化监管，提高防范化解金融风险能力；市场导向，发挥市场在金融资源配置中的决定性作用，更好地服务平衡充分发展。二是服务人民的"守正创新"，即继续扎实做好金融赋能创新、精准扶贫，坚持"大制造""大扶贫"格局，探索如何用金融活水润富人民群众的新道路，更好地服务满足人民日益增长的美好生活需要。

福建货币文化中蕴藏着"守正创新"的种子，在金融长期服务福建经济社会发展中不断萌芽、创新成长、再传承创新，整个过程中积累了丰富的实践经验，为新发展阶段以现代化金融手段解决社会主要矛盾提供了蓝本。如五代闽国货币文化中的"守正"种子，内含金融服务农桑经济、城市商业经济、海外贸易经济的本质文化、传统经济文化，为当时的社会稳定繁荣、人民安居乐业奠定了经济基础；又如闽中银元文化中的"创新"种子，内含区域性古银币市场的金融产品创新、金融服务创新、金融模式创新等金融活动创新文化，为古银币交易市场探索更好、更全面的金融信息、金融托管、投融资等增值服务提供了文化支撑。

二、福建货币文化在贯彻新发展理念进程中的时代价值

403

（一）新发展理念的核心内容

新发展理念作为系统的理论体系，是针对当前我国经济发展进入新阶段、世界经济复苏低迷提出的治本之策，深刻回答了关于如何协同发力、形成合力，以解决发展的目的、动力、路径等一系列理论和实践问题。相对于新发展阶段，新发展理念更加注重实际操作层面的导向性指引、目标性要求，更加坚持发展过程中的问题导向，即"创新发展理念"注重发展动力问题，"协调发展理念"注重发展不平衡问题，"绿色发展理念"注重人与自然和谐发展问题，"开放发展理念"注重发展内外联动发展问题，"共享发展理念"注重社会公平正义发展问题。

具体来说，新发展理念是新发展阶段发展实践过程中的指挥

棒，客观上要求不同部门、不同领域合力行动。金融作为现代经济的核心，在协调部门间、地区间、产业间生产要素资源过程中，更应发挥重要导向、支撑作用，尤其是带动金融监管部门、金融机构树立正确的金融服务观、金融创新观、金融义利观，充分发挥金融服务关键领域、赋能"卡脖子"等技术创新功能，积极探索科技金融、数字金融、绿色金融、国际金融、普惠金融、农村金融、消费金融等新型金融创新模式、管理模式、服务模式，建立、完善符合我国新发展阶段实际情况、金融发展规律的投融资多级市场体系与金融风险管理体系。

（二）福建货币文化在贯彻新发展理念过程中的时代价值

如前所述，新发展理念以问题为导向，福建货币文化同样注重解决实际发展问题。福建货币文化蕴含的"敢于创新发展""注重公平发展""可持续发展""对外开放发展""发展为人民服务"等精神内涵，对全面、精准贯彻新发展理念具有指引性、支撑性、参照性时代价值。

1. 福建货币文化——"金融科技观"贯彻创新发展理念的时代价值

新发展阶段贯彻创新发展理念的核心是转变发展方式，即从传统的粗放型、规模型发展方式向集约型、效率型、创新型发展方式转变。由于当前我国经济体量大、行业类型多，难以同时从不同部门、不同领域推动转变发展方式，贯彻创新发展理念。金融作为不同区域、不同类型产业间技术资源融通的重要枢纽，在探索贯彻新发展阶段的新发展理念，为解决社会主要矛盾提供创新动能等方面具有破局意义。

福建货币文化蕴藏的"金融科技观"就流淌着敢于创新、崇尚创新的"血液",如五代闽国货币文化中的金融科技观就推动了中国货币史上的首创之举——"铅币"的诞生,有效缓解了因通货不足导致的经济衰败、民不聊生之势;又如福建船政铸币文化中的金融科技观、崇尚科学的"血液",开启了我国近代机器铸币的先河,在各类阻碍与质疑声中敢于突破常规、坚持技术创新,推动铸币技术的现代化改革。显然,福建货币文化对中国人民银行、中国证券监督管理委员会、国家金融监督管理总局、国务院金融稳定发展委员会等金融监管部门及其下属分支机构,以及国家开发银行、中国进出口银行、中国农业发展银行等政策性银行树立正确的金融科技观,锐意创新、积极探索构建和完善符合区域、产业创新规律的金融制度框架、金融服务模式具有重要的指引价值;对商业银行、保险公司、证券机构敢于不断为高技术企业提供安全、稳定、高效率的金融支持服务,尤其是对优化配置研发人员、研发经费等核心创新要素具有无可替代的支撑价值。

2. 福建货币文化——"金融协调观"贯彻协调发展理念的时代价值

新发展阶段贯彻协调发展理念的关键在于总体协调发展,包括不同区域间的协调发展、不同产业间的协调发展、城市与农村的协调发展、经济建设与国防建设的协调发展、物质文明建设与精神文明建设的协调发展等。在此背景下,金融应树立正确的金融服务观、金融协调观,抓住贯彻协调发展过程中的痛点、难点、堵点问题,最大限度地服务补齐新发展阶段总体协调发展过程中的短板,缩小区域间、产业间、城乡间客观存在的收入、公共资源配置差距，提高中等收入群体比例，改善农村教育、医疗环境，进而以高质量服务贯彻协调发展理念，助推实现全体人民的共同富裕。

福建货币文化中蕴含了"协调发展"的哲学思想，如在闽中银元文化的推动下，古银币市场通过扩宽多元化投资渠道、探索价值储备工具、增强古银币流动性等"多维度"协调发展方式，提升自身抗击外来风险的安全韧性；又如福建海丝文化推动稀缺性金融资源在福州、泉州、漳州、厦门等海外贸易地理优势的城市间流动，并由此建立了全国范围极具竞争优势的"海上陶瓷之路""海上香料之路"，为"海上丝绸之路"核心区建设奠定了坚实的基础。显然，上述福建货币文化对新发展阶段金融系统通过"多组织合作、多部门沟通、多渠道服务"等自我协调发展方式，提升高质量贯彻协调发展理念具有价值引领作用；对协调中西部地区、城乡地区生产要素高效配置，实现区域协调发展、城乡均衡发展具有重要借鉴价值。

3. 福建货币文化——"绿色金融观"贯彻绿色发展理念的时代价值

新发展阶段贯彻绿色发展理念的重点在于全面践行可持续发展观，正确树立新时代绿色发展观，有效提升粗放型行业的技术创新水平、技术使用频率，降低绿色发展的制度成本、市场成本，从而为人民群众拥有健康身体提供宜居舒适的生态环境。在此背景下，就要求新发展阶段的金融系统在贯彻绿色发展理念的进程中，正确树立、全面践行金融绿色观，摒弃以眼前利益为唯一评判标准的"嫌贫爱富"思维，不以当前利润最大化而盲目助力大型科技创新企业，而忽略了中小型科技企业技术创新的金融支持，尤其是杜绝金融资源向"污染严重、创新懒惰"等行业倾斜。

福建货币文化中所蕴藏的"绿色金融观"体现在诸多方面，如五代闽国货币文化影响下的铸币过程就是人与自然和谐相处的重要体现，即在福建缺铜矿多铅的现实背景下，由于铅对自然危害相对较大，故仍在较长时期坚持以铜铸币流通；又如在福建民俗文化推动下的纪念币设计，大部分表现出福建先民对青山绿水的向往，对郁郁葱葱的追求，对人间仙境的祈盼。显然，上述福建货币文化中的"绿色金融观"对金融机构在新发展阶段服务贯彻绿色发展理念的过程中，树立与自然和谐相处的金融观，通过数字化转型、组织化精简降低金融服务消耗率，提升服务粗放型企业、科技中小企业技术创新效率具有重要的时代引领价值。

407

4. 福建货币文化——"金融义利观"贯彻开放发展理念的时代价值

新发展阶段贯彻开放发展理念的重要原则是坚持"人类命运共同体""利益共享、风险共担"的义利观，以此打造全球范围内良好、稳定的国际合作关系，为利用全球优质资源服务国内打造人民美好生活环境提供良好的外部环境。此背景下，新发展阶段的金融体系亟待树立正确的金融义利观，即在国际金融合作进程中，始终坚持人类命运共同体理念，不应以利益最大化、风险最小化作为对外金融合作的唯一衡量标准，而是根据不同国家的发展阶段、发展环境、发展规律明确金融开放质量和水平，形成诚信的、有格局的国际金融合作关系。

福建货币文化中凸显出了"诚信为王""天下大同"的"金

融义利观"，如在福建侨批诚信文化影响下，侨批局主动为侨胞提供垫款服务，以助力其在海外扩展业务，却并未出现侨胞拒绝还批款现象；又如福建海丝"天下大同"文化外显为海上丝绸之路贸易所使用的货币逐渐统一（大多为中国的铜币），铜币国际化为提升中国与亚洲、欧洲各国的贸易效率奠定了重要的金融基础，并以此实现全球范围内的资源共享、天下大同。上述福建货币文化为金融在新发展阶段贯彻开放发展理念指明了方向，即在服务国际贸易进程中坚持以诚实守信获得长期稳定的国际金融业务，以"构建人类命运共同体"的开放理念打造符合全球经济共同发展的新时代金融体系，探索推进人民币国际化的时机、方式与路径，以此更好地融入到服务全球经济发展的浪潮当中。

408

5. 福建货币文化——"普惠金融观"贯彻共享发展理念的时代价值

新发展阶段贯彻共享发展理念的重要前提是增强普惠意识，即在生产力发展到一定水平后，应通过构建合理的资源分配制度、处理公平与效率问题，将发展成果更多、更公平地惠及到广大人民群众，更加注重物质层面和精神层面的共同富裕。在此背景下，新发展阶段的金融体系要树立正确的金融普惠观，在助力实体经济发展、服务公共资源最优化配置进程中，更多地注重普惠性、均衡性服务。尤其是在金融服务乡村振兴过程中，绝不能搞"大水漫灌式"的金融服务，而应是精准性的普惠金融服务。

福建货币文化中的"普惠金融观"无处不在，如福建闽都借贷文化的典当、钱庄等民间金融机构就蕴藏了"普惠金融观"，即对各类企业的服务力量较为均衡，尤其结合福建民营企业数量庞大的客观现实，秉承"救急不救穷"的应激性生产投资需求，搭建符合民营企业融资需求的多元化体系、渠道，以金融力量铸造真正的"藏富于民"；又如红色货币文化映射下的闽西工农银行发行红色纸币、银元、债券，旨在精准助推闽西贫困农民、革命家庭、老弱病残家庭正常开展农业生产，以金融力量帮助其摆脱资本家的剥削，实现真正的劳动成果由劳动人民共享。上述福建货币文化为金融在新发展阶段贯彻共享发展理念提供了价值指引、路径引导，对服务涵盖中小民营企业、农村贫困户等特殊群体提供了正确的普惠金融观。

三、福建货币文化在构建新发展格局进程中的当代价值

（一）构建新发展格局的核心任务

构建以国内大循环为主体、国内国际双循环相互促进的新发展格局，是随着我国进入新发展阶段，发展环境、发展条件发生变化而做出的重大战略决策，与新发展理念一脉相承。领悟构建新发展格局的核心任务要对如下四个"既、又、而"有正确充分的认识，即"既要重视供给侧，又要重视需求侧，而且两者呈相辅相成关系；既不是短期之策，也不是权宜之计，而是审时度势的中长期发展战略调整；既非故步自封，又非各自为政，而是全国统一大市场的循环；既非盲目信贷扩大投资，又非过度刺激消费，而是尊重市场规律基础上的自立自强"。故新发展格局最本质特征、核心任务是实现高水平的自立自强，常外显

为夯实国内发展根基、增强国内发展安全性与稳定性，以及在全球竞争中提升生存力、竞争力、发展力、持续力。

具体来说，就当前我国的实际发展情况、发展目标而言，国内大循环是构建新发展格局的重要前提，国内国际双循环相互促进是构建新发展格局的重要内容，故构建新发展格局的核心任务至少包括如下三个方面的内容：一是通过扩大内需和深化供给侧结构性改革，打通供需两端在生产、分配、交换、消费等社会经济资源配置环节的堵点，为国内大循环提供内在动力和内部稳定环境；二是通过自主创新补齐我国产业链、供应链、价值链、创新链的短板，为国内大循环创造良好的产业创新生态环境和外在创新动力源；三是主动融入全球经济竞争进程当中，逐步提升国际竞争力，优化生产资源在全球范围内的配置，增强对国际循环的吸引力、推动力，共同推进共同富裕。

（二）福建货币文化在新发展格局中的时代价值

金融作为推动我国经济现代化建设的重要力量，在服务新发展阶段构建新发展格局核心任务过程中具有天然优势，重点体现在畅通国内消费链、创新链，以及国际竞争链等三个方面。具体来说，金融体系通过有效的金融资源供给，提升服务不同企业创新发展、居民收入与消费水平的适配性，助力有条件的大型企业在全球竞争中向研发端、品牌端等高附加值的价值链环节靠拢，以此缓解我国劳动成本上升、资源环境承载力下降带来的发展压力。在此背景下，福建货币文化所蕴藏的"消费金融观""全球金融观"及其相关的企业金融、创新金融元素在新发展阶段构建新发展格局中极富时代价值。

1. 福建货币文化——"消费金融观"在畅通国内大循环进程中的时代价值

　　如前所述，"以国内大循环为主体"是构建新发展格局的重要前提基础，其核心是提高、优化居民消费水平、消费结构，这就要求金融体系围绕"增强消费动力、促进消费升级"提供精准的、适配的金融供给服务。一方面，以企业为金融资源的重要配置载体，推动其在生产、分配、交换、消费等环节直接提升居民收入水平、消费能力，并以技术创新、产品创新推动消费升级；另一方面，以家庭为金融资源优化配置的服务对象，降低居民在教育、医疗等领域的消费成本，从公共金融资源配置角度实现居民消费结构的均等化，间接提升国内居民消费动力。

　　福建货币文化中的"消费金融观"始终将"金融服务企业、服务创新的最终目标是服务居民消费"作为第一原则。如五代闽国货币文化体现出了敢为人先、敢于追求"福"文化等精神内涵，即以金融服务构建"人人想买、人人能买"的"福"环境为目标，通过以铅铸币创造性地增加货币流通量，解决"多币种扰乱市场正常运行"问题，扩大提升金融服务社会经济的范围与能力，进而提升地方经济资源流通速度、效率。又如福建红色货币文化体现出了以金融服务革命战争、红色企业发展，助力革命根据地劳动人民树立"耕者有其田、劳者有其得"的社会消费观，有效打破了劳动、资本等资源在不同革命区域的生产、分配、交换、消费环节壁垒。上述福建货币文化无疑为金融服务新发展阶段畅通国内大循环提供了正确的价值取向。

2. 福建货币文化——"全球金融观"在国内国际双循环相互促进进程中的时代价值

如前所述,国内国际双循环的关键在于树立人类命运共同体理念、全球金融观,重点在于以适宜性金融服务打通国内国际双循环双向促进的多重堵点。在国内大循环促进国际循环方面,应重点把握如何利用完善的金融市场、金融产品体系,充分发挥国内消费红利、技术创新动力所带来的全球竞争力,唯有国内大市场稳定、健康持续增长,才能拥有参与全球竞争的底气和获利能力,才能以中国特色社会主义建设实践推动构建人类命运共同体。在国际循环促进国内大循环方面,应重点借鉴发达国家以现代化金融力量增强原始创新能力、获得参与全球化竞争经验,在参与国际贸易规则、技术创新标准等过程中获得国际话语权,以全球优质的研发人员、研发经费等核心创新要素缓解国内大循环的劳动力成本上升、环境资源承载力下降等问题,有效降低促进国内大循环的经济成本。

福建货币文化中所蕴含的"全球金融观"集中体现在"金融是全球贸易竞争的重要动力""充分发挥、借鉴国外发达国家金融资源管理经验"等方面。如福建"海丝文化"中所映射出的"资食于海外"现象,即利用典当、当铺、钱庄或其他家族融资等金融手段,获得自行组织区域内人力、物力建造海上船队的"第一桶金",以实现与海外各国的贸易往来,并从中获取高额利润。这便是我国利用国内金融力量和资源促进全球贸易循环的雏形。又如福建"侨批文化"中所反映出的"利用国外金融管理经验反哺国内金融监管体系构建"现象,即大量侨胞通过在海外奋斗、学习,将所获得的国际金融资源、金融管理经验、金融服务理念成功带回国内，推动国内建立现代化信用体系、金融信贷体系、金融监管体系，以及增强金融服务中小微企业创新发展能力。上述福建货币文化在新发展阶段金融服务国内国际双循环相互促进过程中具有重要的借鉴价值，尤其体现在如何推出小微速贷、小微易贷等创新金融产品，以及存贷产品和服务模式创新①，高质量服务国内中小微企业创新链、供应链发展，为畅通国内大循环提供最基本的动力和主力军；如何实现金融赋能创新驱动发展，保证国内国际双循环自主可控，最终实现全球经济的和平合作、开放包容、互学互鉴、互利共赢。

第二节　福建货币文化的传承与创新

传承与创新是福建货币文化源远流长、革故鼎新的核心动力和本质原因，如何在全方位推动高质量发展超越进程中传承好福建货币文化，如何以福建货币文化中的"敢为人先""守正创新""金融义利观"等精神内涵创造性地指导"新福建"建设，是当前福建省学术界、实业界亟须思考、解决的重大问题。新发展阶段的福建省积极贯彻新发展理念，构建新发展格局，并提出做大做强做优"数字经济""海洋经济""绿色经济""文旅经济"等"四大经济"，使其成为福建发展的新增长极，其中无一不体现出福建货币文化的传承与创新。

---

① 谷澍. 在金融服务高质量发展中奋楫前行 [J]. 中国金融，2022 (15)：9-12.

一、福建货币创新文化在"数字经济"建设进程中的传承与创新

（一）福建"数字经济"建设的内在逻辑

福建"数字经济"建设是现实发展的必然。一方面，我国数字经济发展已进入新阶段，为福建"数字经济"建设提供了良好的宏观发展环境。随着中央在 2020 年 4 月公布的《中共中央 国务院关于构建更加完善的要素市场化配置体制机制的意见》中，首次将数据作为五大生产要素之一，如何提高数据储存度、使用率、精准度成为了亟待解决的现实问题，客观上推动了我国数字经济产业的高质量发展。据国家互联网信息办公室发布的《数字中国发展报告（2022 年）》显示，2022 年我国数字经济规模达 50.2 万亿元，总量稳居世界第二，同比名义增长 10.3%，占国内生产总值的比重提升至 41.5%。

另一方面，福建作为数字中国的孕育地和创新实践先行区，无论是数字经济的发展潜力、政策执行力、资源配置力，还是数字经济产业的发展基础、协调程度、经济助推能力，在全国范围内均极具竞争优势。据《数字福建发展报告（2022 年）》显示，福建数字经济涵盖数字产品制造业、数字产品服务业、数字技术应用业、数字要素驱动业、数字化效率提升业 5 大类；2022年，福建数字经济规模达 2.6 万亿元，占 GDP 比重近 50%，关键业务环节全面数字化的规上企业占比位列全国第 3，数字经济、数字社会、数字文化、数字技术创新、数字治理生态、数字

生态文明、数字领域国际合作等关键指标位于全国第一梯队①。

福建"数字经济"建设是福建货币文化，尤其是"敢为人先"创新文化传承、创新的必然。如前所述，福建货币文化的发展史也是福建货币数字化、经济数字化的发展史，如五代闽国货币文化中的以铅铸币、船政货币文化中的机械铸币，以及由此形成的各类铅币、角辅币、总理纪念币无一不为当时的铸币技术创新、经济社会发展数字化转型作出了突出贡献。当前，福建作为"数字人民币试点城市""数字经济建设先行城市"，正是传承、创新福建货币创新文化的必然结果。

（二）福建货币创新文化在"数字经济"建设进程中的传承

福建货币创新文化在服务推动福建社会经济发展进程中占据举足轻重的地位，其中铸币创新文化、货币设计创新文化在当时的金融领域和非金融领域均产生了深远的影响。如在福建船政时期，以发展的眼光引进国外先进铸币技术，并结合国内铸币特征进行技术改造、创新，从而解决了当时福建"货币荒""劣币泛滥"等货币流通问题；又如在纪念币的设计过程中，将福建"敢为人先""创新发展换来的成果""重要创新人物事迹"等创新元素融会贯通，为福建创新文化基因在各个重要经济领域的植入、传播提供了重要的平台。

福建"数字经济"建设就是福建货币创新文化在新发展阶段的重要传承。如福建在早期就结合全球经济发展趋势与自身特色，树立了正确的数字经济创新发展观，始终对照习近平总

---

① 数据来源于中央网信办发布的《数字中国发展报告（2022 年)》。

书记亲自擘画的数字福建创新发展蓝图，大力发展富有福建特色的数字经济产业，推动数字经济在社会经济发展中成为新引擎。近年来，福建以数字经济龙头企业为重要载体，将科技创新作为数字经济发展的第一动力源，推动数字经济核心产业不断壮大，初步形成了以电子信息制造业为基础，以软件和信息服务业、通信服务业为增长点，以大数据、物联网、云计算、人工智能等产业为重要突破口的数字经济发展新格局。

（三）福建货币创新文化在"数字经济"建设进程中的创新

福建货币创新文化在"数字经济"建设进程中的创新主要体现在如下两个方面。

一是从以船政铸币技术引进、改造为主的创新文化，到充分发挥自身已有资源实施"数字经济"建设的自主创新工程。如通过整合国内外数字经济领域的智力资源、创新资源，探索在福建省内建设数字经济相关科技创新平台，尤其是支持电子信息、半导体及集成电路等数字经济相关企业在知识、技术密集的高新区建立高水平研发机构，以此开展数字经济领域的原创性、关键性核心技术研发。又如鼓励国有科技型企业发挥其在数字经济领域的科技创新主体作用，引导其联合国内外重点科研院所研发被外资垄断或"卡脖子"的数字经济相关设备及软件，支持企业探索数字经济技术创新过程中的超额利润分配、项目跟投、虚拟股等中长期激励方式，以及相关科研人员采取工资总额单列、创新业务跟投等激励机制。

二是从以纪念币平台传播福建货币创新文化，到创造性地利用数字中国峰会、数字经济人才交流中心等新型平台推动"数字经济"建设。如重点依托数字中国建设峰会、兴业银行分部等平台或金融力量，创建福建在全国乃至全球范围内的数字经济招商窗口；抓住深圳、上海、哥本哈根等国内外数字经济发达地区的相关项目外溢机会，主动争取、积极承接受制于数字经济发展要素条件无法落地的好项目，以此吸引其在福建设立区域总部、行业总部、研发基地等，推动扩大福建数字经济核心产业规模，增强数字福建高质量发展后劲。又如通过构建数字经济技术研发人员交流中心，广泛听取数字经济领域高层次技术研发人员关于福建"数字经济"发展方向、核心产业发展问题与对策等宝贵意见，并通过交流中心宣传各类数字经济领域引才、留才、用才优惠政策，引导其来闽创新、创造、创业，为福建"数字经济"建设提供强大的智力支持。

417

二、福建货币开放文化在"海洋经济"建设进程中的传承与创新

（一）福建"海洋经济"建设的内在逻辑

重要的现实意义与独特发展优势是福建"海洋经济"建设的客观动力。从国家层面看，正如《日本亚洲评论》所强调的那样，海洋作为全球 97% 的水和 80% 动植物生活的家园，是全球经济发展"最后的边疆"，也是我国新发展阶段挖掘经济增长点的重要领域。作为拥有 300 万平方千米的海域面积、1.8 万千米大陆海岸线的海洋大国，我国区位优势明显、海洋经济发展基础雄厚。据自然资源部发布的《2022 年中国海洋经济统计

公报》数据显示，2022 年，我国海洋生产总值达 94628 亿元，同比增长 1.9%，占国内生产总值的比重为 7.8%，为以开放理念贯彻"畅通国内大循环"重要方针，提供了无可替代的海洋资源与潜在动力。

从区域层面看，"闽在海中"，福建"海洋经济"建设同样具有明显的区位优势，将为"新福建"经济提供无可比拟的发展动能，成为推动福建高质量发展超越的新增长点。作为我国极具竞争力的海洋大省，当前福建拥有的海岸线长 3752 千米、海岛有 2214 个，两者均居全国第 2。[①] 福建统计局数据显示，2022 年，福建海洋经济规模位居全国前列，全省海洋生产总值达 1.15 万亿元，占地区生产总值的 21.7%，该占比约为全国平均水平的 3 倍；全省水产品总量为 861.4 万吨，其中海水养殖产量 547.8 万吨，居全国第 2；水产品人均占有量 206 公斤，居全国第 1；水产品出口额 85 亿美元，连续 10 年居全国首位。

福建货币开放文化是福建"海洋经济"建设的内在动力与精神支撑。如侨批文化突出强调"走南闯北、敢拼敢闯、勤劳奋斗、诚实守信"等精神内涵，外显为拥有"敢于探索未知的海洋世界、西方世界"的开放意识，"利用民间金融机构实现原始资金积累"的金融意识，"靠勤劳双手获取丰富的海洋产品，并诚实守信地与国外需求方开展贸易"的开放行动意识；又如海丝货币文化突出强调"包容开放、货币统一"等精神内涵，常外显为"接受国外不同的贸易文化，敢于将丝绸、茶叶等产

---

① 福建日报网站，https：//baijiahao.baidu.com/s？id = 1772631057611037522&wfr = spider&for = pc。

品外销至国外"的包容开放精神，"积极探索海丝贸易通用货币的设计、发行、流通等全球贸易金融服务体系构建"的金融开放观。上述文化不唯为新发展阶段福建"海洋经济"建设提供了精神养分，更为"海洋经济"建设方向、方式、路径提供了有益的借鉴。

（二）福建货币开放文化在"海洋经济"建设进程中的传承

福建货币开放文化在福建"海洋经济"建设中的传承主要体现在如下两个方面：一是开放胸襟与开放智慧的传承。如福建打造世界一流港口、组团式港口、"丝路海运"航线，增强海洋经济的外在联系。福建沿海各港口分工明确，其中福州港、厦门港是国家主要港口，湄洲湾港、泉州港为区域性重要港口。截至 2021 年底，福建沿海港口已建成生产性泊位 430 个，其中万吨级以上泊位 190 个；港口货物吞吐量达 6.92 亿吨，形成 3 个亿吨大港，其中福州港 2.74 亿吨，居全国沿海第 12 位、全球第 22 位；厦门港 2.28 亿吨，居全国沿海第 16 位、全球第 31 位。作为全国首个面向"一带一路"的国际综合物流服务平台，"丝路海运"联盟成员已超过 250 家，"丝路海运"命名航线 86 条，累计开行逾 7000 个航次。①

二是金融服务开放经济的传承。当前福建银行、证券、保险等金融机构对外向型海洋经济的支持始终坚持"量""质"并举、精准对接，如银行积极推动设立"蓝色专营机构"，探索构建海洋经济信用体系，解决渔民、渔企资金难题；2022 年上半

---

① 福建省交通厅，http：//jtyst. fujian. gov. cn/zwgk/jtyw/mtsy/202208/t20220826_59
82711. htm.

年，海洋经济贷款余额达 5400 余亿元，其中海洋渔业贷款超过 600 亿元，环比增长 9.47%。又如证券机构积极服务海洋经济领域上市企业①在资本市场上市融资，鼓励产业投资基金、私募股权基金等小众金融资本为海洋经济发展提供有效的资金支持。再如针对海洋经济风险相对较高等问题，2022 年，保险机构积极探索推出海水养殖赤潮指数保险、水产养殖台风指数保险、海上塑胶养殖设施财产保险等保险产品，提供保险保障超 1700 亿元。②

（三）福建货币开放文化在"海洋经济"建设进程中的创新

福建货币开放文化在"海洋经济"建设中的创新同样体现在两个方面：一是建设"海洋经济"的开放范围更广、格局更高，重点体现在增加与国内相关"沿海"省份、城市间的合作畅通度、开放度，如与广东、浙江联合挖掘海域交界处的海洋资源，充分发挥各自海洋技术、人才优势，实现"海洋经济"合作建设的利益最大化。更突出与国外"海路"——海上丝绸之路的国家间在海洋贸易中的互通互联、共赢发展，如构建福建—东盟东部增长区海洋合作走廊，推动大黄鱼、鲍鱼、花蛤、海带、紫菜、南美白对虾、牡蛎、鳗鲡等海洋产品的贸易往来；更强调与"海外"国家间海洋开发的开放性交流，如推动在海洋航运、海洋旅游、海洋生物资源保护、海产品加工、冷链运输等海洋重点开发领域的开放合作，在海底区域采矿与保护、海洋

---

① 当前福建涉海产业上市企业达 10 家，其中港口企业 1 家，冷链物流企业 4 家，食品加工企业 3 家，零售企业 2 家。

② 自然资源部发布的《2022 年中国海洋经济统计公报》，http：//gi. mnr. gov. cn/202304/t20230413_2781419. html.

碳中和、海洋卫星遥感与大数据、北极航道、海岸带保护与规划、海洋产业协作等新兴领域展开交流。

二是金融服务"海洋经济"建设方式的创新，即服务方式更注重多元化、专业化、智慧化。如建立涵盖海洋银行、海洋保险公司等多元化金融机构，探索涵盖商业银行、资本市场、社会资本、保险支持共同发力的多元化投融资机制，创新推出多元化的海洋金融产品，以更多的金融资源、合理的金融杠杆率，高质量服务"海洋经济"建设。又如吸引专业化的海洋金融服务机构、涉海金融专业人才，以此根据涉海企业的金融需求量身定做金融产品，真正实现差异化、专业化的金融贴身服务。再如利用人工智能、大数据、云计算等高新技术，全方位打造国家级海洋金融大数据中心，扩展"海洋经济"建设智慧化金融的业务，实现更精细化地控制服务流程、更友好地增强客户体验，以金融力量推动实现福建从"海洋大省"向"海洋强省"的跨越式发展。

三、福建货币绿色文化在"绿色经济"建设进程中的传承与创新

（一）福建"绿色经济"建设的内在逻辑

福建"绿色经济"建设是结合自身现实发展优势和文化支撑优势，贯彻新发展阶段绿色发展理念的重要组成部分，也是创新发展理念在实施可持续发展战略中不可或缺的延伸环节。从国家层面看，自习近平总书记 2020 年在第 75 届联合国大会首

次提出"双碳"目标以来，我国积极推动绿色经济建设，构建、完善绿色经济发展制度框架，并以金融力量推动绿色技术、设备的研发人员、研发经费投入，为福建"绿色经济"建设指明了方向。中国人民银行副行长宣昌能指出，2022年末，我国投向具有直接减排效益项目的贷款额为8.62万亿元，间接碳减排效益项目的贷款额为6.08万亿元，两者占绿色贷款的比重为66.7%。另据商务部发布的《中国绿色贸易发展报告（2022）》显示，2012~2021年的10年间，中国绿色贸易规模总额从7934.2亿美元增长至11610.9亿美元，绿色贸易规模增长了146.3%。

从地区层面看，福建是习近平生态文明思想的重要孕育地和实践地，也是生态文明体制创新的先行区与试验地，福建"绿色经济"建设的基本盘相对牢靠，集中体现在绿色资源丰富、绿色技术不断更新应用。在全国范围内，福建在水、大气、生态环境等领域的指数均达全优水平。福建省生态环境厅数据显示，2022年，福建生态环境状况指数持续保持优良水平，森林覆盖率为65.12%，主要流域Ⅰ~Ⅲ类水质比例达98.7%，近岸海域海水优良水质比例85.8%，为发展绿色林业、绿色水产等"农业绿色经济"提供了良好的自然资源和生态基础。另福建省统计局数据显示，2022年平潭综合实验区加大清洁能源发电领域的研发投入，推动清洁能源发电量达18.95亿千瓦时（同比增长75%），清洁能源装机容量占比100%，全社会用电量11.53亿千瓦时，每年可节约碳排放近189万吨，为福建探索"工业绿色经济"发展模式提供了成功样板。

此外，福建货币文化"绿色发展、绿色金融"等精神内涵，为福建"绿色经济"建设提供了文化引领价值。如在福建民俗钱纪念币设计当中，就蕴含了"五谷丰登、绿水青山"等大众化绿色价值导向；又如五代闽国以铅铸币是金融领域的自我绿化体现，闽都借贷文化以推动中小型民营企业自我革新、创新发展为服务理念，无一不反映出金融领域对"绿色经济"建设的文化支撑。

（二）福建货币绿色文化在"绿色经济"建设进程中的传承

福建货币绿色文化在新发展阶段福建"绿色经济"建设进程中的传承主要体现在总体绿色发展观和金融绿色发展观两个方面，前者是倡导绿色文化的传承，后者是金融服务绿色发展观的传承，两者共同构成了新发展阶段福建"绿色经济"建设的新货币文化。

在传承总体绿色发展观方面，福建积极探索如何将货币绿色文化真正应用于各个实业领域，制定出台了一系列规划、政策与规则，助力全域居民树立正确的绿色经济发展观。如《福建省推进绿色经济发展行动计划（2020－2025年》强调，要全方位推进绿色交通、绿色建筑、环境基础设施绿色改造，促进绿色产品消费等领域的绿色化发展，推进全民参与、共建共享的绿色经济发展体系构建，形成政府、企业、社会共同推进绿色经济发展的新格局。又如充分发挥"全国节能宣传周""全国低碳日"等渠道、平台优势，结合媒体矩阵对绿色经济、全民节能等政策、观念进行广泛宣传，树立人人认可的绿色经济发展观。

在传承金融服务绿色发展观方面，福建始终将金融作为

"绿色经济"建设的中坚力量，不仅强调金融机构自身的绿色化转型，即鼓励金融机构通过引进、改造、创新国外人工智能、大数据、云计算等相关先进技术，提升金融运行效率和服务"绿色经济"领域实体企业效率；更强调通过组织协调、业务布局、模式创新等方式，服务好"绿色经济"建设主体。2021年出台的《福建省加快建立健全绿色低碳循环发展经济体系实施方案》强调，推动构建金融机构服务"绿色经济"建设的完整体系，制定、增强金融机构服务"绿色经济"建设的评价指标体系和综合考核力度，以此贯彻新时代新发展阶段的金融服务绿色发展观。

（三）福建货币绿色文化在"绿色经济"建设进程中的创新

福建货币绿色文化在新发展阶段福建"绿色经济"建设进程中的创新同样体现在两个方面，即福建货币绿色文化在关键领域的"绿色经济"建设创新、金融全方位服务"绿色经济"建设的创新。在创新关键领域"绿色经济"建设的货币文化方面，福建将农业生产生态化、工业生产清洁化、服务业发展优质化作为"绿色经济"建设目标，并探索组建一批低碳关键技术和重大攻关技术的研发团队，以龙头企业为"牛鼻子"，逐步优化能源结构布局、推进智慧化、数字化能源建设与应用，逐步实施节能降碳改造和传统行业升级提升行动。2021年，福建规模以上工业企业的单位增加值能效、水效水平均居全国前列，其中工业固废综合利用率达65%，高出全国10个百分点；重点行业和数据中心企业能效达到标杆水平的产能比例超过30%。

在创新金融全方位服务"绿色经济"建设的货币文化方面，

福建积极探索绿色金融体系、金融服务"绿色经济"建设方式。如重点围绕绿色产品供给、绿色产品价值、绿色产品交易等"绿色经济"建设环节的重难点问题，制定完善绿色金融体系构建的配套政策，推进国家级、省部级绿色金融改革创新试验区建设，以此形成集绿色项目投融资、运营、风险管理等为一体的"绿色经济"金融支持体系。又如鼓励省内银行机构创新绿色信贷、绿色直接融资模式，直接服务"绿色经济"建设；鼓励省内证券机构发行绿色债券、绿色股票指数、绿色发展基金，创新服务"绿色经济"领域上市企业实施配额抵押质押融资、碳债券等碳金融创新业务；逐步完善绿色金融联动机制、绿色信用评价机制，鼓励保险机构拓展"绿色经济"领域的环境污染责任险、森林草原保险、绿色能源保险、绿色技术创新险等绿色保险业务。

四、福建货币共享文化在"文旅经济"建设进程中的传承与创新

（一）福建"文旅经济"建设的内在逻辑

福建"文旅经济"建设是新发展阶段结合自身发展底蕴、禀赋、特色与优势，全面贯彻国家共享发展理念的必然，前者为"文旅经济"建设提供了可能性，后者为"文旅经济"建设提供了政策支持和建设方向。从国家层面看，我国幅员辽阔，自然资源、风土人情、文化底蕴等文旅经济基础资源丰富；加之我国长期重视文旅经济发展，尤其注重其在乡村振兴、畅通国内经济

大循环等方面的重要推动作用。自 2020 年以来便出台的《"十四五"文化和旅游发展规划》《关于推动数字文化产业高质量发展的意见》等 11 个相关指导性文件，旨在完善现代文旅产业体系、推动文旅产业深度融合、强化文化对旅游的内容支撑，实现2025 年公共图书馆、美术馆、艺术演出场所等全国文化设施数量达 7.7 万，服务人次达 48 亿。

从地区层面看，福建省山海交融、历史悠久、人文荟萃，形成了集货币文化、红色文化、船政文化、海丝文化、侨批文化、茶文化等为一体的特色文化体系，加之厦门鼓浪屿、福州三坊七巷、南平武夷山等自然风貌独特，为以"乡村振兴＋全域旅游＋风景道"为主要发展模式的"文旅建设"建设提供了根本性保障。近年来，福建省旅游业发展势头迅猛。福建省统计局数据显示，截至 2021 年底，福建共有国家 5A 级旅游景区 10 家 11处，是全国第二个实现"市市有 5A"的省份。2021 年前 3 个季度，尽管受疫情影响，福建接待旅游总人数仍达 3.38 亿人次，同比增长约 62%；旅游总收入达 4000 亿元，同比增长 41%。此外，福建货币文化中的"共享"元素同样为福建"文旅经济"建设提供了文化支撑。

（二）福建货币共享文化在"文旅经济"建设进程中的传承

福建货币共享文化在"文旅经济"建设过程中的传承主要体现在如下两个方面，即城市、农村居民共享"文旅经济"发展福利，"文旅经济"发展过程中共享金融资源，两者分别是福建货币共享文化在"文旅经济"非金融领域、金融领域的传承。

　　福建货币共享文化始终强调铸币、流通、监管的终极目标是服务实体经济高质量发展，发展成果由人民共享。如五代闽国在铸币过程中强调推动农业经济、海洋经济共同高质量发展；闽都借贷文化强调重点服务中小型民营企业，助力其与其他企业共享金融资源；红色货币文化强调反对资产阶级、地主阶级剥削，保证劳动人民的劳动成果由其共享。福建"文旅经济"建设有效地传承了上述福建货币文化，如将乡村振兴作为福建"文旅经济"建设的重要目标，通过充分挖掘乡村地区文化中的历史元素、红色元素、教育元素，探索以"政府＋龙头企业"模式提升交通运输、住宿餐饮、医疗保障、休闲娱乐等一系列乡村旅游的基础设施建设水平，吸引国内外各路游客来闽旅游参观，以此实现农村居民享受"文旅经济"发展的经济福利，城镇居民享受"文旅经济"发展的精神福利，共同提升乡村经济发展。

　　又如福建"文旅经济"建设始终强调金融力量支撑，鼓励中国建设银行、中国农业银行、中国工商银行、中国银行等国有银行，以及兴业银行、海峡银行、厦门银行、泉州商业银行等地方银行与"文旅经济"建设部门、相关企业共享金融资源，共同推进"文旅经济"建设。如在当地政府政策推进下，中国建设银行为全国首个科技馆展教工程——泉州市科技馆 PPP 项目提供高效的项目准入、授信、定价等申报审批服务，并为其提供高达 1.41 亿元的贷款额度，有效支撑了泉州"文旅经济"建设与高质量发展。

（三）福建货币共享文化在"文旅经济"建设进程中的创新

　　福建货币共享文化在"文旅经济"建设过程中的创新重点

体现在金融资源共享的方式创新，以此解决"文旅经济"建设过程中旅游资源"碎片化"、旅游线路"节点化"、旅游品牌"行政区域化"，以及高附加值旅游产品供给不足等"老大难"问题。对此，福建相关政府部门连同金融机构在传承福建货币共享文化中具体做出了如下创新：一是根据福建"文旅经济"发展趋势、特点和规律，主动以金融力量打造主业突出、链条完整、要素齐备的旅游产业园区，拓宽文旅产业链、价值链、创新链，解决旅游资源"碎片化"问题。

二是以金融力量助力打造福建全域内串联的旅游路线，如鼓励中国建设银行支持南龙铁路、合福铁路、福厦铁路、龙厦铁路联通八闽大地旅游路线，打造福建"山海画廊"的经典旅游线路；又如金融支持福建省内"市市通高铁"、打造铁路内通外联的"文旅经济发展速度"，有效缩短游客欣赏八闽文化、自然风光的"通勤时间"，解决旅游路线"节点化"问题。

三是以金融力量培育、打造"文旅经济"市场主体、旅游品牌，如通过"省地联动、全域投资"模式，助推 2~5 家有实力、有特色的旅游企业增强产业和资本运作能力，并以其作为主体建立产业基金投资体系；又如以金融力量助力发挥大武夷、土楼旅游等各区域联盟优势，深度挖掘福建绿色元素、福文化元素、红色元素，推动打造"清新福建""全福游、有全福""红色金融旅游"等世界级旅游品牌集群，以此解决旅游品牌"行政区域化"问题。

四是以金融力量打造高附加值旅游产品，如金融助推文旅与科技融合，重点利用 5G 技术、光影科技、人工智能、大数据、AR 等技术手段，打造具有高附加值的"唤醒型"历史文物产品、"数字型"艺术产品、"沉浸式"体验产品；又如金融助推文旅与设计融合，打造具有"新奇感""情境感""体验感""代入感"等高附加值红色旅游产品，以及软木画、根雕、茶叶等"非遗"旅游产品。

参 考 文 献

［1］马克思，恩格斯．马克思恩格斯选集（1－4）［M］．北京：人民出版社，1995.

［2］马克思，恩格斯．马克思恩格斯全集（3，4，6，23~25）［M］．北京：人民出版社，1972.

［3］习近平．习近平谈治国理政（第一卷）［M］．北京：外文出版社，2017.

［4］习近平．习近平谈治国理政（第二卷）［M］．北京：外文出版社，2017.

［5］中共中央宣传部．习近平总书记系列重要讲话读本［M］．北京：学习出版社，2016.

［6］陈征．《资本论》解说（1~3卷）［M］．福州：福建人民出版社，1993.

［7］陈征．《资本论》和中国特色社会主义经济研究［M］．太原：山西经济出版社，2005.

［8］陈征，李建平，郭铁民．《资本论》在社会主义市场经济中的运用与发展［M］．福州：福建教育出版社，1998.

［9］陈征，李建平，郭铁民．政治经济学［M］．北京：经济科学出版社，2001.

［10］陈征，李建平，李建建，郭铁民．《资本论》与当代中

国经济［M］.福州：福建教育出版社，2017.

［11］李建平.《资本论》第一卷辩证法探索［M］.北京：社会科学文献出版社，2006.

［12］李建平，黄茂兴，黄瑾.《资本论》永放光芒：纪念《资本论》第一卷出版150周年（上下）［M］.福州：福建人民出版社，2018.

［13］沈世豪，何英.方圆密码：共和国金融之源［M］.福州：海峡文艺出版社，2022.

［14］福建省钱币学会.福建货币史略［M］.北京：中华书局，2002.

［15］刘壮.马克思金融理论与中国共产党金融思想［J］.金融理论与教学，2018（04）：39－44.

［16］鲍展斌.马克思货币理论新探［J］.宁波大学学报（人文科学版），2018，31（01）：92－99.

［17］裴长洪.习近平金融工作重要论述对马克思主义政治经济学的创新发展［J］.经济纵横，2022（06）：1－11.

［18］杨世伟.习近平关于金融重要论述的核心要义探析［J］.经济学家，2020（09）：5－13.

［19］王娜.习近平金融工作重要论述与马克思主义金融理论的发展创新［J］.财经科学，2019（10）：71－79.

［20］陈瑜，宋建晓，许子豪.侯官文化的当代价值思考［J］.福建论坛（人文社会科学版），2023（07）：15－28.

［21］宋建晓.明代海外贸易政策对"一带一路"建设的启示［J］.中国海洋大学学报（社会科学版），2019（01）：15－21.

［22］宋建晓.文化自觉视野下的妈祖文化与"一带一路"建设［J］.福建论坛（人文社会科学版），2018（06）：171－177.

［23］高丁丁. 马克思的货币哲学思想研究［D］. 太原：山西大学，2019.

［24］李翠翠. 马克思货币理论的当代价值［D］. 哈尔滨：黑龙江省社会科学院，2014.

［25］刘璐. 马克思货币思想探析［D］. 上海：上海师范大学，2020.

［26］范航. 马克思货币理论的哲学意蕴探究［D］. 桂林：广西师范学院，2016.

［27］刘通. 马克思货币理论及其对当代中国的启示［D］. 锦州：渤海大学，2015.

［28］薛涵予. 新时代中国共产党的金融思想研究［D］. 兰州：兰州大学，2019.

［29］陈博文. 习近平新时代中国特色社会主义经济思想的理论渊源与创新性研究［D］. 济南：山东财经大学，2021.

［30］宋建晓，黄良平. 进一步传承和弘扬福建城隍文化［N］. 福建日报，2014－05－26（010）.

［31］坚定不移沿着中国特色社会主义道路前进，为全面建成小康社会而奋斗——在中国共产党第十八次全国代表大会上的报告，https：//www. gov. cn/ldhd/2012－11/17/content_2268826. htm.

［32］决胜全面建成小康社会，夺取新时代中国特色社会主义伟大胜利——在中国共产党第十九次全国代表大会上的报告，https：//www. gov. cn/zhuanti/2017－10/27/content_5234876. htm.

［33］高举中国特色社会主义伟大旗帜，为全面建设社会主义现代化国家而团结奋斗——在中国共产党第二十次全国代表大会上的报告，https：//www. gov. cn/xinwen/2022－10/25/content_57 21685. htm.

［34］福建省钱币协会．福建货币史略［M］．北京：中华书局，2001．

［35］陈慧．中国古代货币的演变与发展论析［J］．产业与科技论坛，2022（09）：60－61．

［36］柳传堆．福建文化视野中的闽中文化概念辨析［J］．三明学院学报，2018（06）：33－40．

［37］禹芳琴．货币的文化向度［J］．求索，2010（06）：56－58．

［38］马小钦．浅谈中国货币发展历程及文化内涵［J］．丝绸之路，2011（16）：69－70．

［39］戴建兵．白银与近代中国经济［D］．上海：复旦大学，2003．

［40］王信．坚定货币文化自信深入推进央行数字货币研发［J］．金融会计，2018（12）：3．

［41］王明前．五代时期中南华南四国及北汉的政治体制与重商经济［J］．湖北大学成人教育学院学报，2012．

［42］蒋九如，林兆育，李琼霖．五代十国闽钱［J］．中国钱币，1987．

［43］佚名．开元通宝——影响中国历史近千年的币制改革［J］．法制博览，2009．

［44］朱烨辰．数字货币论—经济、技术与规制视角的研究［D］．北京：中央财经大学，2018．

［45］叶伟奇，叶真铭．钱币上的"福"文化（下）［J］．东方收藏，2017（02）：107－112．

［46］叶真铭．钱币上的"福"文化（上）［J］．东方收藏，2017（01）：108－113．

［47］程思明. 福建摇钱树套子钱初探［J］. 收藏界，2012（08）：73.

［48］鲁炜. 古代民俗钱币文化研究［D］. 武汉：华中师范大学，2012.

［49］潘晓芬. 纪念币的前世今生［C］. 齐鲁钱币（第二期），2011：52－54.

［50］江智君. 中国花钱艺术初探［D］. 南京：南京师范大学，2011.

［51］张国英. 颇具特色的福建银币［J］. 福建金融，2000（05）：21.

［52］郑可新. 现代金属纪念币研究［D］. 北京：清华大学，2004.

［53］傅朝昱，彭廷. 数字货币的现状与前景研究［J］. 特区经济，2023（08）：18.

［54］朱寿榕. 论福建船政铸币［J］. 福建文博，2016（3）：6.

［55］陈爽琛. 闽南侨批业对近现代中国社会经济的影响［J］. 云南档案，2012（12）：23－28.

［56］伊志峰. 侨批、台批档案与信用文化——基于漳州侨批、台批发展史［J］. 福建金融，2014（10）：68－72.

［57］焦建华. 近代批信局特色探源——以福建为例［J］. 福建论坛（人文社会科学版），2005（05）：78－81.

［58］焦建华. 试析民间金融业的信用制度——以民信局为例［J］. 商场现代化，2005（02）：4.

［59］焦建华. 制度创新与文化传统：试析近代批信局的经营制度［J］. 中国社会经济史研究，2005（03）：67－73.

［60］吴二持. 略论侨批业与诚信［J］. 泉州师范学院学报，

2008（05）：69－73.

［61］焦建华．近代跨国商业网络的构建与运作——以福建侨批网络为中心［J］．学术月刊，2010，42（11）：136－143.

［62］陈奭琛．闽南侨批业对近现代中国社会经济的影响［J］．云南档案，2012（12）：23－28.

［63］伊志峰．侨批、台批档案与信用文化——基于漳州侨批、台批发展史［J］．福建金融，2014（10）：68－72.

［64］焦建华．试析近代侨批跨国网络的历史变迁［J］．中国社会经济史研究，2015（03）：87－95.

［65］蔡良才，黄辉，王文强，等．天一信局与闽南金融信用文化［J］．福建金融，2015（06）：60－63.

［66］黄清海．闽粤侨批业与晋商票号之金融文化传承［J］．福建金融，2015（01）：64－69.

［67］郑晓光，陈欣妍．近代福建侨批业的嬗变［J］．三明学院学报，2016，33（01）：55－59.

［68］徐翠红，焦建华．市场、历史环境与近代侨批业的兴起［J］．五邑大学学报（社会科学版），2016，18（02）：1－5＋92.

［69］朱嘉宇．中国金融监管体系改革的思考及国内外成功经验借鉴［J］．财经界，2016（15）：4.

［70］郑晓光．福建省侨批业社会主义改造政策研究（1949～1956）［J］．东南学术，2016（04）：190－198.

［71］林夏菁．金融视角下的侨批文化研究［J］．经济研究导刊，2018（34）：184－185.

［72］吴肇霖．浅谈金融信用体系构建——基于潮汕侨批视角［J］．吉林广播电视大学学报，2018（10）：92－94.

［73］陈冬珑．闽南侨批中侨乡文化内涵探究——以德盛批信

局侨批为例［J］. 东方收藏，2020（21）：95 – 98.

　　［74］郑晓光. 福建省侨批业社会主义改造政策的实效分析［J］. 八桂侨刊，2021（03）：84 – 91.

　　［75］邓绍云，邱清华. 中国侨批文化研究文献综述［J］. 北部湾大学学报，2021，36（05）：46 – 52.

　　［76］高汉忠. 侨批档案蕴含的育人价值及其实践理路［J］. 福建医科大学学报（社会科学版），2021，22（04）：33 – 38.

　　［77］袁晓红. 潮汕侨批业风险管控的有效性及稳定性研究——基于粤港澳民间收藏家藏品样本的实证分析［J］. 特区经济，2022（05）：102 – 105.

　　［78］魏宁楠. 中华文化认同视角下闽南侨批的时代价值［J］. 福州大学学报（哲学社会科学版），2022，36（01）：19 – 22 + 32.

　　［79］王琪琳. 抗战胜利后福建侨信走私问题研究（1945—1949）［D］. 上海：华东师范大学，2022.

　　［80］周游，苏史煜. 信用制度变迁视角下的潮汕侨批业组织形态演变研究［J］. 产业创新研究，2022（02）：51 – 54.

　　［81］吴晓求. 现代金融体系导论［M］. 北京：中国金融出版社，2019.

后　记

　　党的二十大报告强调"以社会主义核心价值观为引领，发展社会主义先进文化，弘扬革命文化，传承中华优秀传统文化，满足人民日益增长的精神文化需求，巩固全党全国各族人民团结奋斗的共同思想基础，不断提升国家文化软实力和中华文化影响力"。为响应国家号召，福建江夏学院根植福建特色文化沃土，开展以"福"文化"幸福观"为主色、侯官文化"忠孝观"为本色、货币文化"义利观"为亮色的"三张文化名片"专题研究。在此背景下，我组织研究团队，依托省级社科研究基地——金融风险管理研究中心、金融学国家一流本科专业建设点、省内唯一的货币金融类专业博物馆——福建江夏学院货币博物馆，在传统的"文化视角"和"历史视角"基础上，以回应时代发展需求为着力点，对福建货币文化的内涵进行深度挖掘和重新解读。

　　本书以金融元素为线索，结合金融发展规律，对福建货币文化深度挖掘、解读，旨在推动优秀传统文化焕发出持久生命力的同时促进新时代金融的高质量发展。书中内容虽不尽全面和深刻，但体现了我和研究团队对上述问题的观察与思索。在本书的写作过程中，研究团队围绕"金融创新视角下的福建货币文化"这一主题做了大量的资料挖掘。在宋建晓教授的指导下，经过数轮的讨论、修改和完善，耗时一年有余，最终形成了本书稿。因此，这本书是集体智慧的结晶，凝聚了全体团队成员的心血和汗水。其中，陈伟博士协助我组织该项研究，兰筱琳博士协助我制定研究思路，二人还会同林华灵博士协助我对相关章节内容进行了细致的修改和完善。此外，团队多位成员参与了该项研究工作：兰筱琳博士参与了绪论、第一章的撰写，陈茜副教授参与了第二章的撰写，张传良教授参与了第三章的撰写，林华灵博士参与了第四章的撰写，丁杰教授参与了第五章的撰写，穆红梅副教授参与了第六章的撰写，洪防璇博士参与了第七章、第八章的撰写，陈伟博士、邱格磊副教授参与了第九章、第十章的撰写。

谨值此书出版之际，向这些长期与我奋战在科教一线的团队成员表示衷心的感谢！可以说，没有他们披星戴月、风雨同舟的付出，就没有这本专著的面世；他们给予我的信赖与支持，是让我不断前行、披荆斩棘的不竭动力。

本书还直接或间接引用、参考了众多研究者的相关研究文献，书中未能一一列出，对这些文献的作者表示诚挚的感谢和敬意。

福建货币文化内容丰富、时代价值深厚，但由于时间仓促、水平有限，书中难免出现疏漏和不足。谨希望拙作能起到抛砖引玉的作用，也诚邀各位同仁斧正，共同参与、推进福建货币文化的研究。

郑开焰

2023 年 11 月